Dolores Krieger

Therapeutic Touch
Die Heilkraft unserer Hände

Dolores Krieger

Therapeutic Touch
Die Heilkraft unserer Hände

Verlag Hermann Bauer
Freiburg im Breisgau

Die Deutsche Bibliothek - CIP-Einheitsaufnahme

Krieger, Dolores:
Therapeutic touch - die Heilkraft unserer Hände /
Dolores Krieger. [Dt. von Ina Kronenberger]. -
Freiburg im Breisgau : Bauer, 1995
Einheitssacht.: Accepting your power to heal ⟨dt.⟩
ISBN 3-7626-0501-7

Die amerikanische Originalausgabe erschien 1993 bei
Bear & Company, Inc., Santa Fe, New Mexico, unter dem Titel
Accepting Your Power To Heal.
The Personal Practice of Therapeutic Touch.

Deutsch von Ina Kronenberger

Mit 3 Abbildungen und 8 Zeichnungen

1995
ISBN 3-7626-0501-7

Umschlag: Peter Krafft, Designagentur, Freiburg im Breisgau
Satz: CSF · ComputerSatz GmbH, Freiburg im Breisgau
Druck und Bindung: Ebner Ulm
Printed in Germany

Gedruckt auf chlorfrei gebleichtem Papier

Den Generationen von »Krieger-Fans« –
mögen sie sich vermehren!

Die hier vorgestellten Methoden sind nach bestem Wissen und Gewissen dargestellt; die Informationen sollen aber ärztlichen Rat und Hilfe nicht ersetzen. Autorin und Verlag übernehmen keinerlei Haftung für Schäden, die sich aus dem Gebrauch oder Mißbrauch der in diesem Werk dargestellten Methoden ergeben. Die Ausübung von Therapeutic Touch unterliegt dem Heilpraktikergesetz; informieren Sie sich bitte vor Ort über die rechtliche Situation.

Gedanken zu *Therapeutic Touch*

Ich habe nach dir gegriffen auf so viele Arten
eine davon war zu rennen
so schnell
daß ich stillzustehen schien
während du mich umtanztest.

Jetzt während ich unsichtbare Kräfte liebkose
die durch dein Energiefeld dringen
habe ich das Tempo gefunden
und tanze zu deiner Schönheit
die meine ist

Linda Mowad
Krieger-Fan

Inhalt

Danksagung

Therapeutic Touch war Gegenstand meiner ersten größeren Forschungsarbeit nach der Dissertation, und die Ausarbeitung meiner ersten unverbindlichen Fragen zu Therapeutic Touch wurden mir zur Lebensaufgabe. In den letzten 25 Jahren haben mich viele Menschen persönlich wie auch bei der Entwicklung von Therapeutic Touch unterstützt, Menschen, bei denen ich mich an dieser Stelle gerne bedanken möchte.

Als erstes möchte ich meiner Kollegin Dora Kunz für ihre anregende Mitarbeit und Führung danken. Ohne ihr Zutun wäre die fortschreitende Entwicklung und Verfeinerung dieser Methode, was das Verständnis des Heilprozesses angeht, weniger bedeutsam und hinsichtlich der Auswirkungen auf Heiler und Patient weniger sensibel gewesen. Und sicherlich hätte die weitere Entwicklung von Therapeutic Touch viel weniger Spaß gemacht!

Stanley Krippner, Ph. D., genießt aufgrund seiner hervorragenden Arbeiten über die Dynamik der tieferen Ebenen des Geistes weltweite Anerkennung. Er hat mir die Ehre erwiesen, das Vorwort zu *Therapeutic Touch – Die Heilkraft unserer Hände* zu schreiben, und ich möchte meiner tiefen Verbundenheit Ausdruck verleihen.

Die ganzen Jahre über stand Nabeela George stets als Ansprechpartnerin zur Verfügung, wenn es galt, Formulierungen auf ihre Verständlichkeit hin zu überprüfen. Ihretwegen vertraute ich darauf, daß sich die Inhalte in allgemeinverständliche, kleinste silbische Einheiten übersetzen ließen, und ihre geerdete und doch lockere Art war für mich ausgesprochen wertvoll.

Therapeutic Touch hat durch die fortwährende Unterstützung von vielen Schulen und Universitätsfakultäten der USA und anderer Länder, sowie von Organisationen im Gesundheitswesen und fortschrittlichen Gruppen mit alternativen und komplementären Heilungsansätzen an Anerkennung gewonnen.

Mein Dank gilt auch allen Generationen an Schülern, die sich selbst »Krieger-Fans« nennen. Sie hielten mich immer und allzeit dazu an, klarer und weiter zu denken und Dinge einfacher auszudrücken. Also, vielen Dank, Ihr wißt schon, wie ich's meine!

Vorwort

von Stanley Krippner*

Dolores Krieger war eine der ersten, wenn es darum geht, spirituelle Dimensionen des Heilens in weitverbreitete Krankenpflegepraktiken zu integrieren. In den letzten Jahrzehnten hat sie »Therapeutic Touch« (oder TT) entwickelt, eine schöpferische, moderne Version alter Heilpraktiken, die mit »Handauflegen«, »Energieübertragung« und dem »inneren Heiler« zu tun hat. Als Professorin für Krankenpflege an der Universität von New York war es Dr. Krieger möglich, Forschung zu betreiben, Schüler zu unterrichten und die Methode und Philosophie von Therapeutic Touch zu entwickeln. Zuletzt wurde Therapeutic Touch an mehr als 80 Schulen und Universitäten der USA und in mehr als 70 Ländern, besonders in Krankenpflegeschulen, gelehrt.

In den 80er Jahren nahm ich ein Exemplar von Dr. Kriegers erstem Buch über Therapeutic Touch, *The Therapeutic Touch: How to Use Your Hands to Help or to Heal*, mit in die damalige Sowjetunion. Es wurde sofort im Untergrund gehandelt, übersetzt, getippt, kopiert und von Hand zu Hand gereicht. Es drang sogar bis nach Polen und in andere osteuropäische Länder vor.

---

* Stanley Krippner ist als Professor der Psychologie an der California School of Integral Studies und am Sybrook Institut eine anerkannte Kapazität. Er ist Mitautor von *Spiritual Dimensions of Healing*, *Personal Mythology*, *Dreamworking* und *Healing States*.

Dr. Krieger verdient unsere ganze Anerkennung dafür, daß sie die TT-Forschung ins Leben gerufen und andere Forscher ermuntert hat, ihr nachzueifern. Auch wenn die Methode stets kontrovers diskutiert wird, gibt es genügend schützendes Material, so daß Therapeutic Touch von informierten Heilkundigen ernst genommen werden muß. Ob es sich bei Therapeutic Touch um »Energieübertragung« handelt, ist eine offene Frage, genauso wie die Rolle, die die Erwartungshaltung des Patienten und die enge Beziehung zwischen Heiler und Patient spielen. Trotzdem können Dr. Kriegers Auffassungen von »energetischer Blockade« und »energetischem Ungleichgewicht« zweifellos als nützliche Metaphern für die beteiligten Mechanismen und Prozesse angesehen werden, die vielleicht von neuen Entwicklungen im Feld der Psychoneuroimmunologie verstanden werden können, bei der Zusammenhänge zwischen Körper und Geist untersucht werden.

Da das Verhalten eines Patienten für Dr. Krieger von größter Wichtigkeit ist, bittet sie ihre Schüler, auf feinste Unterschiede in der Stimme, auf Atemmuster und ungewöhnliche Formulierungen bei der Beschreibung der Symptome zu achten. Sie versucht ebenfalls, die spirituellen Probleme des Patienten zu verstehen, seine Sorgen, seine Überzeugungen und inwiefern sich diese auf die Behandlung auswirken können. Das oberste Ziel bei Therapeutic Touch ist, dem Patienten zu Wohlbefinden zu verhelfen und seine Selbstheilungsfähigkeiten zu fördern; die spirituelle Ausrichtung kann zum Erreichen dieser Ziele eine Schlüsselrolle spielen.

In vielen Ländern haben Ausübende aller Heilberufe Therapeutic Touch in ihre Praxis integriert; die Therapeuten verfügen über ein breites Spektrum an Methoden, darunter allopathische, osteopathische, chiropraktische, naturheilkundliche und homöopathische. Dr. Kriegers neues Buch *Therapeutic Touch – Die Heilkraft unserer Hände* spricht außer diesem professionellen Pflegepersonal nun auch all diejenigen an, die ihre eigene Heilfähigkeit gerne erschließen und nutzen möchten.

In diesem Buch stellt Dr. Krieger das Grundkonzept von Therapeutic Touch vor, versehen mit Übungen, die diese Therorien umsetzen. Diese Übungen werden genau beschrieben und auf kluge wie auch praktische Art besprochen. So ermahnt uns Dr. Krieger: »Wenn Sie sich nicht auskennen, lassen Sie die Finger davon.« Sie führt auch Methoden an, mit denen Therapeutic Touch kombiniert werden kann, wie z. B. Akupressur, Massage, Visualisierungen, Krankengymnastik und Yoga.

Dr. Krieger unterteilt die Haupterfolge von Therapeutic Touch in vier Kategorien: Entspannung, Schmerzlinderung, beschleunigte Heilung und Linderung psychosomatischer Symptome. Nicht alle Patienten werden jedes dieser Phänome an sich erleben, doch wird jeder dieser Erfolge den meisten Menschen, die an schweren oder leichteren Krankheiten leiden, willkommen sein. Diese Wirkungen werden umso herzlicher begrüßt, wenn man bedenkt, daß Therapeutic Touch erstaunlich unaufdringlich und zudem eine menschliche Fähigkeit ist, die sowohl von verantwortungsbewußten, disziplinierten Laien als auch von Pflegepersonal erlernt und ausgeübt werden kann. Ich glaube auch, daß Therapeutic Touch für den Heiler von Nutzen sein kann, da er sich dadurch seiner eigenen geistigen und körperlichen Prozesse bewußter werden kann, indem er sein Mitgefühl zu denen schickt, die Schmerzen haben oder sich unwohl fühlen.

Dr. Krieger hat über die Jahre weder ihren Pioniergeist noch ihre Fähigkeit zur Provokation verloren! *Therapeutic Touch – Die Heilkraft unserer Hände* begibt sich kühn über den derzeitigen Rahmen von Therapeutic Touch hinaus, indem es Auswirkungen auf die Grenzen der Medizin und die Krankenpflege der Zukunft erörtert. Die in diesem

Buch vorgestellten Inhalte und Prozesse werden mit aller Wahrscheinlichkeit in den kommenden Jahrzehnten debattiert, diskutiert und (was am wichtigsten ist) praktiziert werden.

Stanley Krippner, Ph. D.
San Francisco, California
Oktober 1992

Einleitung

Therapeutic Touch – Die Heilkraft unserer Hände eignet sich als Lehrbuch sowohl für Einzel-, Paar- und/oder Gruppenarbeit. In jedem Fall geht es darum, Kranken zu helfen und sie zu heilen.

Der Inhalt ist für Lehrpläne, Seminare und zum Selbststudium gedacht. Die Anordnung der Übungen garantiert eine fortschreitende Wissenserweiterung über den TT-Prozeß und aufeinander aufbauende Erfahrungen in der Anwendung.

Die ausführlichen Darstellungen sollen dazu dienen, die Voraussetzungen und Folgen des Prozesses als solchen zu erforschen und den Leser auf das Wesen der therapeutischen Interaktion vorzubereiten. Manche Erfahrungen liegen jenseits des Persönlichen; alle bieten sie dem Leser die Möglichkeit, bei dem Versuch, eine der humansten menschlichen Bestrebungen zu begreifen, sein individuelles Potential zu aktivieren, um persönliches Wachstum zu erlangen.

Eine Anzahl von Abbildungen veranschaulicht die TT-Techniken. Manche Übungen erforschen durch geführte Visualisierung das Gefühl oder die Stimmung, die man braucht, um das eigene Energiefeld zum Helfen und Heilen an Ratsuchenden einzusetzen. Anhang II bietet Ihnen ein standardisiertes System zum Messen der eigenen Fähigkeiten beim Praktizieren von Therapeutic Touch.

Abb. 1: Dolores Krieger und Dora Kunz

Kapitel 1

Eine Einführung in Therapeutic Touch

Ich griff nach vorne und bereitete dem knisternden Geräusch des Autoradios per Knopfdruck ein Ende. Meine Aufmerksamkeit richtete sich auf die vom Wind gepeitschten Regenschleier, die das helle Licht der Scheinwerfer aus der dunklen Nacht hervorhob. Ich befand mich auf dem Weg durch die Vereinigten Staaten und war viel später losgefahren als ursprünglich geplant. Ich war jedoch nicht müde, und während ich so fuhr, bildeten der rhythmische Schlag der Scheibenwischer zusammen mit dem sanften Leuchten des Armaturenbretts eine gemütliche Atmosphäre.

Es herrschte kaum Verkehr, und ich mußte mich nicht allzusehr auf die Straße konzentrieren, so daß ich ausreichend Gelegenheit hatte, über ein Schild nachzudenken, das den Weg zur Notaufnahme eines örtlichen Krankenhauses zeigte. So spät in der Nacht waren in dem Krankenhaus die meisten Lichter aus, aber als ich meine Augen über den Schauplatz wandern ließ, der sich im hellen Scheinwerferlicht vor mir entfaltete, bemerkte ich das unverkennbare, große Oberlicht eines Operationsraums.

Oh ja, sagte ich zu mir selbst, es ist Zeit für den Nachtdienst; Marianne wird wohl jetzt dort oben arbeiten. Marianne ist eine meiner ehemaligen Schülerinnen. Während ich so in den Schein des hellen, bläulichen Neonlichts blickte, das klar durch das Oberlicht schien und gegen die Dunkelheit dieser stürmischen Nacht ankämpfte, beschwor ich im Geiste Szenen mit Marianne herauf.

Vor einigen Jahren hielt ich an einer größeren Universität ein Seminar – Marianne war Teilnehmerin – über die zeitgenössische Abwandlung einer alten Heilmethode, die ich Therapeutic Touch (TT) genannt habe. Therapeutic Touch ist eine Heilmethode, bei der man mit Hilfe der Hände bestimmte, nicht-physische, menschliche Energien bewußt lenkt oder harmonisiert, mit dem Ziel, den Körper zur Heilung zu aktivieren. Meine Kollegin Dora Kunz und ich haben 1972 mit der Entwicklung von Therapeutic Touch speziell für Leute in Heil- und Pflegeberufen begonnen, und Marianne ist eine von mehreren tausend Krankenschwestern, die Therapeutic Touch von uns gelernt haben. Marianne und ich haben über all die Jahre einen regen Briefwechsel aufrechterhalten, und ich weiß, daß sie nie aufgehört hat, Therapeutic Touch als Erweiterung ihrer fachlichen Fähigkeiten einzusetzen.

Wo ich gerade darüber nachdenke, auf wieviele verschiedene Arten sie Therapeutic Touch im Operationssaal anwendet, fällt mir ein, daß sich Marianne mit Ellen zusammengetan hat, einer anderen Schülerin, die mittlerweile Gemeindeschwester ist. Gemeinsam sorgten sie dafür, daß Patienten, die aus dem Krankenhaus entlassen worden waren, eine Nachbehandlung mit Therapeutic Touch bekommen konnten. Ellen brachte den Angehörigen der Patienten die Grundtechniken bei, so daß die Behandlung nicht unterbrochen werden mußte, wenn sie weiterhin nötig war. Marianne und Ellen sind nur eins von mehreren Pflege-Teams der USA, das Therapeutic Touch in seinen Beruf integriert hat.

Am Rande meines Blickfeldes konnte ich auf dem Beifahrersitz die Straßenkarte sehen, in der meine vorgesehene Reiseroute rot eingezeichnet war. Ich hatte mir vorgenommen, die Nacht durchzufahren, und während ich meine geplante Fahrt Richtung Westen überdachte, rief ich mir weitere ehemalige Schüler ins Gedächtnis, die in Pflegeeinrichtungen in den verschiedenen Staaten tätig waren, die ich bis zu meinem ersten Aufenthalt passieren würde. Möglicherweise praktizierten sie gerade Therapeutic Touch, während ich durch ihre Städte fuhr.

Beim Verlassen von Massachusetts würde ich an einem Krankenhaus vorbeikommen, in dem Jean Ehemännern beibrachte, Therapeutic Touch an ihren schwangeren Frauen anzuwenden. Weiter im Süden, in Connecticut, lebte Faith, die genau wie Marianne Therapeutic Touch im Operationssaal praktizierte. In New York hatten sich viele Krankenpfleger dem Einsatz von Therapeutic Touch verschrieben. Ich weiß, daß Carol mit unheilbar Kranken arbeitet und TT-Techniken einsetzt, um ihre Schmerzen zu lindern und ihnen so die Angst und Aufregung in schlaflosen Nächten zu nehmen. Dies wird durch die Entspannungsreaktion erreicht, die mit einer TT-Behandlung einhergeht.

Während ich an New York City vorbeifuhr, würde Joanne Therapeutic Touch anwenden, um ihren winzigen Schützlingen auf der Säuglingsintensivstation Erleichterung zu verschaffen. Wenn ich den Hudson River Richtung New Jersey überquere, würde Sue ihre allnächtliche Krisenarbeit in einer psychiatrischen Klinik beenden. Sie hatte Therapeutic Touch in ihre psychotherapeutische Arbeit integriert und vielen anderen Therapeuten in den umliegenden Städten beigebracht. Vielleicht werde ich sie von einer nahegelegenen Telefonzelle aus anrufen, und wir könnten zusammen Kaffee trinken. Ich könnte mich auch noch, um dem morgendlichen Verkehr zu entgehen, nach Philadelphia hineinschmuggeln und mit Danny Kaffee trinken, bevor er seine Clownskluft anzog und sich in die Kinderabteilung begab. Dort würde er Therapeutic Touch mit seinen Späßen mischen, um die wertvolle Heilkraft des Lachens in die Behandlung der Kinder zu integrieren.

Die Grundlage von Therapeutic Touch

In den zwei Jahrzehnten, seit Dora Kunz und ich angefangen haben, Therapeutic Touch zu entwickeln, habe ich selbst mehr als 36 000 im Gesundheitswesen Tätigen diese Methode beigebracht, und ich bin sicher, daß Frau Kunz nochmal genauso viele unterrichtet hat. Zum Zeitpunkt der Niederschrift dieses Buches (1990) wurde Therapeutic Touch an mehr als 80 Schulen und Universitäten sowie in unzähligen Krankenhäusern, berufsbegleitenden Einrichtungen und in fortlaufenden Ausbildungsprogrammen in den USA unterrichtet. Außerdem wurde Therapeutic Touch bis zu diesem Zeitpunkt in 68 Ländern gelehrt (siehe Anhang 1).

Der Einsatz von Therapeutic Touch in vielen Krisengebieten der heutigen Welt hat seine kulturübergreifende und transpersonelle Natur bestätigt. Um nur ein paar zu nennen: Therapeutic Touch wurde sowohl von Ägyptern als auch von Israelis bei den Kämpfen im Gazastreifen angewendet; in Südafrika wurde es von Schwarzen wie von Weißen eingesetzt – zur Behandlung der eigenen Gruppenangehörigen und der anderen; es florierte im Untergrund in der ehemaligen Sowjetunion wie in Polen; und dank einer Gruppe von Ärzten, Krankenschwestern und ehemaligen Studenten, die freiwillig in einem kambodschanischen Flüchtlingslager namens Ghouy Dang in Thailand gearbeitet haben, stellten viele Kambodschaner die große Ähnlichkeit zwischen Therapeutic Touch und ihren einheimischen Methoden fest.

Wie läßt sich das große Interesse an Therapeutic Touch erklären? Ich glaube, es liegt zum Teil daran, daß wir trotz allem High-Tech-Sachverstand nach wie vor die Ursachen vieler Krankheiten nicht kennen. Die einfache Heiltechnik von Therapeutic Touch, bei der lediglich natürliche menschliche Energien bewußt gelenkt und harmonisiert werden, hat seine Wirksamkeit an einem breiten Spektrum von Krankheiten unter Beweis gestellt. Auch werden von der westlichen Zivilisation wissenschaftliche Erkenntnisse anerkannt. Sie fußen in der Regel auf einer rationalen Theorie, die sich aus formalen Untersuchungen ergibt und rigorose Wiederholungen der Versuche verlangt, bevor Forschungsergebnisse akzeptiert werden. Die Entwicklung von Therapeutic Touch hat diese Anforderungen erfüllt. Viele seiner Grundlagen wurden in zahlreichen medizinischen Experimenten dieser zwanzig Jahre gewonnen.

Ein möglicherweise noch entscheidenderer Faktor für das weit verbreitete Interesse an Therapeutic Touch liegt darin, daß kulturübergreifende Kommunikationssysteme (die die Wissenschaft selbst geschaffen hat) zu der Erkenntnis geführt haben, daß es nicht nur eine Wirklichkeit oder genau festgelegte »austauschbare« Wirklichkeiten gibt, die all den Ansprüchen an Realität genügen, wie sie von den unterschiedlichen Kulturen unseres globalen Dorfes Erde gestellt werden. Heutzutage ist die Vorstellung, es gebe vielerlei Wirklichkeiten, allgemein anerkannt; die jeweilige Wirklichkeitsauffassung hängt von dem Teil des menschlichen Bewußtseins ab, der gerade »in Betrieb« ist.

In diesem Universum vielfältiger Wirklichkeitsauffassungen kann Krankheit mit vielen Dingen in Verbindung gebracht werden. Manche verstehen Krankheit nicht als etwas »Schlechtes«, sondern eher als die Reaktion eines Menschen auf gewisse Umstände. In diesem Zusammenhang kann eine Krankheit von dem Menschen selbst durch entsprechende Stimulierung der Enzyme im Gehirn gelindert oder geheilt werden.

Subjektive Erfahrungen, die eine solche Selbstheilung auslösen können, haben dazu beigetragen, daß sich die Vorstellung eines Placebo-Effektes immer weiter verbreitete. Da nicht ausgeschlossen werden kann, daß die zutiefst persönliche Beziehung zwischen TT-Anwender und Patient* in der Erwartung auf Heilung einen Placebo-Effekt schaffen kann, hat Therapeutic Touch davon profitiert und wird eher aus diesem großzügigen Blickwinkel betrachtet.

In der Tat war eine der grundlegenden Erkenntnisse, auf denen Therapeutic Touch von Anfang an aufgebaut hat, daß der Patient sich letztendlich selbst heilt. Bei dieser Auffassung wirkt der Heiler oder Therapeut als menschliches Energieversorgungssystem, bis das Immunsystem des zu Heilenden soweit gefestigt ist und diese Aufgabe selbst übernehmen kann.

Im Laufe der Jahre hat die zunehmende Erfahrung bei der Anwendung von Therapeutic Touch gezeigt, daß es nicht nur von professionellem Pflegepersonal benutzt werden kann, sondern auch von Laien, die sich der Hilfe und Heilung bedürftiger Menschen verschrieben haben. Allerdings reicht Liebe allein als Motivation nicht aus. Es werden außerdem benötigt: Mitgefühl; eine sensible, ausgeglichene Empfänglichkeit für die verborgenen, oft unerkannten nicht-physischen Bedürfnisse des zu Heilenden; die Bereitschaft zur Selbstdisziplin, um die inneren »Antennen«, die Botschaften aus entlegeneren Bereichen des Bewußtseins zugänglich machen, fein abzustimmen, und nicht zuletzt die Bereitschaft zur ehrlichen und objektiven Anerkennung der eigenen menschlichen Grenzen.

Sind diese Fähigkeiten vorhanden, wird der TT-Therapeut binnen kurzer Zeit intensiver Übung (unsere Aufzeichnungen zeigen, daß der Durchschnitt bei zwei bis drei

---

* Die Autorin spricht im Original immer von Männern *und* Frauen, also *dem Patienten* und *der Patientin*. Aus stilistischen Gründen wird im Deutschen auf diese Wiederholung verzichtet, es sind jedoch ausdrücklich immer beide Geschlechter gemeint (Anm. d. Übers.).

Wochen liegt) in der Lage sein, beim Hilfesuchenden folgende therapeutischen Erfolge zu erzielen:

- eine ausgeprägte, umfassende Entspannungsreaktion innerhalb der ersten fünf Minuten der Therapie;
- häufig eine enorme Schmerzlinderung, wenn nicht -beseitigung während der therapeutischen Sitzung, die in der Regel etwa 20 bis 25 Minuten dauert;
- eine Beschleunigung des Heilprozesses.

Wie auf den folgenden Seiten erläutert werden wird, erfolgen diese therapeutischen Veränderungen mit Sicherheit und treten mit bemerkenswerter Beständigkeit in den grundlegenden, objektiven und medizinischen Untersuchungen, die meine Studenten, Kollegen und ich in den letzten zwei Jahrzehnten durchgeführt haben, auf.

Die abschließende Antwort auf die Frage, warum so viele an Therapeutic Touch interessiert sind, lautet deshalb: Therapeutic Touch funktioniert. Es kann Menschen mit den unterschiedlichsten Krankheitsbildern helfen, wie eine wachsende Anzahl von Forschungsergebnissen bestätigt. Dieses Buch wurde geschrieben, damit Sie als Leser einen äußerst zuverlässigen und nützlichen Teil Ihrer Persönlichkeit kennenlernen, der auf intelligente Weise eingesetzt werden kann, um bedürftigen Menschen zu helfen und sie zu heilen. Die Fähigkeit zu heilen ist ein natürliches Potential, das unter den entsprechenden Umständen eingesetzt werden kann. Sie können heilen. Jeder kann es, wenn er dazu bereit ist, die Disziplin aufzubringen, die für das Erlernen von Therapeutic Touch erforderlich ist. Sie müssen es nur versuchen, dann werden Sie selbst sehen, wie wahr diese Aussage ist. In diesem Sinne möchte ich Sie herzlich einladen, es selbst zu versuchen!

Abb. 2: Ein Kind, das seinen Onkel mit Therapeutic Touch behandelt

Kapitel 2

Die Grundtechniken von Therapeutic Touch

Eine Definition

Therapeutic Touch ist eine moderne Variante mehrerer alter Heilpraktiken. Sie besteht in der erlernten Fähigkeit, menschliche Energien zu lenken bzw. zu harmonisieren. Der Begriff *Therapeutic Touch* (Therapeutische Berührung) mag irreführend sein, da der Therapeut in der Praxis den Patienten nicht zwangsläufig körperlich berührt. Die Hauptarbeit des Therapeuten besteht eher darin, das Energiefeld des Patienten zu harmonisieren als dessen Haut zu berühren.

Suggestion kann in der zwischenmenschlichen Beziehung der Heilsituation als allgegenwärtiger und mächtiger Placebo wirken. Die Reaktionen auf Therapeutic Touch lassen sich allerdings nicht nur oder ausschließlich mit Suggestion oder Überzeugung erklären. Einige der sensationellsten therapeutischen Wirkungen wurden bei Menschen beobachtet, die nicht imstande waren, auf verbale Befehle zu reagieren, wie z. B. bei Frühgeburten, Patienten, die während einer Operation unter starker Narkose standen, und Menschen, die im Koma lagen und ihre Umgebung nicht wahrnehmen konnten.

Auch ist Therapeutic Touch kein Wundermittel; es ermöglicht einfach, das natürliche, menschliche Potential zu helfen und zu heilen bei sich selbst und anderen einzusetzen. Während der letzten 20 Jahre, in denen Dora Kunz und ich

Therapeutic Touch entwickelt haben, haben einige grundlegende, wissenschaftliche Voraussetzungen unsere Gedankengänge gelenkt. Vier dieser wissenschaftlichen Voraussetzungen sind:

- *Alle Wissenschaften, die sich mit dem Leben beschäftigen, stimmen darin überein, daß der Mensch ein offenes Energiesystem ist.*
  Diese Annahme bedeutet, daß der Energieaustausch zwischen Menschen ein natürliches, allgegenwärtiges Phänomen ist. Die Energieübertragung von Heiler zu Patient erfolgt bei einer TT-Sitzung mühelos und entspannt und wird bewußt vom Geist gelenkt. Was der Heiler hinzufügt, ist seine Intention, seine Absicht, geleitet vom Mitgefühl für den Patienten.

- *Anatomisch gesehen ist der Mensch symmetrisch angelegt.*
  Diese Symmetrie zeigt sich sowohl im Blutkreislauf als auch im Nervensystem. Am deutlichsten sieht man diese beidseitige Ausgewogenheit am menschlichen Skelett, dessen Aufbau sich an der Wirbelsäule spiegelt. Aus dieser Symmetrie kann man schließen, daß auch dem menschlichen Energiefeld ein Muster zugrunde liegen muß. Von dieser Annahme ausgehend, schätzt der Heiler den energetischen Zustand seines Patienten ein.

- *Krankheit zeugt von einem Ungleichgewicht im Energiefeld des Menschen.*
  Bei Therapeutic Touch lenkt und harmonisiert der Heiler dieses Energiefeld, indem er mit Hilfe des Tastsinns Reize empfängt, ähnlich wie mit den anderen vier Sinnen des Körpers. Alle fünf Sinne können ohne Hilfsinstrumente auf die Entfernung wirken: Der Sehsinn aufgrund von Photonen, der Geschmacks- und der Geruchssinn mit Hilfe chemischer Moleküle, der Hörsinn aufgrund akusti-

scher Schwingungen und der Tastsinn – das gilt für den TT-Anwender – durch feine energetische Signale, wie z. B. Veränderungen im Energiemuster. Diese Hinweise erscheinen im menschlichen Energiefeld, das den ganzen Körper der zu behandelnden Person umgibt und sich einige Zentimeter über die Haut ausdehnt. Man kann sie auch durch direkten Hautkontakt spüren.

- *Menschen haben die natürliche Fähigkeit, ihre Lebenssituation zu transformieren bzw. zu transzendieren.*
  In gewissem Sinne sind diese Fähigkeiten notwendige Voraussetzungen für die Heilung.

Die Anwendung von Therapeutic Touch basiert auf diesen Voraussetzungen. Sie als Heiler wirken als menschliches Versorgungssystem, indem Ihr eigenes gesundes Energiefeld das Gerüst stellt, an dem sich der geschwächte oder unterbrochene Energiefluß des Patienten bei seiner Neuordnung orientieren soll. Die Unterstützung zielt darauf ab, das Immunsystem des Patienten zu stimulieren, denn letztlich muß sich der Patient selbst heilen.

Der Heilprozeß ist bei Therapeutic Touch ein bewußter Prozeß und läßt sich keineswegs mit einem passiven Trance- oder Dämmerzustand gleichsetzen. Der Heilprozeß beruht auf fundiertem, logisch abgeleitetem Wissen, formalen und medizinischen Forschungsergebnissen, auf der weltweit vorhandenen Literatur über den therapeutischen Einsatz menschlicher Energien und tiefgehenden Erfahrungswerten, die zu persönlichem Wissen reifen.

Was Therapeutic Touch alles bewirkt

Bei jeder TT-Interaktion lassen sich einige beständige und äußerst zuverlässige Resultate beobachten:

- *Entspannung*
  Die erste Reaktion des Patienten äußert sich in einer ausgesprochen raschen Entspannung, die meistens innerhalb von nur zwei bis vier Minuten eintritt.

- *Schmerzlinderung*
  Medizinisch gesehen werden Schmerzzustände bedeutend gelindert oder ganz beseitigt. Oft wird dies erreicht, wenn Schmerzmittel nicht länger wirken. Viele Sterbende sind, wenn sie erst einmal von der Belastung eines anhaltenden Schmerzes befreit sind, in der Lage, sich auf den friedlichen Übergang zum Tod einzulassen.

- *Beschleunigter Heilprozeß*
  Therapeutic Touch beschleunigt den Heilprozeß vor allem wegen der wohltuenden Auswirkungen, die Entspannungsreaktion und Schmerzlinderung auf das Immunsystem des Patienten haben. Eines der deutlichsten Beispiele ist die Heilung von Knochenbrüchen: Bei einer TT-Behandlung kann man auf Röntgenbildern eine schöne Kallusbildung (die der Knochenbildung vorausgeht) schon innerhalb von zweieinhalb Wochen, statt den ansonsten eher üblichen sechs Wochen, beobachten.

- *Linderung psychosomatischer Krankheiten*
  Von den physiologischen Systemen, die auf Therapeutic Touch ansprechen, reagiert meiner Meinung nach das autonome Nervensystem am sensibelsten. Therapeutic Touch wird am besten mit Störungen in diesem System

fertig, die den Kern dessen bilden, was wir als psychosomatische Krankheiten kennen. Früher wurden diese Krankheiten mit Mißtrauen betrachtet, aber heute weiß man, daß weltweit bis zu 70 Prozent aller Krankheiten psychosomatischen Ursprungs sind, denn streßbedingte Krankheiten sind weitverbreitet, sogar in Ländern der Dritten Welt. Die beständige und schnelle Entspannungsreaktion verdanken wir der Empfänglichkeit des autonomen Nervensystems für Therapeutic Touch.

Therapeutic Touch für alle

In vielen Krankenhäusern benutzen Krankenpfleger sowie in verschiedenen Fachbereichen zusammenarbeitende Teams Therapeutic Touch in ihrer täglichen Arbeit. Aus einem dieser Teams in Kanada schrieb mir jüngst eine Krankenschwester:

> Ich fuhr vor ein paar Tagen gerade auf der Straße bei Brandon (Manitoba), als ich das Blaulicht eines Polizeiwagens in der Nähe eines Unfallortes bemerkte. Ich fuhr an den Straßenrand und ging zu den Autos hinüber, um den Unfallopfern, falls nötig, mit Therapeutic Touch zu helfen. Als ich jedoch vor Ort ankam, sah ich, daß David, ein Kinderarzt unseres Krankenhauses, schon da war und gerade Therapeutic Touch an einem der Fahrer praktizierte.

In diesem Fall arbeiteten Krankenschwester und Arzt am Straßenrand im Schein des Blaulichts eines Polizeiautos zusammen. Als Erste Hilfe behandelten sie die Verletzten mit Therapeutic Touch, bis der Krankenwagen mit der Notausrüstung kam. Dann kümmerten sie sich um andere, die bei dem traumatischen Unfall einen Schock erlitten hatten. Die schnell eintretende Entspannungsreaktion durch Therapeutic Touch half den Betroffenen, ihre Selbstbeherrschung zurückzugewinnen.

Therapeutic Touch hat seine Spuren auch in der Gesellschaft hinterlassen. In einigen Gegenden der Vereinigten Staaten haben ältere Bürger, vor allem die als *Graue Panther* bekannten, örtliche Programme entwickelt, die ich »Therapie an seinesgleichen« nenne. Sie suchen regelmäßig Pflegeheime und andere Institutionen für Leute ihres Alters auf und behandeln sie mit Therapeutic Touch.

Therapeutic Touch wird vor allem in den USA viel in Familien benutzt, um Anteilnahme auszudrücken. Ein frisch verheiratetes Paar wurde in einen Unfall verwickelt, bei dem die junge Ehefrau sich schwere Knieverletzungen zuzog. Der verzweifelte Ehemann und die Mutter der Frau standen am Fußende des Bettes, nachdem die Frau operiert worden war. Sie hatte starke Beruhigungsmittel bekommen, aber selbst wenn sie schlief, konnten sie sehen, wie die Frau ihr Gesicht vor Schmerz verzerrte. Anstatt hilflos herumzustehen, stellten sie sich an die Seite des Bettes und behandelten sie mit Therapeutic Touch. Schon bald sahen sie ein Lächeln über ihr Gesicht huschen, worüber sich beide sehr freuten. Und als sie sie nachts allein ließen, schlief sie tief und ruhig. Ein weiteres Beispiel für die TT-Anwendung in Familien sehen Sie in Abbildung 2.

Es sieht ganz so aus, als wäre Therapeutic Touch ohne jeden Zweifel für jeden geeignet. Deshalb möchte ich Sie einladen, mir in die nächsten Kapitel zu folgen, wo ich darlegen werde, wie auch Sie lernen können, mit Therapeutic Touch zu helfen und zu heilen. Die Grundtechniken sind nicht nur einfach, sondern ganz natürlich. Die fortgeschritteneren Techniken, das verspreche ich Ihnen, werden Sie zu einem äußerst faszinierenden Selbststudium anregen, denn Therapeutic Touch ist eine innere Erfahrung, eine Suche im Inneren. Wenn Sie sich diese Techniken aneignen, werden die tieferen Schichten ihres Bewußtseins hochkommen. Bedingt durch diesen Prozeß, wird die Fähigkeit, zu helfen und zu heilen, gestärkt.

Wie funktioniert Therapeutic Touch?

In der Praxis geht es bei Therapeutic Touch um die bewußte Anwendung der Heilkräfte des menschlichen Energiesystems. Im Gegensatz dazu steht die traditionelle medizinische Diagnose, ein ausgeklügeltes Klassifikationssystem. Für die Anwendung innerhalb dieses Systems eignet sich Therapeutic Touch nicht. Therapeutic Touch ist der ursprüngliche (das heißt, direkte) und gepflegte Umgang mit menschlichen Energien im Dienste der Humanität. Therapeutic Touch schöpft seine Kraft aus dem Mitgefühl für andere. Deshalb verschiebe ich eine mehr intellektuell ausgerichtete Diskussion über die Dynamik des menschlichen Energiefeldes auf ein späteres Kapitel und betrachte hier menschliche Energie von einem funktionalen Standpunkt aus.

In unserer Kultur definiert man Energie gemeinhin als Kraft, die Arbeit verrichtet. Nun hat Energie allerdings viele Facetten und nimmt viele Formen an – z. B. die Energie zusammengepreßten Dampfes, die ein schweres Zahnrad in Bewegung setzt, oder das leichte Streichen meiner Fingerkuppen über Computertasten, um ganz leise Wörter zu speichern, indem ich sie »elektrisch« schreibe, oder ein nichtmaterielles Energiefeld, das ich weder sehe noch schmecke, noch rieche. Energie ist also nicht nur ein »Arbeitstier« für mechanische Zwecke. Menschen sind energetische Wesen. Menschliche Gefühle arbeiten auch, wie anhand von Messungen festgestellt wurde, und äußern sich z. B. in einer Schweißreaktion, die der galvanischen Hautreaktion entspricht. Auch menschliche Gedanken arbeiten, wie Messungen der Hirnströme gezeigt haben.

Im Gehirn wird den verschiedenen Energiemustern und -ebenen Bedeutung zugewiesen. Die Hände, die bei Therapeutic Touch die wichtigsten Instrumente sind, scheinen die vorherrschende reizsuchende Verlängerung des Gehirns zu sein. Heilen, die zentrale Funktion von TT, könnte man eine »Humanisierung von Energie« nennen mit dem Interesse, anderen oder sich selbst zu helfen bzw. andere oder sich selbst zu heilen. Das erste, was passiert, wenn Sie Therapeutic Touch erlernen, und was dabei häufig auch eine entscheidende Rolle spielt, ist, daß Sie sich selbst heilen. Das ist völlig in Ordnung und vielleicht sogar notwendig.

Das Zentrieren: sich selbst kennenlernen

Das Tor zur TT-Ausübung ist das Zentrieren des Bewußtseins. Das Zentrieren ist ein Akt der Selbstsuche, ein In-sich-Hineingehen, um Ihre tieferen Ebenen zu erforschen. Durch eine solche Reise ins Innere Ihrer Person können Sie gleich einem Yogi lernen, den Energiefluß Ihres Bewußtseins aufzuspüren und ihm – in dem Bedürfnis, das eigene Sein und die eigene Beziehung zum Universum zu verstehen – zu folgen.

Das Zentrieren ist deshalb so wichtig, weil Sie, als Heiler, bei Therapeutic Touch der einzige sind, der bestimmt, wie der therapeutische Prozeß ablaufen wird. Sie leiten die Interaktion ein. Wie der Prozeß weitergeht, hängt davon ab, wie gut Sie die verschiedenen energetischen Hinweise im Energiefeld Ihres Patienten voneinander unterscheiden können. Zu guter letzt wird Ihr sorgfältig abgewogenes Urteil entscheiden, wann und wie der TT-Prozeß beendet werden soll. Die mangelnde Stofflichkeit des Energieflusses, mit dem Sie zu tun haben, macht es dringend erforderlich, daß Sie sich Ihrer Beurteilung, die größtenteils subjektiver Natur ist, ziemlich sicher sind.

Indem Sie Ihr Bewußtsein zentrieren, gehen Sie über das alltägliche Wechselspiel (Reiz – Reaktion) des Körpers mit der Umgebung bzw. der »Welt da draußen« hinaus. Durch das Zentrieren nehmen Sie Kontakt mit der außergewöhnlichen Stille der persönlichen, intimen Welt in Ihrem Innern auf und genießen ihre zutiefst beruhigende psychische wie körperliche Auswirkung. Mit der Zeit werden Sie wahrnehmen, daß Sie selbst Ihr Bewußtsein sind. Sie werden feststellen, daß Sie Ihren Erfahrungen, je nach der Beziehung, die Sie zu Menschen, Dingen und Ideen um sich herum aufbauen, Farbe und Substanz verleihen. Es kann sein, daß Sie anfangen einzusehen, wie unerläßlich es ist, diese Beziehungen klar und ohne Vorurteile anzuerkennen.

Während der TT-Behandlung verwandelt sich dieser Akt des Zentrierens in eine Achtung vor der Einzigartigkeit der Dynamik eines jeden Menschen. Sie können dann alle in der Vergangenheit gemachten Erfahrungen einbringen, die helfen, den Bedürfnissen eines Menschen in therapeutischem Sinne gerecht zu werden.

Generell könnte man den Heilvorgang beschreiben als den bewußten, vollständigen Einsatz Ihrer Energien mit dem Interesse, einem anderen Menschen zu helfen. Dieses Interesse entsteht aus Mitgefühl für andere sowie der Anerkennung einer zugrundeliegenden universellen Ordnung. Dieser Lernprozeß vollzieht sich erfahrungsgemäß durch den Akt des Zentrierens. Bei Therapeutic Touch beginnen Sie nicht nur den Heilprozeß mit dem Zentrieren, sondern bleiben die ganze Zeit über in diesem Zustand. Das klingt sehr schwierig, ist jedoch, trotz all der Konzentration, die es verlangt, eine sehr angenehme Erfahrung, denn beim Zentrieren lernen Sie viel über die Dynamik Ihres Bewußtseins.

In diesem Zustand innerer Ruhe können Sie auch Fragen stellen. Und wenn Sie dann ganz vorsichtig in sich hineinhören, können ganz zentrale Antworten aus den Tiefen

Ihres Selbst kommen. Es ist nicht einfach, das allzeit aktive »Schnatterhirn« abzustellen und sich auf die Antworten zu konzentrieren, die aus den tiefsten Tiefen Ihres Bewußtseins aufsteigen. Ist Ihre Motivation jedoch stark genug, wird sich in überraschend kurzer Zeit ein Weg finden.

Übung 1
Wie zentriere ich mich?

1. Fangen Sie mit ganz einfachen Übungen an. Setzen Sie sich bequem hin, und atmen Sie ruhig und tief durch. Sie können dabei Ihre Augen offen oder geschlossen halten. Sinn und Zweck der Übung ist, daß Sie sich der Ganzheit Ihres Seins bewußt werden.
2. Achten Sie darauf, wie es sich anfühlt, wenn Sie ruhig sind. Erforschen Sie sich selbst, und registrieren Sie die Gefühle, die sich in Ihr Bewußtsein einschleichen. Folgen Sie in aller Ruhe Ihren Gedanken, ohne sich emotional zu sehr auf sie einzulassen.
3. Unterscheiden Sie bei all den Energieströmen, die Sie wahrnehmen, zwischen Ihren eigenen und denen von Dingen oder anderen Menschen, mit denen Sie sich möglicherweise identifizieren. Konzentrieren Sie sich auf Ihre eigenen Eigenschaften.
4. Achten Sie, sobald Sie ein Gefühl für das Selbst entwickeln, auf Ihre feinstofflichen Energien. Versuchen Sie, sich zuerst Ihrer Atmung bewußt zu werden, zu spüren, wie sie Ihre Lungen füllt. Fühlen Sie dann, wie Ihr Atem den Körper durchdringt und seine

Funktionen mit lebenserhaltendem Prana oder vitaler Energie beschleunigt. Lenken Sie nun Ihre Aufmerksamkeit auf andere feinstoffliche Energien. Wenn sich jemand anderes im Raum befindet, wie nehmen Sie dessen Anwesenheit wahr? Sollte etwas Ihre Aufmerksamkeit ablenken, können Sie herausfinden, wodurch dies geschieht? Können Sie nachvollziehen, wie Sie für jemanden empfinden, der gar nicht körperlich anwesend ist?

5. Wenn Ihnen mit der Zeit die Übung leichter fällt, versuchen Sie, einen Schritt weiter zu gehen. Bemühen Sie sich, sich stimmungs- oder gefühlsmäßig mit dem Teil Ihres Bewußtseins zu identifizieren, der Energien wahrnimmt und Gefühle oder Bilder hervorruft. Wenn Sie zu diesen tieferen Ebenen Ihres Selbst vordringen, werden Sie eine umfassende Stille und ein Gefühl der Zeitlosigkeit erfahren. In diesem Zustand der Stille wird es Ihnen nicht schwerfallen, eine Empfänglichkeit für persönliche Einsichten zu entwickeln. Es empfiehlt sich, Papier und Bleistift zur Hand zu haben, so daß Sie Schlüsselgedanken oder -symbole notieren können, ohne Ihre Arbeit zu unterbrechen.

Oft treten Sie dabei in eine bisher unbekannte Dimension Ihres Selbst ein und werden die tiefe Stille oder das Gefühl von Zeitlosigkeit tatsächlich erst bemerken, wenn Sie aus dem zentrierten Zustand wieder zurückgekehrt sind. In diesem Augenblick wird sich in Ihnen ein Wohlgefühl ausbreiten, Sie werden entspannt sein und Selbstkontrolle empfinden. Das ist ein ausgesprochen angenehmes Gefühl, und Sie werden die Übung gerne wiederholen.

Kommentar zu Übung 1

Damit Sie anderen helfen können, ihr Zentrum zu finden, ist es zunächst wichtig, das eigene Zentrum zu kennen. Wenn Sie lernen, das innere Durcheinander bedeutungsloser Dialoge in Ihrem »Schnatterhirn« ruhigzustellen, können Sie den Antworten Ihrer Psyche auf Ihre Fragen viel mehr Beachtung schenken. Wenn Sie zudem diese innere Stille von Grund auf verstehen, werden Sie feststellen, daß Sie sie bei einer TT-Behandlung einsetzen können. In diesem Bewußtseinszustand können Sie bei Patienten viele Funktionsstörungen behandeln, wie z. B. Gereiztheit, Unruhe, Angstzustände, hohen Blutdruck, durch Chemotherapie bedingte Übelkeit und Entzündungen. Die Behandlung wird in einer Art und Weise erfolgen, deren Bedeutung Sie im Augenblick möglicherweise nicht sehen, die Sie aber am Ende dieses Kapitels besser verstehen werden.

Das Zentrieren ermöglicht einen Reichtum an Erfahrungen, angefangen vom Gefühl des Geerdetseins in physischer Zentriertheit bis hin zur Wahrnehmung der transzendenten Funktionen des Bewußtseins. Wenn der Vorgang des Zentrierens über längere Zeit erfahren wird, bringt er die verschiedenen Aspekte des menschlichen Energiefeldes miteinander in Einklang. Er integriert die verschiedenen Facetten der Persönlichkeit. Sie empfinden ein intensiveres Gefühl der Ganzheit Ihrer Person und sind mehr in ihrer Mitte. Sie wissen ganz sicher, daß der eigenen Persönlichkeit eine neue Richtung gegeben werden kann, bzw. eine Umwandlung erfolgt, wenn der Einsatz des Selbst ein bewußter Akt ist. Aufgrund dieser Erkenntnis werden Sie lebensbejahender in die Zukunft blicken können. Eine Folge dieser Einsichten ist das persönliche Wissen, daß dieser Akt der Stille Zugang zum inneren Selbst, dem Lehrer und Führer gewährt, der Ihre individuelle Kraft widerspiegelt.

Um das Gefühl der Stille und Zeitlosigkeit, das charakteristisch für die Erfahrung des Zentriertseins ist, zu fördern und noch dazu eine Situation zu schaffen, in der Sie die Dynamik des Visualisierungsprozesses beobachten können, bietet es sich an, die geführte Visualisierung zu benutzen, die in Übung 2 angeboten wird.

Übung 2
Das leuchtende Kind und der See der Ruhe

Allen Übungen zum Zentrieren des Bewußtseins ist eine charakteristische Atmosphäre umfassender Stille gemeinsam; dieses Gefühl der Stille ist allgegenwärtig. Um die folgende geführte Visualisierung auszuführen, sollten Sie entweder jemanden bitten, sie Ihnen langsam vorzulesen, während Sie die Augen geschlossen halten und der Vorstellung folgen, oder die Übung auf Band sprechen und sich das Ganze selbst vorspielen. Damit die Übung gelingt, müssen immer wieder angemessene Pausen gemacht werden, die Ihnen ausreichend Zeit geben, die angeführten Bilder in Ihrer Vorstellung entstehen zu lassen. Die Pausen sollten allerdings nicht so lange ausgedehnt werden, daß Sie den Faden verlieren.

Programmieren Sie die Erfahrung nicht vor. Lassen Sie jeden Augenblick seine eigene Geschichte erzählen, und hören Sie ruhig zu. Stellen

Sie sich die Übung als ein Erlebnis vor, das Ihnen Spaß macht und von dem Sie lernen können wie von einem guten Freund.

Vorgehensweise

Setzen Sie sich bequem hin, und legen Sie eine Hand auf den unteren Bauchraum. Zentrieren Sie sich. Werden Sie ruhiger, und atmen Sie sanfter, bis Sie spüren, daß Ihr Bauch so still wird wie ein völlig ruhiger See.

Kein Kräuseln ist auf dem See zu sehen. Suchen Sie sich eine Stelle auf dem Wasser aus, die glänzt. Können Sie an dieser Stelle des ruhigen Sees eine Figur aus Licht erkennen?

Schauen Sie genau hin, und Sie werden feststellen, daß sich in dem glänzenden Licht eine Kindergestalt abzeichnet. Die Gestalt ist nicht wirklich menschlich; sie ähnelt einem Kind und symbolisiert unschuldiges Angenommensein und einfache Freude. Erwarten Sie nicht, daß die Gestalt etwas Bestimmtes ist, und erzwingen Sie auch nichts; erlauben Sie ihr einfach, sie selbst zu sein.

Erweitern Sie vorsichtig Ihr eigenes Energiefeld und spüren Sie die Anwesenheit der Gestalt. Übernehmen Sie ihren Atemrhythmus. Vertrauen Sie ihr und identifizieren Sie sich mit ihr, denn sie ist Ihnen ähnlich.

Sehen Sie vor sich den glitzernden See. Gehen Sie in den See und berühren Sie die Hand des leuchtenden Kindes mit dem Energiezentrum, das direkt über Ihrer Handfläche liegt.

Die Berührung des Kindes ist leicht wie ein Schmetterling. Bleiben Sie dieser leichten Berührung gegenüber empfänglich, und fragen Sie sie, wie sie zu verstehen ist.

Fühlen Sie sich eins mit Ihrem tiefsten Wunsch oder Versprechen, anderen zu helfen, und formulieren Sie im Geiste eine klare Frage. Stellen Sie der Kindergestalt die Frage und lassen Sie sie dann sanft davonziehen, wie eine schwebende Feder im Wind.

Horchen Sie sorgsam hin.

Erlauben Sie der Wasseroberfläche des Sees nicht, sich zu kräuseln; lassen Sie die Oberfläche ruhig und ungestört aussehen. Atmen Sie langsam und tief, um Spannungen aufzulösen.

Das leuchtende Kind fühlt sich an wie kühles, fließendes Wasser auf der friedlichen Wasseroberfläche. Eine Antwort, so klar und erfrischend wie Wasser, wird zu Ihnen kommen.

Nachdem Sie die Antwort erhalten haben, atmen Sie tief ein, und öffnen Sie langsam die Augen.

Diese Erfahrung ist erst ein Anfang. Es wird zu anderen Zeiten weitere Erfahrungen geben.

Einschätzen des menschlichen Energiefeldes

Haben Sie einen zentrierten Zustand erreicht, können Sie mit der TT-Behandlung weitermachen. Es mag Ihnen zunächst ungewohnt vorkommen, mehr als eine Sache auf einmal zu machen. Ich versichere Ihnen aber, daß dies etwas ganz Natürliches ist, das sie sowieso mehrmals am Tage tun. Der Unterschied ist nur, daß Sie es jetzt bewußt machen.

Wenn Sie sich zentriert haben, ist der nächste Schritt, die

Situation zu erfassen, bevor Sie anfangen, das Energiefeld des Patienten einzuschätzen. Die Grundvoraussetzung hierfür ist, daß Menschen offene Energiesysteme sind: Unsere Existenz endet nicht mit der Haut. Das menschliche Energiesystem fließt ungehindert und vermischt sich mit anderen Energien in einem ständig sich im Fluß befindlichen Prozeß. Überdies ist körperliche Anstrengung nicht nötig, um dieses Fließen aufrechtzuerhalten. Dies legt den Schluß nahe, daß die Energieübertragung vom Energiesystem eines Menschen auf das eines anderen ohne Anstrengung erfolgen kann. Bei Therapeutic Touch wird dieser Energiefluß mühelos gesteuert oder in spezifischer und angemessener Weise unter bewußtem Einsatz des Geistes harmonisiert.

Therapeutic Touch ist ein bewußter Vorgang; nichts geschieht spontan. Für die Anwendung jeder TT-Technik liegt immer ein guter Grund oder ein starkes, unwiderstehliches Verlangen vor. Der Heilprozeß als solcher richtet sich nach den Hinweisen auf ein Energieungleichgewicht, die während der Einschätzungsphase aufgespürt werden.

Um verantwortungsvoll vorgehen zu können, müssen Sie zuerst eine Vorstellung davon haben, was in menschlich-energetischer Hinsicht mit dem Patienten los ist. Rufen Sie sich zu diesem Zweck die zweite Grundvoraussetzung von Therapeutic Touch in Erinnerung: Der menschliche Körper ist symmetrisch aufgebaut, wobei die linke und rechte Körperseite einander anatomisch spiegeln.

Dieses Wissen ermöglicht Ihnen, Unausgeglichenheiten im Energiefeld des Kranken zu entdecken. Wenn nämlich das gesunde Energiefeld symmetrisch ist, und wenn, wie die dritte Voraussetzung behauptet, Krankheit sich durch ein unausgeglichenes Energiefeld auszeichnet, dann können Sie im Prinzip energieschwache oder kranke Stellen finden, wenn Sie nach Anzeichen von Asymetrie im Energiefeld des Patienten Ausschau halten.

Wie fühlt sich nun aber das menschliche Energiefeld an?

Den Erfahrungen der Inder zufolge gibt es einige nichtstoffliche Energietransformatoren, die man Chakren nennt und die sich im menschlichen Energiefeld befinden. Jeder Mensch besitzt und benutzt diese Chakren, ob er sich dessen bewußt ist oder nicht, denn sie sind im Grunde Zentren verschiedener Bewußtseinsebenen, die sich von niedrigstem körperlichen bis zu höchst sprirituellem Niveau erstrecken. Damit ist das Chakrensystem ein natürlicher Bestandteil des menschlichen Energiefeldes. In diesem System gibt es sieben Haupt- sowie mehrere Neben-Chakren. Zwei dieser Neben-Chakren liegen auf den Handflächen. Die meisten von uns sind sich ihrer Funktionsweise nicht bewußt. Sie können jedoch mit etwas Übung eine Sensibilität für sie entwickeln.

Übung 3 soll Ihnen ein Gespür für die besonderen Eigenschaften des menschlichen Energiefeldes vermitteln. Sie basiert auf einer alten Übung, die zu verschiedenen Zwecken eingesetzt wurde. Ich mag sie besonders, weil Sie Ihnen schnell und genau zeigt, wie sich das menschliche Energiefeld bei der Einschätzungsphase von Therapeutic Touch anfühlt.

Übung 3
Das menschliche Energiefeld spüren

1. Zentrieren Sie in aller Ruhe Ihr Bewußtsein.
2. Setzen oder stellen Sie sich bequem hin, und halten Sie Ihre Handflächen einander gegenüber.
3. Bewegen Sie Ihre Handflächen aufeinander zu, bis sie etwa einen halben Zentimeter voneinander entfernt sind.
4. Bewegen Sie nun die Hände voneinander weg,

bis sie ungefähr zehn Zentimeter Abstand haben. Bewegen Sie sie anschließend wieder langsam aufeinander zu, bis sie abermals wenige Millimeter auseinander sind.

5. Ziehen Sie die Hände nochmals auseinander, dieses Mal etwa zwölf bis fünfzehn Zentimeter, und bewegen Sie sie anschließend langsam wieder aufeinander zu, bis sie von neuem wenige Millimeter Abstand haben.
6. Ziehen Sie Ihre Hände ein letztes Mal auseinander, bis sie ungefähr fünfzehn bis zwanzig Zentimeter voneinander entfernt sind. Wenn Sie dieses Mal Ihre Hände zusammenbringen, tun Sie dies mit langsamen, ruckartigen Bewegungen, so daß sie jedesmal etwa drei bis fünf Zentimeter aufeinander zu rücken. Achten Sie dabei auf alles, was Sie in den Händen spüren, bis sie wiederum einen halben Zentimeter auseinander sind.
7. Halten Sie auf einem Blatt Papier fest, was Sie während diesen ruckartigen Bewegungen gespürt haben.

Es ist interessant, diese Übung entweder gleichzeitig oder zeitversetzt mit anderen Menschen durchzuführen und dann die Erfahrungen zu vergleichen. Probieren Sie diese Übung mehrmals, und vergessen Sie nicht, zu Beginn Ihr Bewußtsein zu zentrieren. Diese Übung darf nicht stressig sein. Halten Sie deswegen die Handgelenke locker. Ihre Schultern sollten kaum angespannt sein, und Sie sollten ganz normal atmen. Schweiß wird Sie nicht voranbringen. Es ist Ihr Geist, den Sie in dieser Übung benutzen. »Hören« Sie, das heißt, achten Sie auf Ihre Hände!

Den meisten Menschen fällt es nicht schwer, bei dieser Übung irgendeine Form von Energiefluß zwischen den Händen wahrzunehmen. Sollten Sie allerdings zu den ganz wenigen gehören, die nichts spüren können, prüfen Sie, ob Ihre Aufmerksamkeit wirklich auf der Übung liegt und ob Sie dem menschlichen Energiefluß vorbehaltlos gegenüberstehen. Manchmal können Sie Ihre Empfänglichkeit für Energie erhöhen, wenn Sie ein lebendes Tier (Katzen eignen sich sehr gut), eine Pflanze oder einige frische Sojabohnenkeime als Fokus für Ihre Hand-Chakren benutzen. Der Energiefluß von Lebewesen hat unverkennbare Eigenschaften, die dennoch feinstofflich sind. Obwohl sie uns ständig umgeben, werden sie in unserer westlichen Kultur nicht wahrgenommen und uns selten zu Bewußtsein gebracht. Zur Überwindung dieses Hindernisses müssen Sie bereit sein, entsprechend Zeit und Aufmerksamkeit zu investieren; Sie müssen einen Bewußtseinszustand wahrnehmen lernen, der bei den üblichen, täglich anfallenden Tätigkeiten in unserer Kultur als nicht normal angesehen wird. Dieser Sensibilisierungsprozeß ähnelt sehr einer Gehörschulung, die Sie durchmachen, wenn Sie versuchen, Feinheiten einer interessanten, aber fremden Musik oder Sprache einzufangen.

Kommentar zu Übung 3

Mit etwas Übung werden die Signale, die Sie beim Durchführen von Übung 3 auffangen, ziemlich konkret sein. Eine ehemalige Schülerin von mir schrieb folgendes in ihr Tagebuch:

> 14. Februar, 9 Uhr morgens: AH-HA! Ich habe die Selbstwahrnehmung mit den Händen probiert und tatsächlich etwas gespürt! Das, was ich gespürt habe, hat sich dann leicht verändert, als ich gelernt habe, aufmerksamer »hinzuhören«. Gespürt habe ich: ein Gefühl von Wärme, ein Kribbeln, einen leichten Druck und Elastizität, so daß sich der Raum zwischen meinen Händen wie warmer Wackelpudding oder warmer Schaum anfühlte.

Jane, eine andere Schülerin, schrieb:

> Als ich die Übung mit den Energiezentren der Hände machte, fand ich heraus, daß ich ein stärkeres Gefühl der Elastizität empfand, wenn ich meine Finger leicht gespreizt hielt. Außerdem habe ich größere Veränderungen im Zwischenraum gespürt, wenn ich meine Hände auseinanderbewegte. Wenn meine Finger sich jedoch berührten, war das Gefühl von Wärme deutlicher. Es ist interessant, daß ich, obwohl meine Hände kalt waren (ich machte die Übung beim Lernen), ganz deutlich Wärme spüren konnte, nicht warme Hände, sondern Wärme zwischen meinen Händen.

Übung 3 ist eine einfache und wirkungsvolle Übung, aus der man Verschiedenes lernen kann. Sie eignet sich sehr, um zu spüren, wie die Energiezentren in den Händen die verschiedenen Eigenschaften des menschlichen Energiefeldes wahrnehmen. Dadurch werden diese Zentren auch trainiert und mit der Zeit sensibler. Hinzu kommt, daß die entschiedene Konzentration, die Sie benötigen, um das Feld zwischen Ihren Händen entstehen zu lassen, und der Wahrnehmungswechsel, der eintritt, sobald Sie eine stärkere Aufmerksamkeit gegenüber den Feinheiten des Feldes selbst entwickeln, Ihnen beibringen können, wie Sie zentriert bleiben. Viele Menschen benutzen diese Übung, um das Zentrieren zu üben.

Die Einschätzungstechnik

Therapeutic Touch ist ein natürliches Potential. Deswegen werden Sie auch feststellen, daß Sie dabei Ihren eigenen, persönlichen Stil entwickeln. Es empfiehlt sich jedoch, in Ihrer Anfangsphase mit Therapeutic Touch folgende einfache und zuverlässige Methode mehrmals anzuwenden, damit Sie eine Grundlage erhalten, auf deren Hintergrund Sie dann Neues beurteilen können.

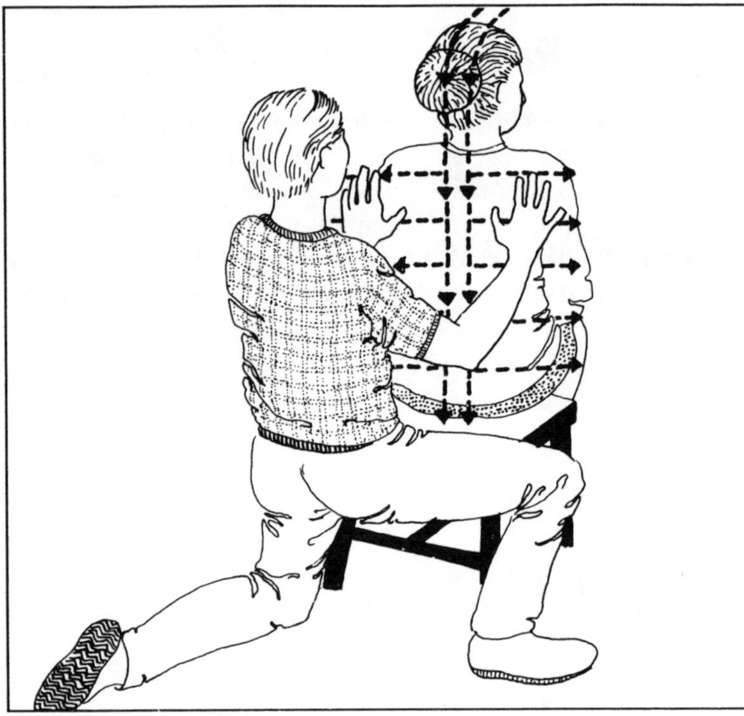

Abb. 3: Das Energiefeld . . .

Übung 4
Grundtechnik zum Einschätzen des menschlichen Energiefeldes

Die Einschätzungsphase von Therapeutic Touch beginnen Sie damit, sich wie oben beschrieben zu zentrieren. Fahren Sie dann fort, wie folgt:

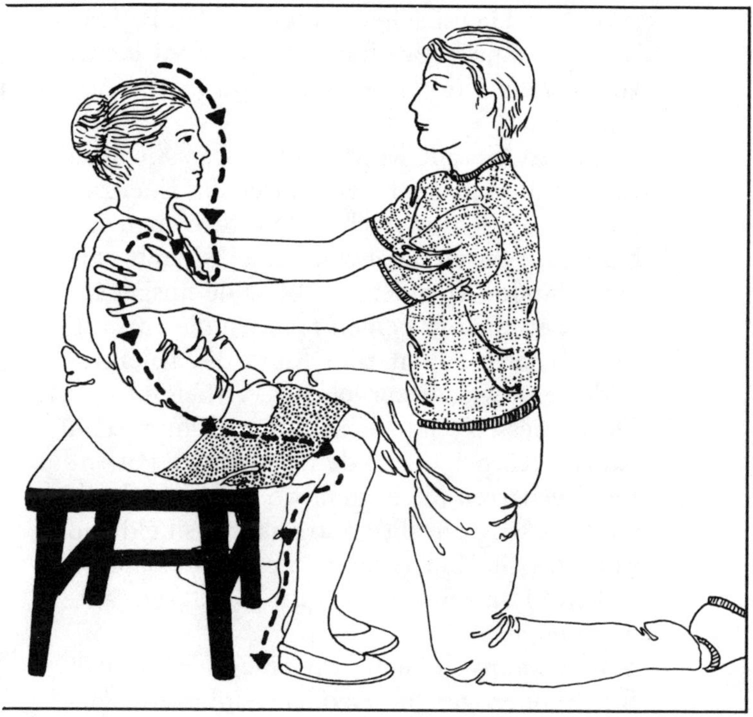

... des Patienten einschätzen

1. Bitten Sie den Patienten, sich entweder hinzusetzen oder sich bequem hinzulegen.
2. Stellen Sie sich entweder vor oder hinter den Patienten. Es ist völlig unerheblich, womit Sie beginnen. Halten Sie die Hände nahe über den Kopf des Patienten, und benutzen Sie seine Wirbelsäule als visuellen Anhaltspunkt, das heißt als die Längsachse des Körpers, an der sich die beiden symmetrischen Seiten spie-

geln. Ihre Handflächen sollten auf den Patienten zeigen und etwa fünf bis acht Zentimeter von seinem Körper entfernt sein. (Siehe Abbildung 3).

3. Beginnen Sie am Kopf, und führen Sie Ihre Hände langsam aber stetig durch das Energiefeld des Patienten nach unten. Streichen Sie behutsam durch das Feld, wobei Sie mit beiden Händen von der Wirbelsäule ausgehen. Streichen Sie mit beiden Händen gleichzeitig seitlich nach außen zum Rand des Energiefeldes und wieder zurück zur Wirbelsäule.
4. Durchmessen Sie Schritt für Schritt den ganzen Körper bis zu den Füßen des Patienten. Verharren Sie nirgendwo zu lange. Streichen Sie langsam aber stetig über das Feld und »hören« Sie hin (achten Sie genau darauf), welche Hinweise Ihre Hand-Chakren aufnehmen.
5. Selbst wenn Sie sich von einer bestimmten Stelle angezogen fühlen oder sehr besorgt darüber sind, hören Sie nicht auf, bis Sie das ganze Energiefeld des Patienten untersucht haben. Es ist zu diesem Zeitpunkt wichtig, daß Sie von dem Patienten als Ganzheit einen vollständigen Eindruck erhalten, ihn als einzigartiges Wesen erfahren. Nachdem Sie Ihre erste Einschätzung vorgenommen haben, sollten Sie nochmals über das ganze Energiefeld gehen und die Einzelheiten überprüfen, die Ihnen aufgefallen sind, wenn es zu dem Zeitpunkt noch nötig ist.
6. Während Ihre Hände sich das Feld nach unten erschließen, sollten Sie genau auf Unterschiede achten, die Sie zwischen den Händen

spüren, indem Sie ständig vergleichen, was Sie in der einen und was in der anderen Hand spüren. Sollte Ihnen auf der einen Seite etwas auffallen, das Sie auf der anderen nicht spüren, merken Sie sich im Geiste, wie es sich anfühlt, und fahren Sie rhythmisch streichend fort, das Energiefeld zu durchforschen, bis Sie bei den Füßen angelangt sind.

7. Gehen Sie jetzt auf die andere Seite (Vorder- oder Rückseite des Patienten, je nachdem, wo Sie angefangen haben), und erforschen Sie das Energiefeld auf dieser Seite in der gleichen Art und Weise.

Wichtig: Das Einschätzen einer Seite des Energiefeldes sollte ungefähr 30 Sekunden dauern. Da es sich um eine neue Art der Wahrnehmung handelt, sollten Sie diese Übung oft trainieren.

Kommentar zu Übung 4

Wenn Sie lernen, mit den Hand-Chakren aufmerksam »hinzuhören«, werden Sie Botschaften oder Hinweise auf feinstoffliche Weise empfangen. Hinweise können auf den unterschiedlichsten Wegen Ihrer Sinneswahrnehmung zu Ihnen gelangen: als vage Ahnung, flüchtige Eindrücke, als Anflug von Einbildung und, in wertvollen Augenblicken, als wahre Einsichten oder Intuition. Sehr häufig setzen sich die Hinweise in Ihrem Kopf zu einem klaren Bild zusammen, das über einen gerade ablaufenden Prozeß bzw. einen Aspekt dieses Prozesses Auskunft gibt. Nehmen Sie diese Eindrücke zunächst einfach auf, und verstauen Sie sie im Hinterkopf, ohne den Einschätzungsvorgang zu unterbrechen. Machen

Sie solange weiter, bis Sie das Gefühl haben, daß Ihre Auswertung abgeschlossen ist und Sie bereit sind, zum nächsten Schritt von Therapeutic Touch überzugehen.

Wichtig bei dem Einschätzungsvorgang ist, daß Sie Ihre Eindrücke daraufhin überprüfen, wie weit sie der Realität entsprechen. Wenn sich der Zustand des Patienten bessert oder Ihre Eindrücke auf andere Art und Weise bestätigt werden, wissen Sie, daß Sie sich auf Ihre Beurteilung verlassen können. Versuchen Sie, sich später einmal Ihren Einschätzungsvorgang in Erinnerung zu rufen und sich klarzumachen, wie Sie sich auf die Hinweise eingestimmt haben. Sollten sich die Botschaften, die Sie mit Ihren Sinnen empfangen, in einem Wirklichkeitstest als unwahr herausstellen, müssen Sie natürlich nach einem anderen Wahrnehmungsweg suchen, der sich als empfänglicher für den Zustand des Patienten erweisen könnte.

Unter allen Umständen und insbesondere solange Sie Therapeutic Touch noch lernen, ist der Schlüssel zum Erfolg letztlich, immer zu Ihrem inneren Zentrum zurückzukehren. Dort befindet sich der Lern- und Testboden, auf dem Ihr Verständnis der vielen Bewußtseinsfacetten reift und zunimmt. Halten Sie Ihre Eindrücke stets in einem Tagebuch fest, so daß Sie genügend Daten haben, um Ihr Urteil zu überprüfen. Wenn Sie später einen Augenblick Zeit haben, gehen Sie Ihr Material durch. Häufiges Üben ist der beste Weg, Ihre Fähigkeiten zu verbessern, und Sie sollten für ausreichend Gelegenheit zum Üben sorgen.

Hinweise im Energiefeld des Patienten erkennen

Die »Unterschiede«, die Sie zwischen Ihren Händen spüren, wenn Sie das Energiefeld des Patienten von oben nach unten erfühlen, können sehr groß sein, und Sie werden sie bald schon erkennen können. Diese Unterschiede sind eigentlich Hinweise auf den Zustand oder die Verfassung verschiedener Stellen des Energiefeldes. Es kann sein, daß Ihnen bezüglich Ihrer Beobachtungen einige Besonderheiten auffallen. Die eine ist, daß Sie die Signale nicht mit der Haut oder dem äußeren Gewebe der Hand fühlen, sondern mit dem tieferliegenden Gewebe Ihrer Hände. Wenn Sie z. B. beim Absuchen des Energiefeldes ein Gefühl der Wärme spüren, ähnelt dieses Gefühl keineswegs dem Gefühl von Wärme, das Sie verspüren, wenn Sie Ihre Hände auf eine heiße Herdplatte legen. Sie fühlen die Wärme eher innerlich, in den tieferen Schichten der Hände.

Eine weitere Besonderheit hat mit der Temperatur selbst zu tun. Man hat die Hauttemperatur an den Stellen, an denen der Heiler während der TT-Einschätzung Wärme empfunden hat, mit empfindlichen Temperaturmeßgeräten gemessen. Es wurde jedoch nie ein Ansteigen der registrierten Hauttemperatur beobachtet, die der Wärme, die der Heiler empfunden hat, entsprochen hätte. Noch merkwürdiger ist, daß sich bei diesen Experimenten die Hände des Heilers selbst, weder beim Berühren noch beim Messen, nicht erwärmt haben, obwohl der Heiler Wärme vom Energiefeld des Patienten aufgenommen hat. Offensichtlich haben wir es bei Therapeutic Touch mit einem anderen Aspekt oder Konzept von Temperatur zu tun, das sich von dem, das wir gemeinhin in der Biophysik kennen, unterscheidet. Für eine konkretere Schlußfolgerung bedarf es anderer Untersuchungsansätze.

Sobald Sie mehr Erfahrung in der Einschätzungsphase von Therapeutic Touch haben, können Sie auf mindestens fünf verschiedene Bewußtseinsebenen Bezug nehmen. Es handelt sich ausschließlich um subjektive Stadien, und da diesbezüglich weder bedeutende Forschungsergebnisse noch tiefgehende Studien vorliegen, können diese Stadien nur von einer experimentellen Perspektive aus diskutiert werden.

Damit Sie die unterschiedlichen Merkmale der Hinweise im Energiefeld einordnen können, habe ich etwas willkürlich den fünf wichtigsten Botschaften oder Hinweisen, die Heiler bei der Einschätzungsphase von Therapeutic Touch erhielten, fünf Bewußtseinsebenen zugeordnet. Seit Dora Kunz und ich 1972 mit der Entwicklung von Therapeutic Touch begonnen haben, wurden diese Angaben immer wieder bestätigt.

1. Eine Bewußtseinsebene hat mit der Wahrnehmung von Temperaturhinweisen zu tun, das heißt von Empfindungen wie Wärme, Kälte oder der eisigen Kälte eines Vakuums. Temperaturunterschiede werden am häufigsten wahrgenommenen.
2. Eine weitere Ebene gilt der magnetischen Anziehungskraft bestimmter Stellen im Energiefeld des Patienten. Die Hand wird dabei automatisch von der Stelle angezogen. Auf dieser Bewußtseinsebene können Blockaden, Druck- oder Völlegefühle wahrgenommen werden.
3. Eine dritte Bewußtseinsebene betrifft Hinweise, die als »Prickeln«, »das Aufplatzen von Bläschen«, »Kribbeln« oder »kleine Elektroschocks« beschrieben werden.
4. Auf einer gesonderten vierten Bewußtseinsebene geht es um Hinweise, die als rhythmisches Pulsieren im Energiefeld des Patienten empfunden werden.
5. Eine fünfte Bewußtseinsebene ist den wahrhaft intuitiven Einblicken in den Zustand des Patienten vorbehalten.

Auf dieser Ebene werden Hinweise in das Bewußtsein des Heilers projiziert, wobei sich der Heiler der Art der Projektion bewußt sein kann oder auch nicht. Sie sind als Informationen »einfach da« und sollten auf Zuverlässigkeit hin geprüft werden.

Übung 5
Des Kaisers Kleider

Die Übung »Des Kaisers Kleider« ist dazu gedacht, Ihre Wahrnehmung der Hinweise im Energiefeld des Patienten zu testen. Ich nenne das menschliche Energiefeld »Des Kaisers Kleider«, weil es wie »Des Kaisers Kleider« in dem fast gleichnamigen Märchen unsichtbar ist. Einem Zuschauer kommt der TT-Heiler vor, wie jemand, der etwas Unsichtbares oder nur in der Vorstellung Vorhandenes untersucht.

Zubehör

Eine Plastiktüte, die etwa 25 cm breit und 30 cm lang ist, und eine Schere.

Vorgehensweise

Schneiden Sie, wie in Abbildung 4 dargestellt, eine Seite der Plastiktüte entlang der gestrichelten Linie A–B auf, so daß man sie auseinanderklappen kann. Schneiden Sie anschließend entlang der gestrichelten Linie C–D, so daß ein Loch in der Ecke der Plastiktüte entsteht. Bitten Sie nun den Patienten, mit einem Arm durch das

Loch der Plastiktüte zu schlüpfen. Der Patient trägt des Kaisers Kleider wie eine Weste, die in der Mitte durchgeschnitten wurde.

Suchen Sie sich zum Üben der Einschätzungsphase von Therapeutic Touch jemanden, der bereit ist, die Rolle des Patienten zu übernehmen, während Sie die des Heilers innehaben.

1. Geben Sie demjenigen des Kaisers Kleider, und stellen Sie sich in etwa 20 bis 25 Zentimeter Abstand zu ihm hin. Schließen Sie die Augen.
2. Halten Sie Ihre Augen geschlossen, und bitten Sie den Patienten, des Kaisers Kleider entweder über die rechte Seite zu ziehen – wie in Abbildung 4 – oder über die linke. Der Patient bestimmt selbst, auf welcher Seite er die Weste anzieht, ohne Ihnen seine Wahl mitzuteilen.
3. Vor vielen Jahren hat Dora Kunz mit ihrem feinen Gespür festgestellt, daß der Energiefluß von bestimmten Materialien, wie z. B. der Plastiktüte, die der Patient jetzt trägt, gedämpft wird. Deshalb werden sich die beiden Seiten des Patienten bei der Einschätzung nicht gleich anfühlen. Nehmen Sie, ohne die Augen zu öffnen, eine TT-Einschätzung des Energiefeldes vor.
4. Versuchen Sie mit geschlossenen Augen, die »Unterschiede« herauszufinden, die Ihnen anzeigen, auf welcher Seite der Patient die Kleider des Kaisers trägt.
5. Öffnen Sie die Augen, sobald Sie sich entschieden haben, und lassen Sie sich Ihre Entscheidung bestätigen. Es macht Spaß, wenn

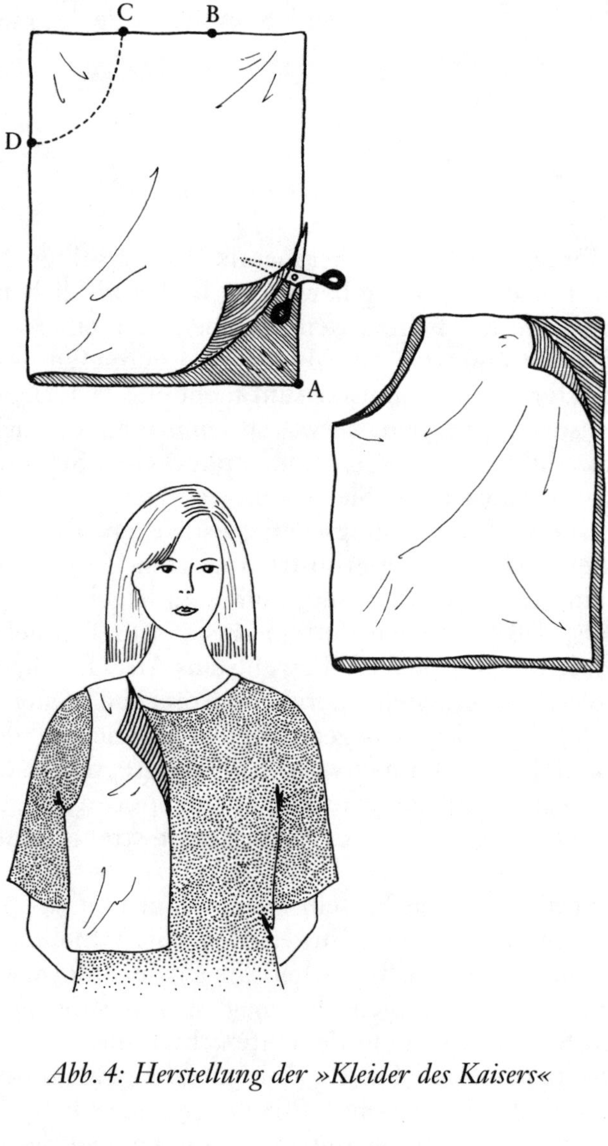

Abb. 4: Herstellung der »Kleider des Kaisers«

Sie jetzt die Rollen tauschen und ausprobieren, wie sich der andere in der Rolle des Heilers macht.

Kommentar zu Übung 5

Bei Ihrer Arbeit mit Therapeutic Touch sollten Sie sich Ihren Forschungsdrang bewahren. In der wirklichen Praxis können Sie nur helfen, wenn Sie beim Patienten die feinstofflichen Hinweise auf Muster im Energiefluß wahrnehmen. Diese Energiemuster sind nicht aus Materie, wie wir sie ansonsten kennen; deswegen kann man sie auch nicht ohne weiteres mit den einfachen physischen Sinnen erkennen, wenn überhaupt. Sie bewußt wahrzunehmen, erfordert eine andere Empfindungsebene, weswegen Sie bereit sein müssen, sich über die grobstrukturierten Sinne, mit denen Sie am besten vertraut sind, hinaus zu begeben. Dies setzt voraus, daß Sie in zentriertem Zustand in sich gehen und nach den Aspekten Ihres Bewußtseins Ausschau halten, die auf die feinstofflichen Energien ansprechen, denen Sie bei der TT-Interaktion begegnen. Das Ausrichten der Aufmerksamkeit nach innen wird eine weitere, tiefere Bewußtseinsebene offenlegen, die im täglichen Leben nur zu häufig ignoriert oder in unserer Gesellschaft streng kontrolliert wird.

Um die strengen Fesseln dieser Kontrolle zu sprengen, sollten Sie sich mit den Hinweisen, die Sie aufnehmen, möglichst identifizieren; versuchen Sie, soviel Information wie möglich herauszuholen. Es mag sich positiv auswirken, wenn Sie Ihre Atmung dem Atemrhythmus des Patienten angleichen, sobald Sie Ihr Energiefeld »ausdehnen«, um seinen Zustand einzuschätzen. Obwohl Sie jegliche Tendenz zu phantasieren streng zügeln sollten, können Sie Assoziationen gegenüber, die beim Einschätzen des Energiefeldes des Patienten in Ihnen hochkommen, aufgeschlossen sein und ihre Bedeutung sorgfältig abwägen.

Sie sollten allerdings auch gewillt sein, Ihre Eindrücke objektiv zu überprüfen. Führen Sie Tagebuch über Ihre TT-Aktivitäten. Eine hervorragende Art des Selbststudiums ist es, die Seiten später durchzugehen, besonders dann, wenn Sie die therapeutische Interaktion mit den Patienten wortgetreu festhalten können.

Überdenken Sie die Schlußfolgerungen und Auswirkungen, die Sie den Hinweisen im Energiefeld des Patienten zuschreiben. Überprüfen Sie Ihre Vermutungen anhand von Laborberichten, Röntgenaufnahmen und anderen medizinischen Bildern und Berichten, soweit verfügbar. Gehen Sie ohne Vorbehalte an die Ergebnisse heran. Wenn Sie Therapeutic Touch anwenden, versuchen Sie, einem Kranken zu helfen, nicht aber zu belegen, daß Sie recht haben. Sie greifen in das Leben eines anderen Menschen ein und müssen nach objektiven Kriterien Ausschau halten, die Ihnen bestätigen, daß das Vorgehen, das Sie wählen, in der Situation angebracht ist.

Nutzen Sie jede sich bietende Gelegenheit, Ihre Empfänglichkeit für lebende Energiefelder zu üben. Wenn Sie nicht an Menschen arbeiten können, messen Sie das Energiefeld Ihrer Haustiere oder anderer Tiere, der Bäume in Ihrer Umgebung (besonders der Nadel- und Eukalyptusbäume, die im Verhältnis zu Ihrer Größe ein riesiges Energiefeld haben) oder Blumen. Wenn Sie ein Kind erwarten – ob als Mutter oder Vater –, messen Sie behutsam das Energiefeld des heranwachsenden Säuglings. Viele meiner Schüler haben über solche intimen Ereignisse Tagebuch geführt und ihre Eindrücke im Kreise der Familie ausgetauscht.

Zu einer anderen Art von Austausch kann es kommen, wenn Sie zusammen mit einem Partner eine Einschätzung durchführen. Dabei untersucht jeder eine Seite des Energiefeldes ganz, tauscht dann die Position mit dem Partner, und mißt die jeweils andere Seite. Vergleichen Sie dann Ihre Aufzeichnungen, und legen Sie auf der Grundlage der anschließenden Besprechung fest, welches die angemessene Behandlung wäre. Diese Aspekte einer TT-Behandlung werden in späteren Kapiteln des Buches behandelt.

Gefühle im Energiefeld einschätzen

Das Einschätzen bei Therapeutic Touch erfordert eine andere Art von Intelligenz, als diejenige, die Sie im Alltag benötigen. Es können z. B. andere Kommunikationsformen vonnöten sein, die mit noch wenig erforschten Seiten der Psyche zusammenhängen. Mit etwas Übung können Sie lernen, haarfeine Hinweise aufzunehmen, die über die Gemütsverfassung des Patienten Aufschluß geben. Die folgende Übung, »Gefühle spüren«, habe ich speziell entwickelt, um diesen Aspekt von Therapeutic Touch zu trainieren.

Übung 6
Gefühle spüren

Diese Übung ist am reizvollsten, wenn sie von mehreren Personen ausgeführt wird, die ein ähnliches Verständnis von Therapeutic Touch haben und Gefühle als eine Form menschlicher Energie ansehen. Jedoch kann jeder, egal mit welchem Hintergrund, die Übung machen. Außer wenn sie stark unterdrückt werden, schildern alle Menschen Gefühle lebhaft und offen, so daß sie leicht vermittelt und von anderen schnell aufgenommen werden.

Zubehör

Pro Person in der Gruppe ein Blatt Papier und einen Bleistift oder Kugelschreiber.

Vorgehensweise

Schreiben Sie zunächst auf jeden Zettel eines der folgenden Gefühle und seine Synonyme:

ANGST
Furcht Grauen Panik

APATHIE
Gleichgültigkeit Teilnahmslosigkeit Gefühllosigkeit

AUFGEREGTHEIT
Reizbarkeit Gereiztheit Verzweiflung

BESORGNIS
Sorge Vorahnung Euphorie

DEPRESSION
Melancholie Verzweiflung Mutlosigkeit

EINSAMKEIT
Trennung Verlassenheit Alleinsein

FREUDE
Jubel Triumph Entzücken

FÜRSORGE
Fürsorglichkeit Liebe Obhut

HOFFNUNG
Vertrauen Erwartung Vorfreude

HOFFNUNGSLOSIGKEIT
Sinnlosigkeit Unmöglichkeit
Unerreichbarkeit

KUMMER
Leid Reue Qual

SCHMERZ
Qual Unbehagen Verletzung

STROTZENDE GESUNDHEIT
Lebenskraft Vitalität Munterkeit

VERÄRGERUNG
Erbostheit Wut Groll

1. Jeder nimmt sich einen Zettel. Nur der Betreffende darf sehen, was draufsteht.
2. Als nächstes suchen sich alle einen Partner. Die beiden Partner sollten sich nach Möglichkeit nicht besonders gut kennen.
3. Jedes Paar bestimmt, wer von ihnen der Sender und wer der Empfänger sein soll. Der Sender setzt sich dann auf einen Stuhl, und der Empfänger stellt sich direkt dahinter. Beide sollten einen Notizblock und einen Stift in greifbarer Nähe haben.
4. Sind Sie der Sender, sollten Sie sich in aller Ruhe zentrieren. Suchen Sie, wenn Sie sich zentriert fühlen, in Ihrer Erinnerung nach einer Situation, in der das auf Ihrem Zettel angegebene Gefühl Sie ergriffen hat. Stellen Sie sich in klaren Bildern die Situation vor, und fühlen Sie richtiggehend körperlich, was Sie damals gespürt haben. Versetzen Sie sich in die Situation, in diese Zeit an diesem Ort. Durchleben Sie die Erfahrung noch einmal.

Für den Fall, daß Sie mit diesem Gefühlszustand nichts anfangen können, nehmen Sie sich einen anderen Zettel.
Wenn Sie bereit sind, die Erfahrung noch einmal zu durchleben, aber das Gefühl haben, Sie nicht angemessen zum Ausdruck bringen zu können, bleiben Sie zentriert, und sagen Sie sich die Worte auf dem Papier immer wieder leise vor oder visualisieren Sie sie.
Geben Sie Ihrem Partner ein Zeichen mit dem Kopf, wenn Sie den entsprechenden Gefühlszustand erreicht haben.

5. Sind Sie der Empfänger, so stellen Sie sich locker hin und zentrieren sich in aller Ruhe. Wenn Sie das Signal Ihres Partners erhalten haben, halten Sie jeweils eine Hand über seine Schulter, so daß ein Abstand von fünf bis acht Zentimetern zwischen Ihrer Hand und der Schulter besteht.
Seien Sie, von dem Augenblick an, in dem Ihre Hand in den Bereich des Energiefeldes Ihres Senders eindringt, offen und empfänglich für jegliche Form von Vorstellungen, die in Ihnen auftauchen – Bilder, Farben, Geräusche, Worte, Musik, Laute, Düfte, Gerüche und so weiter. Speichern Sie die ersten Bilder im Hinterkopf, und lassen Sie dann weitere Bilder hochkommen. Zwingen Sie sich jedoch nicht, ihnen Struktur zu geben. Lassen Sie sie lediglich vor Ihrem inneren Auge vorüberziehen. Machen Sie sich nach zwei bis drei Minuten Stichworte zu den Bildern, an die Sie sich erinnern, sowie zu allen Assoziationen, die in Ihrem Bewußtsein auftauchen.
6. Am Ende der Übung schreibt der Sender, der

die ganze Zeit zentriert bleibt, die Aspekte der Erfahrung, die ihm bedeutsam erschienen, auf, insbesondere persönliche Reaktionen auf den Empfänger.

7. Sprechen Sie zu dem Zeitpunkt noch nicht über Ihre Erfahrungen. Tauschen Sie zuerst die Rollen, und wiederholen Sie die Übung. Wenn Sie sowohl Empfänger als auch Sender waren, vergleichen Sie die Erfahrungen mit Ihrem Partner.

Kommentar zu Übung 6

Diese Übung hilft, die Einschätzungsphase von Therapeutic Touch zu nutzen, um für die emotionale Färbung des Problems des Patienten sensibler zu werden. Als Variation der Übung können Sie den Sender bitten, sich eine Farbe aus einer vorgegebenen Menge von Farben auszusuchen, z. B. blau, gelb oder grün, ohne dem Empfänger zu sagen, welche Farbe er sich ausgesucht hat. Der Sender visualisiert die Farbe dann klar und deutlich, möglicherweise als das Blau des Himmels, das Gelb des Sonnenlichts, das Grün einer Wiese oder was auch immer die Farbe am besten wiedergibt. Der Empfänger zentriert sich, macht eine TT-Einschätzung und versucht, die gewählte Farbe herauszufinden.

Eine tiefergehende Einschätzung des menschlichen Energiefeldes

Sobald Sie im TT-Prozeß fortgeschritten sind und Ihren Kenntnissen vertrauen können, werden Sie fähig sein, Probleme mit zunehmender Tiefe einzuschätzen. Sie werden aufbauend auf persönlichen Erfahrungen auch ein Repertoire an Fähigkeiten entwickeln und eine zunehmende Sensitivität in sich selbst entdecken, die über allgemeinmedizinische Diagnosemethoden hinausgeht oder sich in eine andere Richtung bewegt.

Kim, eine ehemalige Schülerin, schildert ein Beispiel dafür. Sie arbeitet auf einer chirurgischen Kinderstation in Minnesota mit stummen Kindern. In ihrem Brief berichtet sie, daß sie durch den Einsatz der TT-Einschätzung zuvor unentdeckte Abszesse und Verrenkungen bei diesen Kindern aufgespürt hat.

Ein weiteres Beispiel: Von einer großen Klinik in Massachusetts habe ich einen Packen Laborberichte und neurologische Gutachten vorliegen. Der Frau, um die es bei diesen Berichten geht, wurde die Parkinson-Krankheit diagnostiziert, und sie kam zu mir, um sich eine TT-Behandlung geben zu lassen. Kurze Zeit vorher war ich gebeten worden, mir eine Frau mit starken Hirnverletzungen, die zu parkinsonähnlichen Symptomen geführt hatten, anzusehen. Diese Frau hatte innerhalb kürzester Zeit erstaunlich gut auf Therapeutic Touch angesprochen. Die Erinnerung an das Energiefeld dieser ersten Frau und ihre Reaktion auf die Behandlung waren mir äußerst gegenwärtig, als ich mir die zweite Frau ansah.

Nach einer eingehenden Einschätzung der zweiten Frau kam ich nicht zu dem Schluß, daß sie Parkinson hätte. Nachdem ich den Fall sorgfältig durchdacht hatte, erzählte ich ihr von meinen Vorbehalten und riet ihr, sich ein weiteres neurologisches Gutachten einzuholen. Sie befolgte meinen Rat und suchte einen anderen Neurologen auf. Das mir vorliegende Bündel an Berichten stammt von der Analyse dieser zweiten Untersuchung und bestätigt meine eigene Beurteilung. Im Anschreiben des untersuchenden Arztes heißt es: »Die zentrale Frage ist, ob Sie an der Parkinson-Krankheit leiden, und Dr. . . . hat nicht den Eindruck, daß dies der Fall ist. Er hat detaillierte Anweisungen gegeben, wie die medikamentöse Behandlung eingeschränkt werden kann.«

Ein ausführlicher Auszug aus dem Tagebuch einer anderen Schülerin macht deutlich, wie persönliche Fähigkeiten in der Praxis angewandt werden können. Sonia war gerade wieder in mein Seminar zurückgekehrt, nachdem sie wegen einer Bauchhöhlenschwangerschaft in Behandlung gewesen war. Sie schrieb folgenden Bericht:

> Nachdem alle Schüler den Raum verlassen hatten, bat ich Dr. Krieger um eine TT-Einschätzung. Ich erzählte ihr, daß ich mich nicht wohl fühlte und ihre Hilfe bräuchte. Sie hielt ihre Hand über meinen Kopf und bescheinigte mir sofort, daß tatsächlich etwas nicht in Ordnung war. Sie sagte, ich sei sehr verängstigt, was auch stimmte; ich wunderte mich aber über ihre anhaltende Besorgnis, als sie mit der Einschätzung fortfuhr.
>
> Sie sprach leise zu mir, während sie ihre Hand mehrere Male nach oben und dann an der Seite ruckartig nach unten bewegte. Danach riet sie mir, sofort nach Hause zu gehen, mich ins Bett zu legen und meinen Arzt anzurufen. Ich merkte ihr an, wie dringend es war. Sie bot mir sogar an, mich nach Hause zu fahren, aber ich erzählte ihr, daß ich im Anschluß an ihren Kurs noch einen anderen hatte. Sie legte mir nahe, ihn ausfallen zu lassen und direkt nach Hause zu gehen. Sie begleitete mich sogar zu dem Unterrichtsraum und wartete auf mich, während ich meinem Lehrer eine Nachricht hinterließ.

Ich war immer noch höchst erstaunt über das, was Dr. Krieger mir gesagt hatte, und fragte sie deswegen, was sie »gespürt« hatte. Abgesehen von einem undefinierbaren Schmerz in der unteren Bauchgegend fühlte ich mich wahrlich in der Lage zu gehen. Ich fühlte mich wirklich nicht so schlecht, um mit gutem Grund sofort nach Hause zu gehen. Dr. Krieger sagte, das akute Problem läge in meiner unteren Bauchgegend, ihre größte Angst sei aber, daß es sich jetzt in besorgniserregendem Maße organisch niederschlagen würde. Sie hatte auch gefühlt, daß ich noch nicht stabil sei und sich eine größere Menge Flüssigkeit in meinen Lungen befände.

Ich rief meinen Mann an, der noch arbeitete, und Dr. Krieger blieb die ganze Zeit bei mir, während ich darauf wartete, daß er zur Universität kam. Sie ging sogar nach draußen in den fürchterlichen Schneesturm, um mir eine Tasse Pfefferminztee zu besorgen. Während ich darauf wartete, daß sie mit dem Tee zurückkam, machte ich neben der Heizung im Flur ein paar Entspannungsübungen, die sie mir beigebracht hatte, und auch ein bißchen Therapeutic Touch an mir selbst.

Ich dachte über das nach, was Dr. Krieger über meinen Zustand herausgefunden hatte, und wunderte mich offen gestanden, was sie wohl mit dem Tee beabsichtigte, den sie mir bringen wollte. In dem Augenblick war mir keineswegs bewußt, daß das, was in meinem Kopf bezüglich Dr. Krieger vor sich ging, merkwürdig war. Ich fühlte mich nur sehr erleichtert und war ihr dankbar für alles, was sie für mich tat, und ich wußte, daß ich alles willkommen heißen würde, was sie tun wollte, um mir zu helfen.

Als sie zurückkam, ging es mir dank des warmen Tees gleich besser, und während andere Studenten auf ihrem Weg zum Unterricht an uns vorbeiströmten, unterhielten wir uns leise, bis mein Mann kam. Er hatte Dr. Krieger wenige Abende zuvor im Fernsehen gesehen und nahm das, was sie ihm erzählte, sehr ernst. Wir gingen zusammen in die schneeweiße Nacht hinaus, und mein Mann und ich fuhren sofort nach Hause.

Wir waren noch keine Stunde zu Hause, als ich starke Schmerzen im Bauch bekam. Mein Mann fuhr mich daraufhin sofort ins Krankenhaus. Dort wurden mir Blutproben entnommen, die einen ungewöhnlich hohen Anteil an weißen Blutkörperchen anzeigten, was auf eine schwere Entzündung schließen ließ. Von meinem Brustkorb wurden Röntgenaufnahmen gemacht, die rechts einen Pleuraerguß zeigten sowie Wasser in der Lunge. Ultraschalluntersuchungen brachten weitere Wasseransammlungen im Unterleib an den Tag, und vieles deutete darauf hin, daß ich noch eine weitere Bauchhöhlenschwangerschaft hatte. Der Arzt beschloß, mich sofort ins Krankenhaus einzuweisen.

In der Praxis bezieht sich das, was Sie bei einer TT-Einschätzung zuerst wahrnehmen, auf das oberflächliche Befinden des Patienten. Meiner Meinung nach ist es von Vorteil, eine suchende, forschende Haltung an den Tag zu legen. »Was noch?« ist die Frage, die ich mir vor Augen halte, wenn ich das Energiefeld des Patienten untersuche. Aus der Notwendigkeit heraus, eine menschliche, jenseits des sinnlich Wahrnehmbaren liegende Dimension zu beschreiben, die über die drei physischen Dimensionen Länge, Breite, Höhe hinausgeht, habe ich einen neuen Begriff geprägt. Er kommt ins Spiel, wenn Sie in der TT-Behandlung fortgeschritten sind. Der Begriff heißt »Inne« und beschreibt sehr schön, wohin Sie bei Ihrer Reise ins Innere »gehen«. Sobald ich mir die Frage »Was noch?« gestellt habe, tauche ich tiefer in die therapeutische Beziehung mit dem Patienten ein, indem ich als Hintergrund immer die Bewußtseinsebene benutze, die ich als meine innerste kenne, und selbstverständlich die ganze Zeit über zentriert bleibe.

Wenn sich die Beziehung zwischen Heiler und Patient vertieft, scheinen die Energiefelder beider Parteien ineinanderzugreifen, so daß es dem Heiler zunehmend leichter fällt, sich mit dem Patienten zu identifizieren oder sich in ihn hineinzuversetzen. Es kommt zu einer Art Resonanz, die den Heiler befähigt, ein deutlicheres Bild vom Zustand des Patienten zu erhalten. Das einzige, worauf man achten muß, ist, daß man sich nicht plötzlich aufkommenden Gedanken, Wünschen oder Phantasien hingibt. Achten Sie darauf, daß Sie auf tatsächlich vorhandene, reale Hinweise reagieren, und versuchen Sie, alle Phantasien auszuschließen. Sie haben die Rolle des Heilers übernommen; machen Sie sich Ihre Verantwortung bezüglich Ihrer Fähigkeiten gegenüber dem Patienten bewußt.

Führen Sie Tagebuch, oder halten Sie Ihre TT-Einschätzungen auf andere Weise fest. Achten Sie, wenn Sie es von Zeit zu Zeit durchblättern, auf Ähnlichkeiten und Unterschiede in den verschiedenen Energiemustern, die Sie vorfinden, wenn Sie Patienten mit unterschiedlichen Problemen untersuchen. Solche Aufzeichnungen sind ein ausgezeichnetes Lehrbuch. Vergleichen Sie Ihre Aufzeichnungen mit denen anderer, die Therapeutic Touch anwenden. Tauschen Sie sich regelmäßig mit Therapeuten aus, und nutzen Sie Telefon, Computer oder Faxgeräte, um Ihre Aufzeichnungen oder Hinweise zu vergleichen. Am wichtigsten ist es aber, wann immer die Gelegenheit sich bietet, Ihre TT-Einschätzung anhand objektiver Befunde über den betreffenden Patienten zu überprüfen. Bringen Sie bei jeder Erfahrung im TT-Prozeß Ihre früheren Erfahrungen und alles, was Sie an brauchbaren Dingen gelernt haben, ein. Auf den Punkt gebracht heißt das: Seien Sie ganz für den Patienten da.

Kapitel 3

Wie menschliche Energien zum Heilen eingesetzt werden können

Ganz allgemein erfordert der Heilprozeß den bewußten und vollen Einsatz der Energien des Heilers, dessen Anliegen es ist, einem anderen Menschen aus Mitgefühl zu helfen. In diesem Sinne kann man den Heiler als ein »menschliches Unterstützungssystem« ansehen. Dazu sind ein paar Voraussetzungen nötig. Zu den wichtigsten gehört, daß der Heiler eine große Bereitschaft zum Helfen oder Heilen mit sich bringt - ein Bedürfnis zu heilen - und die Absicht, alles daran zu setzen, daß dies geschieht. Der Begriff Absicht oder Intention bedeutet, daß der Heiler nicht nur den Willen, sondern auch ein spezifisches Ziel vor Augen hat. Das heißt, der Heiler versteht es, die Heilung eines bestimmten Menschen zu fördern.

Auch für den Patienten gelten gewisse Voraussetzungen. Der Patient muß bereit sein, sich zu ändern und eine Veränderung (des kranken Zustandes) auch zu akzeptieren. Dies mag sich seltsam anhören, da man eigentlich annehmen könnte, daß jeder Kranke gerne Krankheit, Schwäche und vielleicht Schmerzen aus seinem Leben verbannt haben möchte. Es kommt jedoch manchmal vor, daß der Patient aufgrund seiner Unpäßlichkeit Vorteile genießt und ihm z. B. von der Gesellschaft zugestanden wird, auf andere angewiesen zu sein.

Um einen anderen Menschen zu heilen, schiebt der Heiler gewissermaßen sein Energiefeld zwischen den Patienten und die Krankheit. Aus einem anderen Blickwinkel betrachtet, greift der Heiler jedoch behutsam auf universelle Energien zurück, die die Quelle allen Lebens darstellen, und in denen sowohl Heiler als auch Patient gleichwertig sind.[1*] Energiefelder sind nicht-stofflich; trotzdem kann man auf physischem Wege Zugang zu ihnen haben. Dies wird sogleich verständlich, wenn man davon ausgeht, daß menschliche Gefühle eine Form menschlicher Energie sind.

Gefühle wirken sich deutlich physiologisch aus, angefangen von feinsten elektrischen Ladungen, die dazu beitragen, einfache Gefühle bis in die Tiefen des limbischen Systems zu leiten, bis hin zu offensichtlicheren Auswirkungen, wie z. B. Schweißbildung auf der Haut als Zeichen von Angst oder anderen heftigen Gefühlsregungen. Es kann sogar soweit gehen, daß die physische Struktur selbst durch unkontrollierte Gefühle zerstört wird, wie dies z. B. bei einem Magengeschwür der Fall ist, das als Folge anhaltender Angstzustände entsteht.

Bei Therapeutic Touch ist der Einschätzungsprozeß eine direkte Erfahrung des Energiefeldes eines anderen Menschen. Wie in Übung 6 vorgeführt, kann der Untersuchende im Rahmen dieser einfühlsamen Interaktion Hinweise aufnehmen, die sowohl emotionale wie auch körperliche Probleme des Patienten anzeigen. Am Ende der Einschätzung sollten Sie genaue Vorstellungen davon haben, was jetzt getan werden kann, um dem Patienten zu helfen, und warum Sie dies tun würden. Die Hinweise, die Sie während der Untersuchung aus dem Energiefeld des Patienten aufnehmen, entsprechen meistens einem oder einer Kombination folgender Punkte:

- Temperaturunterschiede, wie Gefühle von Wärme oder Kälte.

---

* Die hochgestellten Zahlen beziehen sich auf die Literaturhinweise, die am Schluß des Buches ab Seite 265 zusammengefaßt sind.

- Druckgefühle oder das Gefühl von Energieblockaden.
- Veränderungen oder das Fehlen des Gleichklangs im Rhythmus des Energiefeldes.
- Schwache, lokalisierbare Elektroschocks oder ein Kribbeln, wenn Sie die Energiezentren Ihrer Hände durch das Energiefeld des Patienten bewegen.

Wie kommt man nun von diesen einfachen, subjektiven Eindrücken zu einer wirkungsvollen Heiltechnik? Die Antwort liegt in einem Prinzip, das Menschen, die ausschließlich in der westlichen Welt und ihrer Kultur aufgewachsen sind, vielleicht unglaubwürdig erscheint, das aber auf der ganzen Welt von Menschen anderer Kulturen anerkannt wird. Es handelt sich um das einfache »Prinzip des Ausgleichs« bei der Behandlung von Krankheiten. Diesem Prinzip des Ausgleichs liegt die Auffassung zugrunde, daß Gesundheit ein Zustand ist, in dem sich die Körperenergien im Gleichgewicht befinden.

Befinden sich die Energien eines Menschen im Ungleichgewicht, wird der Mensch krank. Deswegen hat der Heiler die Aufgabe, die Energie des Patienten wieder ins Gleichgewicht zu bringen. Nehmen wir z. B. die Latinos aus Mittelamerika, die Krankheiten mit Nahrungsmitteln behandeln; wenn ein Curandero, ein Heiler, feststellt, daß ein Patient an einer Störung leidet, die als »kalte« Krankheit eingestuft wird, würde dieser Patient mit »heißem« Essen behandelt. Das Gegenteil wäre bei einer »heißen« Krankheit der Fall.

Ein ähnlicher Gedankengang liegt Therapeutic Touch zugrunde, nur daß das Konzept des Ausgleichs direkt auf das menschliche Energiesystem Bezug nimmt. Das heißt konkret: Wenn Sie Anzeichen von Wärme im Energiefeld des Patienten wahrnehmen, müssen Sie darauf hinarbeiten, diese Stelle »abzukühlen«. Dies kann man auf verschiedene Arten tun. Der einfache und direkte Weg ist, sich einen

Augenblick Zeit zu nehmen und sich in Erinnerung zu rufen, wie es sich anfühlt, wenn einem kalt ist. Stellen Sie sich wirklich vor, Ihnen sei ganz kalt, indem Sie in Ihrem eigenen Energiefeld einen Kältezustand hervorrufen.

Konzentrieren Sie dieses Kältegefühl in die Energiezentren Ihrer Hände (in das Energiefeld oberhalb Ihrer Handflächen) und projizieren Sie es auf die Stelle im Energiefeld des Patienten, wo Sie die Anzeichen von Wärme gespürt haben. Achten Sie darauf, daß Sie nichts erzwingen; dazu besteht überhaupt kein Anlaß. Bemühen Sie sich einfach, in Ihrer Erinnerung ein deutliches Bild von Kälte entstehen zu lassen, und projizieren Sie dann, ohne sich zu verkrampfen, in Ihrer Vorstellung dieses Bild durch die Energiezentren Ihrer Hand auf das Energiefeld des Patienten. Erlauben Sie Ihrem Geist, für Sie zu arbeiten und Ihren Vorsatz zu befolgen.

Andere Hinweise werden eher auf physikalischem Weg ausgeglichen. Wenn Sie z. B. während der Untersuchung ein Druckgefühl im Energiefeld des Patienten gespürt haben, versuchen Sie den Druck zu vermindern, indem Sie die betroffene Stelle mit den Energiezentren Ihrer Hände regelrecht an den Rand des Energiefeldes ziehen. Dadurch kann der natürliche Energiefluß wieder in Gang gesetzt werden. Sollten Sie eine Unregelmäßigkeit im Rhythmus des Energieflusses ausmachen, empfiehlt es sich, gleichmäßige, synchrone Energie zu projizieren. Wenn Sie kleine, schwache »Elektroschocks« spüren, versuchen Sie, sie zu dämpfen. Sollten Sie während der Untersuchung ein Kribbeln wahrgenommen haben, werden Sie versuchen, die Energie zu glätten, so daß ein ruhigerer, rhythmischerer Energiefluß zustandekommt.

Obwohl wir noch zu wenig über die zugrundeliegende Dynamik des menschlichen Energiesystems wissen, um an dieser Stelle wirklich zu verstehen, wie diese spezifischen Techniken funktionieren, ist die Tatsache wichtig, daß sie es tatsächlich tun. Dem Patienten geht es besser, der Schmerz hat sich verflüchtigt, und es tritt eine unglaublich schnelle Entspannungsreaktion ein. Der Patient fühlt sich unweigerlich wohl, ein Gefühl, das noch lange anhält, nachdem der TT-Therapeut gegangen ist. Am wichtigsten ist, daß die Heilung gefördert und in vielen Fällen beschleunigt wird.

Obwohl menschliche Energien nicht-stofflich sind, registriert der physische Körper die Auswirkungen dieser unsichtbaren Kräfte in seiner materiellen Struktur, wie bei einem Magengeschwür, bei dem das Gewebe zerstört wird. Sie können am Körper sehen, wie Nerven gefahrbringende Reize sofort weiterleiten, wenn z. B. jemand vor Schmerz das Gesicht verzieht oder wenn die Stimme einen besorgten Unterton bekommt, selbst wenn der Reiz nur in der Vorstellung heraufbeschworen wird.

Gefühle können einem Menschen auch ohne Worte, durch Körpersprache, übermittelt werden, und dennoch eine körperliche Reaktion im Empfänger hervorrufen, wenn z. B. ein Elternteil wütend ist und einem zufällig anwesenden Kind mit Blicken allein seinen Zorn zu verstehen gibt. Spürt das Kind die emotionale Wucht des elterlichen Zorns, kann es sein, daß es sofort körperlich reagiert, auch wenn das Elternteil das Kind überhaupt nicht berührt hat. Tatsächlich kann die Erinnerung an diesen Vorfall, besonders wenn sie wiederholt hervorgeholt wird, ausreichen, um bei dem Kind die Türen für zukünftige psychosomatische Krankheiten zu öffnen.

Wie können Sie überhaupt im Falle solcher nicht-stofflichen Energien, die zudem von unsichtbaren Energiezentren ausgehen, mit Sicherheit – als unumstößliche, spürbare Tatsache – wissen, daß eine Wirkung übermittelt wurde? Wie können Sie überdies mögliche, wenn auch unsichtbare, weitere Faktoren, die die Wirkung hervorgerufen haben könnten, ausschließen? Wenn direkte Erfahrung für Sie ein Kriterium ist, wird die folgende Übung Ihnen helfen, diese Fragen für sich zu beantworten. Die Übung nutzt eine altbekannte, wenn auch unerklärliche Tatsache, daß menschliche Energien bewußt in einen ganz normalen Wattebausch gelenkt werden können. Der Wattebausch wird die Energie für lange Zeit speichern, so daß jemand anderes die Energie als »tatsächlich vorhanden« spüren kann.

Übung 7
Menschliche Energien lenken

Bevor Sie mit dieser Übung beginnen, empfiehlt es sich, Übung 6 noch einmal durchzugehen. Für diese Übung brauchen Sie einen Partner.

Zubehör

Pro Person einen Bausch nicht sterilisierter Watte aus 100 Prozent Baumwolle von etwa 7–15 Zentimeter Länge.

Vorgehensweise

1. Nehmen Sie sich einen Augenblick Zeit, um sich zu zentrieren.
2. Nehmen Sie, wenn Sie sich zentriert fühlen, Ihren Wattebausch, und legen Sie ihn auf die offene Handfläche, wo Sie ihn lose liegen lassen.
3. Halten Sie Ihre andere Hand in einem Abstand von 5–10 Zentimetern über den Wattebausch.

4. Lenken Sie Ihren Energiefluß von oben nach unten, von dem Handzentrum über der Watte durch den Wattebausch in das Energiezentrum der unteren Hand, die den Wattebausch hält. Da die Energie von Ihrer Aufmerksamkeit gelenkt wird, können Sie diesen Teil der Übung am wirkungsvollsten ausführen, wenn Sie Ihre Aufmerksamkeit fokussieren und den Energiefluß auf dem ganzen Weg durch den Wattebausch und weiter in die unten liegende Hand deutlich visualisieren.
5. Konzentrieren Sie sich zwei bis drei Minuten lang auf den Energiefluß, und achten Sie dabei auf alle Veränderungen, die Sie im Energiezentrum der unten liegenden Hand spüren. Berühren Sie den Wattebausch nicht mit der oberen Hand; halten Sie diese in einem Abstand von 5–10 Zentimetern über die Watte.
6. Sobald Sie einen Unterschied im Energiefluß wahrnehmen, tauschen Sie den Wattebausch mit dem eines anderen Teilnehmers und schätzen schnell das Energiefeld des Wattebauschs Ihres Partners ein. Sie werden sofort feststellen, daß sich der Wattebausch Ihres Partners ganz anders anfühlt als Ihr eigener. Meistens äußert sich der Unterschied in einem Gefühl extremer Wärme.
7. Schreiben Sie im Verlauf des Einschätzens auf, was Sie im Wattebausch des Partners spüren. Vergleichen Sie anschließend Ihre Erfahrungen. Sie werden unweigerlich herausfinden, daß auch Ihr Wattebausch sich für den Partner viel wärmer anfühlt als sein eigener.
8. Überlegen Sie gemeinsam, woran das liegen könnte, und bilden Sie dann neue Paare. Wie-

derholen Sie die Übung mit dem neuen Partner, und überprüfen Sie, ob die Regel allgemeingültig ist.

Diese Übung macht deutlich, daß es bei Therapeutic Touch eher um das menschliche Energiefeld als um den physikalischen Körper geht. Bei Therapeutic Touch ist Ihre Aufmerksamkeit darauf konzentriert, das Energiefeld des Patienten zu durchdringen und nicht nur seine Haut zu berühren. Dieses Energiefeld besteht nicht aus Materie im herkömmlichen Sinne, sondern benutzt Energien, um seine Charakteristika und Eigenschaften auszudrücken. Deswegen müssen Sie unbedingt lernen, wie man in der Einschätzungsphase von Therapeutic Touch Hinweise aufnimmt. Sobald Sie empfänglicher für diese Hinweise werden, können Sie den energetischen Zustand Ihres Patienten festmachen. Erst wenn Sie mit festem Vorsatz und durch Visualisierung die entsprechende Energie lenken, harmonisieren oder steuern, kann es zur Heilung kommen. Die heilende Energie dringt in das angegriffene Gewebe des Patienten ein und entfaltet dort seine Wirkung.

Dieses Konzept ist nicht leicht zu verstehen, das sehe ich ein. Das habe ich selbst vor einigen Jahren auf amüsante Art erlebt. Man hatte mich vom amerikanischen Festland aus als Gastdozentin nach Oahu an die Universität von Hawaii geschickt. Mitten in einer Vorlesung über Therapeutic Touch stellte ich fest, daß die Vorstellung des Eindringens in das Energiefeld nicht deutlich geworden war. Ich unterbrach die Vorlesung, um herauszufinden, worin die Schwierigkeit bestand. Nach einer kleinen Begriffsverwirrung gingen wir schließlich auf Pidgin-Englisch über und kamen zu einer Formulierung, die die Vorstellung anschaulich klarmachte:

poka-tru. Poka tru bedeutet wörtlich das Energiefeld durchbohren, wobei man sich vorzustellen hatte, daß der Energiefluß durch die kompaktere Substanz des physischen Körpers hindurchging. Eine bessere Formulierung hätte ich mir nicht wünschen können!

In Übung 7 trat zum Beispiel die Temperaturänderung in der Watte ein, weil die fokussierte Energie sie »durchbohrte«; das heißt, der Energiefluß drang durch die Materie des Wattebauschs und veränderte die Energie der Watte. Um allerdings zu erklären, warum Sie den Temperaturunterschied stärker im Wattebausch eines anderen spüren als in Ihrem eigenen, müßte ich auf festlandamerikanische Spekulationen zurückgreifen.

Ich möchte Ihnen raten, von allem, was Sie umgibt, zu lernen. Es gibt viele Energieebenen, die mit lebendigen Systemen verbunden werden. Pflanzen und Tiere eignen sich hervorragend als Testobjekte, wenn Sie lernen wollen, welche Arten von Energie Sie projizieren können. Von wenigen Ausnahmen abgesehen, werden sie keinen Schaden erleiden, sondern eher von Ihrer Anteilnahme profitieren.

Allen Haustieren kann mit Therapeutic Touch geholfen werden. Viele Menschen haben ihre kleineren Haustiere damit behandelt und einige Krieger-Fans (Menschen, die Therapeutic Touch von mir gelernt haben) sogar ihre Pferde und Kühe. Wenn Sie eine Antenne für die speziellen Bedürfnisse von verletzten Vögeln und wilden Tieren haben, kann selbstverständlich auch ihnen geholfen werden.

Besonders interessant ist es, Therapeutic Touch als Übung bei keimenden Setzlingen und zur Erholung kranker Pflanzen einzusetzen. Ich habe herausgefunden, daß Fettpflanzen wie Aloe vera und Kakteen besonders empfänglich sind. Linda, eine meiner Schülerinnen, beschrieb in ihrem Tagebuch ihre Erfahrungen mit Therapeutic Touch bei Pflanzen:

Vor sechs Monaten brachte mir ein Freund eine herrliche Hängepflanze mit. Doch scheine ich alle Pflanzen in den Tod zu treiben, und tatsächlich war die Pflanze im Begriff, trotz meiner Pflege und Fürsorge eines langsamen, qualvollen Todes zu sterben. Da alles andere fehlgeschlagen war, beschloß ich vor kurzem, Therapeutic Touch an der Pflanze auszuprobieren. Um ehrlich zu sein, habe ich Therapeutic Touch zwar voller Überzeugung betrieben, kann aber nicht genau sagen, was ich dabei empfinde. Ich bin aber ganz sicher, daß ich etwas fühle. Irgendwie fühlt es sich einfach »anders« an. Ich weiß nicht, wie ich es sonst erklären soll. Nun, der Pflanze gefiel Therapeutic Touch. Sie setzte neue Triebe an und lebte richtig auf, genau wie ich! Ich glaube, daß mein Pflanzenpatient ein guter Lehrer für mich sein wird.

Die vollständige Behandlung
Zusammenfügen der einzelnen Bestandteile

Da Ihr Wunsch, einem Patienten zu helfen, aus Mitgefühl für seine Schmerzen oder seine Krankheit entsteht, sollten Sie alles, was Ihnen zur Verfügung steht, alles an Erfahrung und Ausbildung im Interesse des Patienten anwenden. Nutzen Sie Ihre Beobachtungsgabe: Was sagt Ihnen die Körpersprache des Patienten? Gibt Ihnen die Körperhaltung Auskunft darüber, wie bestimmte Körperstellen geschont werden? Achten Sie auf Anzeichen von Ermattung oder Überanstrengung, Hyperaktivität oder Unkonzentriertheit, Zerstreutheit oder Unruhe. Bitten Sie den Patienten, sich entweder bequem hinzusetzen oder hinzulegen. Sie, als Heiler, sollten beim Ausüben von Therapeutic Touch in seiner Nähe stehen oder sitzen, so daß Sie diese feinen Hinweise auch sehen können.

In der Literatur finden sich Aussagen darüber, daß der

Hauptenergiefluß des Menschen vom Scheitel zu den Füßen verläuft.[2–4] Beginnen Sie deshalb mit den entsprechenden therapeutischen Messungen so weit oben im Energiefeld des Patienten wie möglich, und behandeln Sie anschließend die unteren Bereiche. Denken Sie daran, daß Sie mit dem Energiefeld des Patienten arbeiten.

Die Behandlung des Patienten erfolgt, indem Sie eine Hand in sein Energiefeld bringen, genau über die Stelle, an der Sie beim Einschätzen einen Hinweis gespürt haben. Legen Sie Ihre andere Hand auf der gegenüberliegenden Seite in das Energiefeld und durchbohren Sie dann das Energiefeld, wie Sie es in der Übung mit dem Wattebausch gemacht haben. Wenn die gegenüberliegende Seite nicht zugänglich ist (zum Beispiel, weil der Patient auf dieser Seite liegt), legen Sie Ihre Hand irgendwo in das Energiefeld des Patienten; Sie leiten oder harmonisieren Energie kraft Ihres Geistes, und Sie haben es hier mit einem nicht-körperlichen Phänomen des menschlichen Energiefeldes zu tun.

Diese Behandlungsweise ist nicht ganz so einfach wie sie klingt, aber mit zunehmender Übung werden sich Ihre Fähigkeiten entfalten und das Konzentrieren und Fokussieren wird Ihnen leichter fallen. Das Hauptprinzip, mit dem Sie in dieser Phase arbeiten, ist das Prinzip des Ausgleichs, das dadurch erreicht wird, daß man Energie gegensätzlicher Natur zu der der Hinweise, die Sie bei der Einschätzung gespürt haben, projiziert.

Bewegen Sie Ihre Hände rhythmisch und in gemäßigtem Tempo von den zentralen Stellen des Feldes zum Rand. Schließen Sie den Bereich unter- und oberhalb der Füße mit ein. Sie sollten mindestens eine der folgenden Zielsetzungen im Auge behalten, wenngleich Sie sich nicht auf sie beschränken müssen:

- den Energiefluß fördern;
- den Energiefluß anregen;

- Blockaden oder Druckgefühle auflösen;
- die energetische Aktivität dämpfen oder beruhigen;
- den Rhythmus des Energieflusses synchronisieren.

Führen Sie diese Heilverfahren nicht einfach nur mechanisch aus. Halten Sie sich stets vor Augen, daß der Patient eine Ganzheit ist, und gehen Sie gezielt auf die Hinweise ein, die Sie während der Einschätzung wahrgenommen haben.

In der Einschätzungsphase von Therapeutic Touch müssen Sie sich als Heiler mit dem Energiefeld des Patienten identifizieren, um die Hinweise aufzunehmen, die auf energetische Unausgeglichenheiten schließen lassen könnten. In der Ausgleichsphase bringen Sie jedoch ihr eigenes, gesundes Selbst als Orientierungshilfe für die Energien des Patienten ein. Dies heißt nicht unbedingt, daß Sie nur »persönliche« Energien in den Heilprozeß einfließen lassen. Sie benutzen vielmehr Ihre Fähigkeiten, an die benötigten Energien heranzukommen, und wirken dann als menschliches Versorgungssystem, das dem Patienten hilft, sich selbst zu heilen.

Obwohl Therapeutic Touch keine Wunderheilungen bewirken kann, hat es seine Zuverlässigkeit und Hilfe in entsprechenden Fällen unter Beweis gestellt. Nur wenn Sie mit Therapeutic Touch arbeiten, können Sie ein adäquates Gefühl für seine Dynamik entwickeln und seinen Wert schätzen lernen.

Die Grundtechniken von Therapeutic Touch

Die Techniken, die bei Therapeutic Touch benutzt werden, richten sich nach dem Patienten; es gibt jedoch drei Haupt- und verschiedene Nebentechniken. Alle beginnt man mit dem Zentrieren des Bewußtseins und dem sich Einlassen auf das innere Sein, wie in Kapitel 2 beschrieben. Diese innere Stille gestattet Ihnen, Ihre Aufmerksamkeit vom Lärm des täglichen Lebens, das ständig um Aufmerksamkeit ringt, zu einem neutraleren Platz zu lenken, von dem aus Sie die Bedürfnisse eines anderen ruhig und bewußt überdenken können. Sind Sie zentriert, können Sie die Probleme des Patienten unbefangen angehen. Dadurch können Sie sich die Probleme des Patienten in allen Einzelheiten einprägen.

Das bewußte Steuern menschlicher Energie

Von den drei Grundtechniken, die der Heiler bei Therapeutic Touch anwendet, ist bislang nur eine erwähnt worden: das Lenken von Energie. Bei dieser Technik folgt die Energie der Aufmerksamkeit des Geistes. Gleichzeitig konzentrieren sich Ihre Chakren oder Energiezentren auf den Gegenstand Ihrer Aufmerksamkeit. Darauf gehe ich im nächsten Kapitel näher ein. Mit Hilfe von Selbstdisziplin und Konzentration kann ihr Geist im eigenen Körper Energien bewußt über längere Strecken steuern. Das ermöglicht Ihnen bei Biofeedback-Übungen, Ihre Hände zu erwärmen oder sich selbst in Streßsituationen bewußt zu entspannen. Die nächste Übung zeigt, wie man beweisen kann, daß der Geist die Fähigkeit besitzt, Energie bewußt und ohne technische Hilfsmittel zu bewegen.

Übung 8
Energie durch den Patienten lenken

Für diese Übung werden drei Personen benötigt. Eine übernimmt die Rolle des Patienten, die beiden anderen die Rollen der Heiler A und B.

Vorgehensweise

1. Der Patient zieht seine Schuhe aus und setzt sich so auf einen Stuhl, daß sein Rücken für Heiler A (der hinter dem Patienten steht) zugänglich ist und seine Füße von Heiler B (der vor dem Patienten steht) erreicht werden können.
2. Heiler A steht hinter dem Patienten, so daß er eine Hand auf jede Niere des Patienten legen kann. Die Nieren befinden sich vom Rücken aus gesehen direkt über den Hüften und neben der Wirbelsäule.
3. Heiler B kniet an den Füßen des Patienten oder sitzt bequem vor ihm auf dem Boden, so daß seine Hand-Chakren Zugang zu den Fuß-Chakren des Patienten haben. Die Fuß-Chakren oder Energiezentren befinden sich im Bereich des Energiefeldes unter dem Fußgewölbe (siehe Abbildung 5).
4. Beide Heiler und der Patient fangen nun an, sich zu zentrieren – die Heiler, um den Energiefluß besser wahrzunehmen, und der Patient, um im Gleichgewicht und gleichzeitig empfänglich für die Dynamik der Interaktion zu bleiben.
5. Heiler A versucht nun, Energie von seinen Hand-Chakren, die auf den Nieren des Patienten liegen, durch das Energiefeld des Patienten und durch seine Füße zu schicken. Er leitet die Energie im Geiste, indem er sich ganz auf die Füße des Patienten konzentriert und das Fließen der Energie vom Nierenbereich zu den Füßen deutlich visualisiert. Der

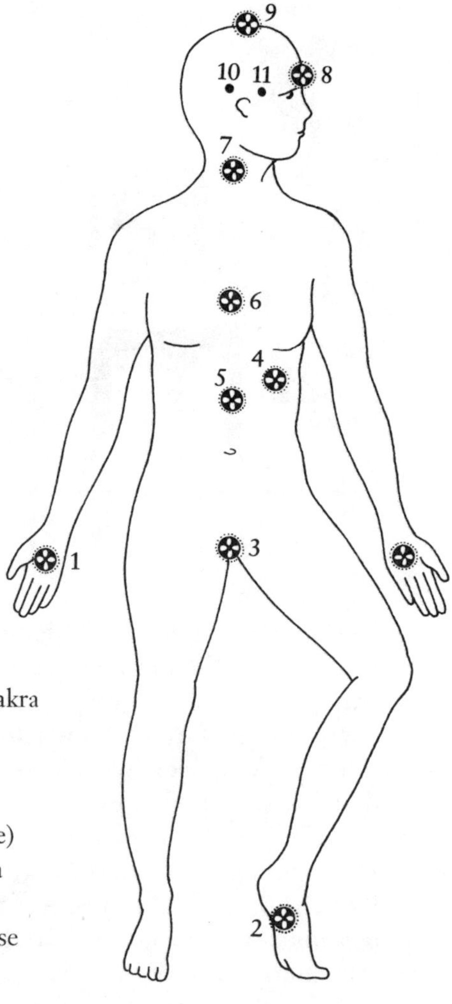

1 Hand-Chakra
2 Fuß-Chakra
3 Wurzel-Chakra
4 Milz-Chakra
5 Solarplexus-Chakra
6 Herz-Chakra
7 Hals-Chakra
8 Stirn-Chakra
(Das dritte Auge)
9 Scheitel-Chakra
10 Zirbeldrüse
11 Hirnanhangdrüse

Abb. 5: Die wichtigsten anatomischen Stellen bei Therapeutic Touch

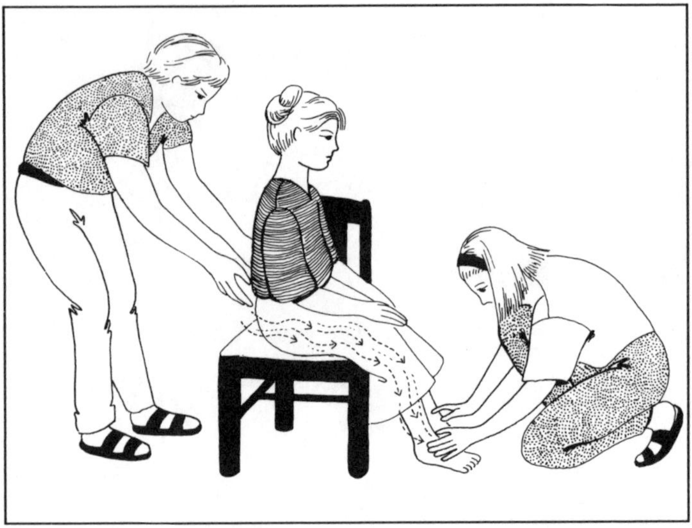

Abb. 6: Energie durch den Patienten lenken

Energiefluß kann noch dadurch unterstützt werden, daß Sie ihn bewußt synchron zu Ihrer Atmung, genauer gesagt zum Ausatmungsrhythmus, halten. Es sollte jedoch bei der Ausführung keinerlei Spannung aufgebaut werden. Lassen Sie den Energiefluß einfach, ganz natürlich und gleichsam mühelos von Ihren Hand-Chakren zu den Nieren des Patienten fließen. Richten Sie Ihre Aufmerksamkeit auf das angestrebte Endresultat: den beschleunigten Energiefluß von den Nieren des Patienten zu seinen Energiezentren an den Füßen.

6. Heiler B richtet in der Zwischenzeit seine Aufmerksamkeit darauf, das Energiefeld des Patienten unter den Fuß-Chakren zu untersuchen. Von besonderem Interesse ist dabei jeg-

liche Art von Veränderung oder Verschiedenheit der Frequenz oder Intensität des Energieflusses, die Sie spüren. Daraus kann man folgern, daß jegliche Veränderung im Energiefluß auf das Lenken der Energie von Heiler A zurückzuführen ist. Dies läßt sich überprüfen, indem Sie Heiler A veranlassen, beim Lenken von Energie einen Moment innezuhalten, während Sie dann die Energie in den Fuß-Chakren überprüfen und vergleichen.

7. Tauschen Sie, wenn der beschleunigte Energiefluß von Heiler B bestätigt werden konnte, mit dem anderen Heiler, und wiederholen Sie die Übung. Es können auch Patient und Heiler tauschen und die Übung wiederholen. Nachdem jeder von Ihnen Gelegenheit hatte, Energien zu lenken und ihre Ankunft bestätigt bekam, besprechen Sie Ihre Ergebnisse.

Kommentar zu Übung 8

Der Nieren- und Nebennierenbereich ist eine dankbare Stelle im menschlichen Energiefeld, an der man problemlos arbeiten kann. Es sieht so aus, als wären Nieren und Nebennieren besonders dafür geeignet, die Art von Energie, die bei Therapeutic Touch benutzt wird, aufzunehmen. Der Patient fühlt sich hinterher belebt, und selbst Anfänger unter den Heilern nehmen Unterschiede war, wenn sie ihre Handenergiezentren auf die Nierengegend eines kranken Menschen legen. Weil diese Stellen sich so hervorragend eignen, wurde ihre Behandlung in die allgemeine TT-Praxis integriert, ausgebaut, und besonders bei Müdigkeit und Erschöpfung eingesetzt.

Wie auch bei anderen Heilmethoden lernen Sie fortwährend durch Übung. So lassen sich z. B. im Energiefeld oberhalb der Nackenmuskulatur leicht unverkennbare Hinweise auf Spannungen und Müdigkeit ausmachen. Sie können zur Behandlung dieser Probleme TT-Techniken mit Shiatsu, Akupressur oder Massage verbinden.

Therapeutic Touch im Energiefeld über dem Herz vermittelt dem Patienten häufig ein Gefühl tiefster Anteilnahme. Dies wirkt beruhigend und führt dementsprechend zu einer Entspannungsreaktion. Diese Stelle wird deshalb häufig von Krankenschwestern, -pflegern, Anästhesisten, Ärzten und anderem Pflegepersonal gewählt, insbesondere bei bevorstehenden Behandlungen, vor denen der Patient Angst haben könnte. Wenn Sie ganz einfach die Hand über die Herzgegend eines Menschen halten, kann dies auf wunderbare Weise dessen Sterben erleichtern. Sowohl das Pflegepersonal als auch Freiwillige, die entsprechend unterwiesen worden sind, oder Angehörige, die die letzten Momente mit ihren Lieben verbringen wollen, können dies ausführen. Eine Reihe weiterer TT-Techniken werden in Kapitel 5 besprochen.

Es gibt allerdings auch Situationen, in denen Therapeutic Touch entweder gar nicht oder nur sehr eingeschränkt eingesetzt werden sollte. Die möglichen Wirkungen von Therapeutic Touch sind in diesen Fällen noch nicht hinreichend bekannt, und es ist daher vernünftig, vorsichtig damit umzugehen, wie z. B. bei einer Schädelverletzung die Arbeit im Energiefeld direkt über dem Kopf des Patienten. Sie sollten auch nicht zu intensiv mit Hochschwangeren arbeiten. In beiden Fällen sind die möglichen energetischen Folgen, die bei der Behandlung entstehen können, noch nicht vollends erforscht. Selbst wenn Sie spüren, daß Therapeutic Touch wohltuend sein könnte, sollten Sie die Techniken behutsam, gefühlvoll und nur für kurze Zeit anwenden – nicht länger als zwei Minuten pro Sitzung. Sie können später immer wieder den Patienten aufsuchen, um seine Fortschritte zu überprüfen, und wenn es gerechtfertigt scheint, nochmals mit Therapeutic Touch behandeln.

Als TT-Therapeut sollten Sie sich nie verkrampfen und die Energiezufuhr unter großer Anstrengung »erzwingen« wollen. Sie sollten nie ins Schwitzen kommen. Energiefluß ist etwas Natürliches und, wie schon erwähnt, wird er vom Geist gesteuert, als müheloser, nicht-körperlicher, heilender Einsatz des Selbst. In vielen schweren Fällen oder auch im Umgang mit Säuglingen ist die Wirkung deutlich besser, wenn Therapeutic Touch gefühlvoll und behutsam für kürzere Zeit angewandt wird. Bei akuten oder traumatischen Fällen muß diese Regel besonders beachtet werden. Sie haben später auch noch die Möglichkeit, weitere Sitzungen abzuhalten. Die Zwischenzeit können Sie gut dazu nutzen, die Wirkung auf den Patienten zu beobachten.

Genauso einleuchtend ist eine weitere Faustregel: Lassen Sie die Finger von Dingen, in denen Sie sich nicht auskennen. Als Therapeut sollten Sie mit Therapeutic Touch bewußt umgehen. Das heißt, Sie müssen wissen (aufgrund der Untersuchungsphase), wo im Energiefeld des Patienten das Problem liegt, welche Behandlungsstrategien sich anbieten und warum Sie eine bestimmte Technik anwenden wollen. Geschieht dies nicht, kann es zu einem unverantwortlichen Eingriff kommen. In Fällen, in denen Sie nicht wissen, was zu tun ist, verweisen Sie den Patienten lieber an eine andere Person, die ihm helfen kann.

Menschliche Energien harmonisieren

Bei manchen Patienten werden Sie während der Untersuchung feststellen, daß das Problem nicht so sehr der Mangel an Energie sondern vielmehr ihre Neuverteilung ist. Das Kräftigen oder Abschwächen der Qualität oder Intensität von Energiezuständen kann dann gefragt sein. In diesen Situationen empfiehlt sich das Harmonisieren oder Regulieren des Energieflusses.

Besonders gut läßt sich der Energiefluß harmonisieren, wenn Sie Farben visualisieren, während Sie Energie in den Patienten projizieren. Es ist noch wenig erforscht, wie genau Farben die Harmonisierung von Energie bewirken. Es scheint jedoch naheliegend, sich den Vorgang analog zur Modulierung einer Stimme vorzustellen, die Gefühle vermitteln oder die Bedeutungen hervorheben will.

Farben sind wie Töne energetische Wellen, wobei die jeweilige Wellenlänge von der jeweiligen Farbe abhängt. Wiederholte medizinische Tests mit Therapeutic Touch haben gezeigt, daß die Visualisierung einer bestimmten Farbe eine bestimmte Wirkung hat. So kann z. B. bei Hyperaktivität das Visualisieren einer ruhigen, kühlen Farbe, z. B. eines klaren Königsblau, den Patienten beruhigen. In meinem persönlichen Repertoire an Techniken visualisiere ich den Blauton nicht als soliden Farbstoff auf der Farbpalette eines Künstlers, sondern als leuchtendes Licht mit dieser bestimmten Schattierung.

Die Farben, die man in bestimmten Situationen verwenden sollte, wurden vor mehreren Jahren in einer Untersuchungsreihe unter Leitung von Dora Kunz herausgefunden. Sie hat im Laufe der Jahre die Entwicklung von Therapeutic Touch mit besonders scharfsinnigen Erkenntnissen bereichert. Für diese Studien wurden Bühnenscheinwerfer mit Gelatinescheiben in verschiedenen Farben als Modelle für die zu visualisierenden Farben verwendet. Nachdem sie bestimmte Farben ausprobiert hatten, versuchten einige Versuchsteilnehmer, diese Farben deutlich zu visualisieren und sie dann auf Freiwillige mit verschiedenen Krankheiten zu projizieren. Schriftliche Berichte von diesen Studien zeigten, daß die Projektion von Königsblau bei Leuten mit hohem Blutdruck besonders erfolgreich war. Bei Kontrollversuchen sank sowohl der systolische als auch der diastolische Blutdruck deutlich.

Im Laufe der Zeit haben sich viele Farben in anderen Situationen bewährt. Das klare Königsblau erwies sich als ausgesprochen zuverlässig und eignet sich im allgemeinen für Situationen, in denen ein Beruhigungseffekt erwünscht ist. Sprühendes gelbes Licht wirkte stimulierend auf Patienten, Grün eher neutral aber belebend.

Das Merkwürdige an diesen Ergebnissen ist, daß ich jahrelang die Verwendung von Farben in vielen Kulturen auf der ganzen Welt untersucht habe und eine starke Übereinstimmung beobachten konnte, in der Art, wie gerade diese drei Farben in der Kunst, der Dekoration oder bei der Herstellung religiöser Gegenstände Verwendung fanden.

Einen besonders nachhaltigen Eindruck vom energetischen Wert einer Farbe erhalte ich vom Sonnenlicht, das durch ein buntes Glasfenster scheint. Mir vermittelt das königsblaue Licht, das durch ein Glasfenster mit dem Abbild der Heiligen Mutter geworfen wird, ein unverwechselbares Gefühl von Ruhe und Gelassenheit. Genau dieses Blau stelle ich mir im Geiste vor, wenn ich mit jemandem arbeite, der sich in einem hohen, außer Kontrolle geratenen Energiezustand, wie Panik oder akuter Angst befindet. Ich simuliere den für dieses Blau charakteristischen Rhythmus und Fluß in mir selbst. Ich wende es auch bei körperlichen Problemen an, wie bei Entzündungen mit erhöhter Temperatur und, wie oben erwähnt, bei hohem Blutdruck. Am wichtigsten ist die Entspannungsreaktion, die die Projektion dieses besonderen Blautons beim Patienten bewirkt.

Ohne daß ich einen rationalen Grund dafür nennen könnte, eignet sich eine goldgelbe Farbschattierung, die dem Funkeln von Sonnenstrahlen auf den sich kräuselnden Wellen des sommerlichen Meeres gleichkommt, am besten als Visualisierung bei Menschen, deren Energiefeld ich anregen oder mit Energie anreichern will.

Mein Bild für die geistige Vorstellung eines neutralen Grüntons ist genauso praktisch wie allgegenwärtig: eine Wiese mit sattem grünen Gras. Ich benutze dieses Grün, um in mir selbst eine »Schwingung« oder energetische Wellenlänge zu finden, die einen sanften, aber dynamischen Eindruck des feinen Gleichgewichts, das eine heilende Umgebung auszeichnet, widerspiegelt.

Es ist erstaunlich, daß diese drei Farben derart vielfältige Situationen abdecken können, aber umfangreiche Erfahrungen der letzten zwei Jahrzehnte haben gezeigt, daß dem so ist. Ich vermute, daß der Körper eines Menschen, wenn er von einer Farbe umhüllt wird, die Stimmung der Farbe weiterleitet und ihr somit Bedeutung verleiht. Sie können dies an sich selbst erfahren, wenn Sie draußen unter grünen Blättern spazierengehen und sich wohl fühlen.

Wie bei allen TT-Techniken beruht das Fachwissen auf Erfahrungen, die mit objektiven, medizinischen Mitteln bestätigt wurden. Obwohl sich Blau, Gelb und Grün für die meisten Gelegenheiten eignen, werden Sie im Laufe der Zeit herausfinden, daß sich auch andere Farben (die bestimmten energetischen Wellenlängen entsprechen) in verschiedenen Fällen anbieten. Sie mögen zum Beispiel das Gefühl haben, daß ein rosaroter Farbton im Umgang mit verängstigten Kindern gut ist, oder wenn Sie Mitgefühl oder Liebe ausdrücken wollen. Die Möglichkeiten, mit Farben zu heilen, sind unerschöpflich, und höchstwahrscheinlich werden in Ihrem Bewußtsein die Farben auftauchen, die in der jeweiligen Situation angebracht sind. Die Harmonisierung Ihrer eigenen Energien geht ständig als Reaktion auf Ihre täglichen Erfahrungen auf natürliche Weise vonstatten. Ihre Aufgabe beim Projizieren von Energie auf einen anderen Menschen liegt jedoch darin, sich die feinen Wirkungen dieser Interaktion bewußt zu machen und verantwortungsvoll damit umgehen.

Übung 9 ist eine geführte Visualisierung, die Ihnen zeigen soll, wie sich die Harmonisierung von Energie mit Farben anfühlt.

Übung 9
Die energetischen Eigenschaften von Farben schätzen lernen

Für Hinweise zur Ausführung von geführten Visualisierungen verweise ich auf Übung 2. Die nun folgende geführte Visualisierung erforscht die energetischen Eigenschaften der Farben Blau, Gelb und Grün. Setzen oder legen Sie sich bequem hin, atmen Sie ruhig, und schließen Sie die Augen.

> Wir fahren nach Montana, dem »letzten schönen Fleckchen Erde«. Sie steigen aus dem Auto, schauen nach oben und wissen sofort, warum diese Gegend »Land des großen Himmels« genannt wird. Der Himmel ist ein alles umspannendes Gewölbe aus klarstem, tiefstem Königsblau, das bis zum Horizont reicht, und Sie spüren ein grenzenloses Gefühl der Gelassenheit. Sie empfinden Frieden mit sich selbst, während Sie sich an der ungebrochenen Ruhe laben, die von dieser ungestörten, blauen Stille ausgeht.
>
> Sie sind entspannt und fühlen sich in der sanften blauen Energie wohl. Sie fühlen sich heiter und verstanden, als befänden Sie sich in einem Zustand der Güte, umgeben von einer tiefen Anteilnahme, von zärtlichem Mitgefühl,

das versteht und schätzt, wer Sie wirklich sind. Sie sind zutiefst gerührt von dieser persönlichen Anerkennung und fühlen sich einen Augenblick lang eins mit ihrem wahren innersten Selbst.

Während Sie sich an der Ruhe des Himmels ergötzen, ergießt sich goldenes Sonnenlicht auf Sie. Die glitzernden Punkte glühender gelber Funken tanzen freudig, während sie in einem unendlichen Fluß auf Sie zu- und durch Sie hindurchströmen. Sie sind wie weißgoldene Energiepäckchen aus schillerndem Licht, die auf Ihnen zerplatzen wie die perlenden Bläschen einer frisch geöffneten Champagnerflasche.

Diese Funken verbreiten ein Gefühl von Lebendigkeit. Sie verspüren eine prickelnde, ekstatische Lebendigkeit; ihr Strahlen ergießt sich über Sie in einem Regen mächtiger Lebensenergie, die Ihnen die herausragende Schönheit sowie phantastische Herausforderungen des Lebens schneller und intensiver bewußt machen. Ihr Körper fühlt sich warm und energiegeladen an, belebt vom leuchtenden, glühenden Fluß lebendiger Energie.

Vor Ihnen befinden sich Bäume, auf die Sie zugehen; ihre vollen, grünen Äste bilden über Ihnen einen lichtdurchlässigen Bogengang aus Laub, sobald Sie den Wald betreten. Sonnenlicht schimmert durch das grüne Laub, und Sie fühlen sich in seinem grünlichen Schatten – der weder zu warm noch zu kalt ist – wohl, streßfrei und im Einklang mit der Natur, die Sie umgibt. Sie sind zentriert und in einem Zustand mühelosen Gleichgewichts.

Nun streicht eine leichte, erfrischende Brise aus grünem Licht durch die Tiefen des Waldes. Atmen Sie die reine, sauerstoffgeladene Luft tief ein, die das grüne Wäldchen im Gegenzug für die kohlenstoffhaltigen Abfallprodukte, die Sie ausatmen und nicht länger brauchen können, für Sie freisetzt. Erleben Sie, während der belebende Atem Ihren Körper füllt, wie das ganze Universum sich in einem dynamischen Gleichgewicht befindet – ein geschlossenes, nahtloses Gewand, für das Gewebe des Seins.

Verharren Sie einige Augenblicke in diesem Bewußtsein, bewegen Sie sich dann leicht, öffnen Sie die Augen, und kommen Sie zurück, wenn Sie dazu bereit sind.

Strukturen im menschlichen Energiefeld verändern

Sobald Sie mehr Erfahrung im Umgang mit dem menschlichen Energiefeld haben, werden Sie feststellen, daß menschliche Energie, ebenso wie andere materielle Energien, dazu neigen, sich in Gruppen oder Ebenen zu sammeln, so daß Muster entstehen. Diese Muster sind eng mit Eigenschaften verknüpft, wie Verhaltensmustern, Temperament und Gemütsverfassungen.

Das Energiefeld eines depressiven Menschen, z. B., könnte von Ihnen, dem Heiler, im Herz- und Solarplexus-Bereich als kraftlos, unempfänglich und schlaff wahrgenommen werden. Gleichzeitig können Sie Niedergeschlagenheit und Entmutigung fühlen.

Die Muster anderer Krankheiten unterscheiden sich

ebenfalls aus energetischer Sicht. Mag sein, daß Sie ausdrückliche Wärmestellen über Entzündungen und Infektionen im Energiefeld des Patienten spüren. Sie können bei Problemen mit dem Wasser- oder Elektrolythaushalt, wie bei Ödemen, auch Schwellungen oder Druckstellen im Energiefeld wahrnehmen. Merkwürdige Kälte- und Leereempfindungen können mit Durchblutungsstörungen einhergehen.

Es gibt auch Muster im Rhythmus des Energieflusses, Strukturen des Energiefeldes sowie andere feinstoffliche energetische Veränderungen, die sehr schwer mit Worten zu beschreiben sind. Ob und wie Sie diese Muster wahrnehmen, hängt selbstverständlich sehr eng mit Ihrer eigenen Sensitivität und Erfahrung als Heiler zusammen. Einen groben Eindruck von Energiemustern, basierend auf den Signalen Wärme, Kälte, Druck und so weiter, kann allerdings auch der Anfänger schon ausmachen.

Wenn Sie dann das Prinzip des Ausgleichs anwenden – eine Wärmestelle »kühlen«, Druck »auflösen« und so weiter, werden die Symptome der Infektion nachlassen, das Ödem wird kleiner werden, und die Haut wird als Reaktion auf die erhöhte Durchblutung eine gesunde Farbe annehmen. Es ist ganz offensichtlich, daß Therapeutic Touch das Richtige tut, weil eine Rückkehr zur Normalität eintritt; es ist allerdings genauso offensichtlich, daß wir keine Ahnung davon haben, warum dies geschieht.

Das Energiefeld glattstreichen

Die Struktur des Energiefeldes eines Patienten kann sich den Energiezentren Ihrer Hände sehr auffällig präsentieren. Sie können die Konsistenz oder Struktur als rauh, bewegt, verwickelt oder chaotisch empfinden. Diese Unebenheit fühlt sich an, als wäre die Oberfläche des Energiefeldes zerknittert oder gekräuselt, wohingegen der Energiefluß im Idealfall gleichmäßig, einförmig und ebenmäßig, im wesentlichen also glatt sein sollte. »Glattstreichen« ist die Bezeichnung, die einer meiner Studenten für das Glätten dieser Unebenheit geprägt hat, und die sich als so treffend erwiesen hat, daß sie weiterhin benutzt wird.

Durch das Glattstreichen wird das Energiefeld gereinigt, so daß es sich frei von Runzeln anfühlt und gleichmäßig fließt. Energiemuster können verändert oder zum Rand des Energiefeldes verschoben werden, wo sie sich, wenn sie nicht zu fest im Energiefeld selbst verankert sind, auflösen.

Aufgerauhte Stellen sind im Energiefeld deutlich abgegrenzt. Tun Sie folgendes, wenn Sie während der Untersuchung diese aufgerauhten Stellen ausmachen:

1. Halten Sie Ihre Hand-Chakren an die Stellen, die einer Glättung bedürfen, wobei die Handflächen nach außen, zum Rand des Energiefeldes gerichtet sind.
2. Führen Sie jetzt Ihre Hände nach außen zum Rand des Energiefeldes. Bewegen Sie beide Hände synchron in einer seitlich abwärtsführenden Streichbewegung (siehe Abbildung 7).

In hartnäckigen Fällen können drei oder vier dieser Streichbewegungen nötig sein, um die aufgerauhte Stelle zu glätten. Wie oft Sie darüberstreichen müssen, finden Sie heraus, indem Sie die Stelle nach dem Glätten noch einmal untersuchen. Sie sollten eigentlich nach jedem Versuch, das Energiefeld ins Gleichgewicht zu bringen, eine nochmalige Einschätzung vornehmen. Sollten Sie dabei die gleichen Signale empfangen, folgt daraus, daß Sie das Energiefeld des Patienten nicht ausreichend ausbalanciert haben.

Abb. 7: Das Energiefeld glattstreichen

Das Glattstreichen des Energiefeldes dient vor allem der Förderung des Energieflusses. Es hat eine kühlende Wirkung, denn durch seine Anwendung kann erhöhte Temperatur sinken. Es hilft auch, blockierte Stellen mit trägem Energiefluß, wie sie z. B. bei Entzündungen der oberen Atemwege auftreten, zu reinigen. Das Glattstreichen bringt das Energiefeld des Patienten für einen Augenblick in einen normaleren Zustand zurück. Wenn Sie, als Heiler, für diesen Augenblick empfänglich sind, kann die Erinnerung an dieses Gefühl als Modell eines Energiezustandes des Wohlbefindens dienen, zu dem Sie dem Patienten verhelfen wollen. Sie können sich dann diese Erinnerung von Zeit zu Zeit vergegenwärtigen, wenn Sie versuchen, das Energiefeld eines Patienten ins Gleichgewicht zu bringen.

Wie auch bei den anderen TT-Praktiken, wird das Glattstreichen in der Regel vom Kopf in Richtung Füße ausgeführt. Allerdings gibt es ein paar Ausnahmen. Wenn Sie z. B. Gliedmaßen behandeln, die mit prämenstruellen Ödemen befallen sind, hat sich gezeigt, daß das Glattstreichen erfolgreicher ist, wenn im Energiefeld über dem betroffenen Gewebe in die umgekehrte Richtung, also nach oben, gestrichen wird. Beginnen Sie am Ende des Fußes oder der Hand, und streichen Sie das darüberliegende Energiefeld in einer aufwärtsgerichteten Bewegung glatt, und zwar in Richtung Kopf des Patienten und nicht nach unten. Das Glattstreichen hat noch nie geschadet. Da diesbezüglich allerdings nie offizielle Studien angestellt wurden, sollte das Glattstreichen bei vorhandenen Ödemen der Vorsicht halber nicht oberhalb des Bauches vorgenommen werden.

Ich habe früher über einen Fall berichtet, bei dem durch Therapeutic Touch ein Ödem im Bein bei einer Behandlungsdauer von nur 20 Minuten im Umfang um gut einen Zentimeter abgenommen hat. In einem anderen Fall verringerte Therapeutic Touch die Schwellung so sehr, daß der Beinumfang innerhalb von 24 Stunden bei überwachter Be-

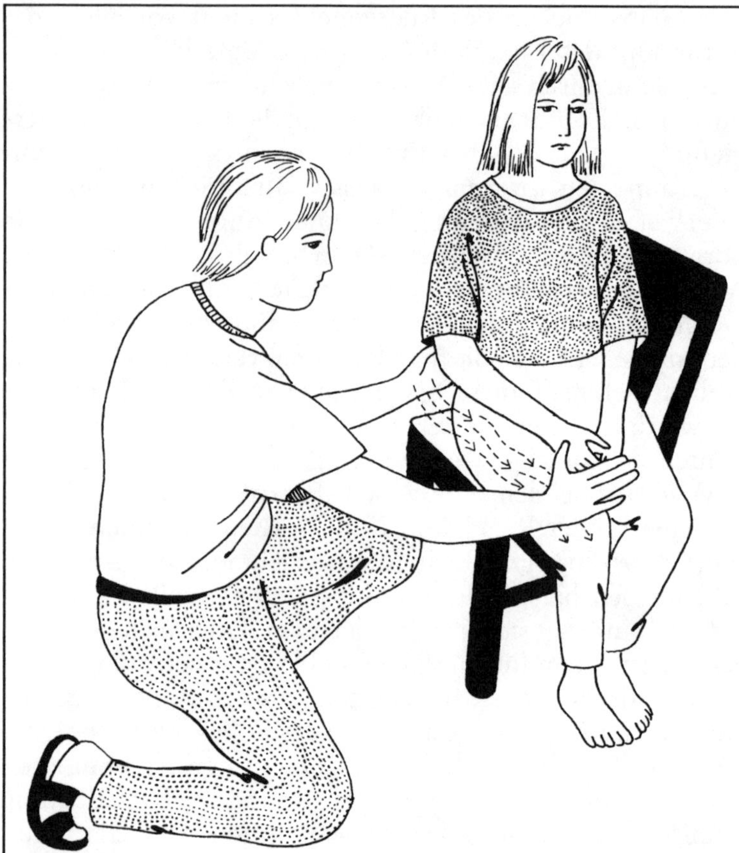

Abb. 8: Energie durch die . . .

handlung von 58 Zentimetern auf 53 zurückging. Es liegen aus den letzten Jahren Berichte über ähnliche Fälle vor.

Der Vorgang des Glattstreichens löst gebundene Energie. Er kann auch benutzt werden, um

... unteren Gliedmaßen bewegen

- den Energiefluß zu fördern;
- Energiemuster, wie Blockaden, aufzubrechen;
- den Rhythmus im Energiefeld des Patienten wiederherzustellen;

- in Situationen, wie erhöhter Temperatur, zu kühlen;
- Energiemuster im Feld zu bewegen oder um
- das Energiefeld wieder in sich zu verweben.

Diese scheinbar unterschiedlichen Resultate des Glättens machen deutlich, daß eher die Intentionalität als die Positionierung der Hände bei Therapeutic Touch eine Rolle spielt.

Den Energiefluß mit Hilfe des Knochengerüsts steuern

Eine weitere Technik, die dazu dient, Energie zu bewegen oder umzustrukturieren, verwende ich vor allem bei Schmerzen, die auf Knochenbrüche zurückzuführen sind. Den Anstoß habe ich von der ayurvedischen Medizin erhalten, einer alten Heilmethode, die auf den hinduistischen Lehren der Veda beruht. In diesen alten Texten wird beschrieben, daß Knochen als Lagerstätten für Prana dienen. Prana ist das Sanskrit-Wort für die Energie, die der Organisation des Lebensprozesses zugrundeliegt. Ich habe mich nun gefragt, ob das dort gelagerte Prana bewußt aktiviert werden kann, um geschwollene Stellen an den Schmerzherden abbauen zu helfen. Daraufhin habe ich eine Technik entwickelt, mit deren Hilfe die angestaute Energie entlang der oder auch durch die langen Knochen der äußeren vom Schmerz befallenen Gliedmaßen gelenkt werden kann. Wie bei allem, was mit Therapeutic Touch zu tun hat, beginnen Sie mit dem Zentrieren und behalten diesen zentrierten Bewußtseinszustand bei. Verfahren Sie anschließend wie folgt:

1. Halten Sie eine Hand auf oder nahe an das Gelenk im Energiefeld des Patienten, das oberhalb der Schmerz-

stelle liegt. Halten Sie Ihre andere Hand auf oder nahe an das Gelenk unterhalb der Schmerzstelle.

2. Dringen Sie, ähnlich wie in Übung 7, in das Energiefeld ein, und lenken Sie Prana oder Lebensenergie von Ihrem Handzentrum über dem oberen Gelenk (das Gelenk, das dem Rumpf des Körpers am nächsten ist) durch die Schmerzstelle und in das untere Gelenk.
3. Das Hand-Chakra oder Energiezentrum auf dem unteren Gelenk hat die Aufgabe anzuzeigen, ob der beabsichtigte Energiefluß ankommt. Ähnlich wie in Übung 8 sollten Sie auf eine erhöhte Energiezufuhr auf dieses Chakra »hören« bzw. dafür empfänglich werden. Der Hauptunterschied zwischen dieser Technik und Übung 8 ist, daß die Hände verschiedene Dinge tun: Das eine Hand-Chakra schickt oder lenkt den Energiefluß durch den langen Knochen nach unten, während das andere Hand-Chakra den bewußt gelenkten Energiefluß auf Höhe des unteren Gelenks spürt bzw. empfängt. In Übung 8 führten verschiedene Personen diese zwei unterschiedlichen Funktionen aus.
4. Sobald Ihr unteres Hand-Chakra eine Veränderung oder irgendeinen Unterschied im Energiefluß wahrnimmt, und Sie spüren, daß ein erhöhter oder dynamischerer Energiefluß aufrechterhalten wird, nehmen Sie Ihre Hand vom oberen Gelenk weg, und führen sie zum unteren Gelenk. Bewegen Sie gleichzeitig Ihre andere Hand von dem unteren Gelenk noch weiter nach unten zum nächsten Gelenk oder zu einem Fuß oder einer Hand, falls keine weiteren Gelenke mehr da sind. Lenken Sie erneut den Energiefluß mit dem oberen Hand-Chakra nach unten und versuchen Sie, mit dem anderen Hand-Chakra zu spüren, ob der Fluß bis zum unteren Gelenk vordringt.
5. Warten Sie, wie eben schon, eine Zunahme oder Veränderung im Energiefluß ab, bevor Sie weitermachen. Es

Abb. 9: Gestaute Energie . . .

kann sein, daß sich ein leichtes Glattstreichen zu den Gliedmaßen nach unten schmerzlindernd oder -beseitigend auswirkt.

6. Wiederholen Sie den Vorgang, wenn nötig. Sollte der Patient dann immer noch keine Erleichterung verspüren, wenden Sie Therapeutic Touch an einer anderen Stelle

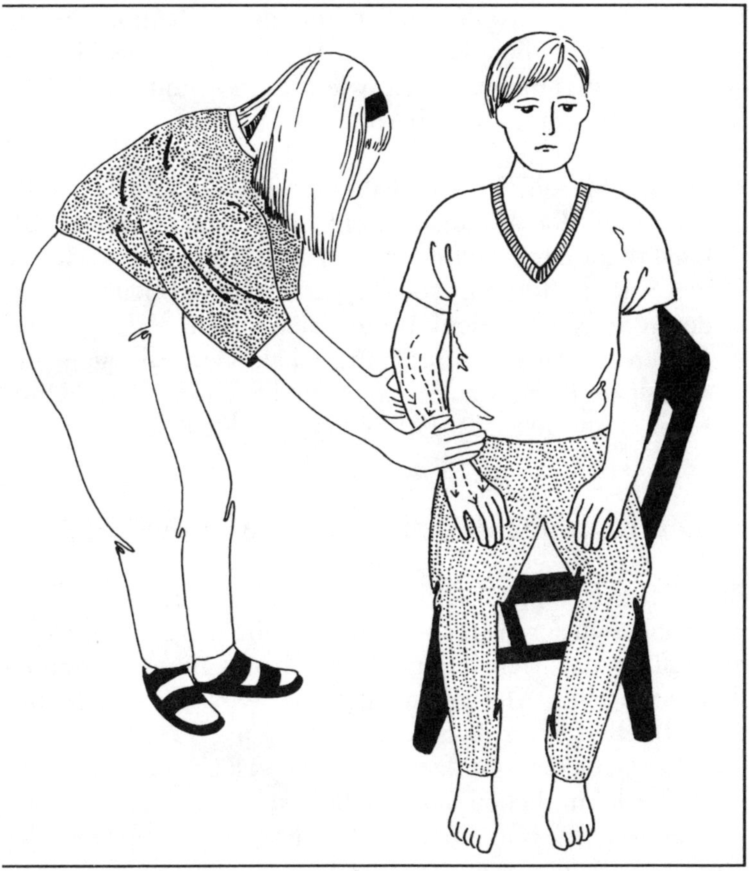

... im Schulterbereich auflösen

des Rumpfes nahe an der Wirbelsäule und dem obersten Gelenk der Gliedmaßen an; arbeiten Sie wieder von oben nach unten. Dehnen Sie die Behandlung jedoch nicht über die empfohlenen 20 bis 25 Minuten aus. Sollte der Patient nach dieser Zeit keine Erleichterung verspüren, empfehlen Sie ihm eine andere Therapie.

In Abbildung 8 wird die Anwendung dieser Technik an den unteren Gliedmaßen dargestellt. Abbildung 9 sowie die folgenden Anweisungen zeigen, wie diese Technik bei Schulterschmerzen angewandt wird.

1. Halten Sie ein Hand-Chakra an die Schulter und das andere an den Ellbogen. Lenken Sie von Ihrem Hand-Chakra an der Schulter Prana zum Ellbogen. Sobald Sie den Energiefluß dort spüren, gehen Sie mit beiden Händen jeweils ein Gelenk weiter nach unten.
2. Leiten Sie Energie vom Hand-Chakra am Ellbogen zum Handgelenk. Achten Sie währenddessen mit dem Hand-Chakra auf den Energiefluß am Handgelenk.

Die Kombination mit anderen Heilmethoden

In der Praxis kann es vorkommen, daß Sie die Energie sowohl harmonisieren als auch lenken wollen. Sie werden auch feststellen, daß sich Therapeutic Touch gut mit anderen therapeutischen Methoden kombinieren läßt, sowohl mit traditionellen, wie z. B. Shiatsu und Akupressur, als auch mit sehr gängigen, wie Biofeedback und Visualisierungen, und vielen herkömmlichen schulmedizinischen Methoden in der Krankenpflege. Therapeutic Touch dringt aufgrund des Terrains, auf dem es wirkt, in die Tiefen menschlicher Dynamik vor. Allerdings hat Therapeutic Touch auch seine Grenzen, die es zu akzeptieren gilt, weshalb Sie Ihre Arbeit lieber mit weiteren geeigneten Methoden anreichern sollten, wenn dies für das Wohlbefinden des Patienten nötig ist.

Übersicht über die Techniken

Ich möchte nun eine Übersicht über die bislang besprochenen TT-Techniken geben und sie mit zusätzlichen Anmerkungen versehen.

1. Der Patient legt oder setzt sich zu Beginn der Sitzung bequem hin. Stellen oder setzen Sie sich in seine Nähe, in einer für Sie bequemen Stellung.
2. Nehmen Sie sich einige Augenblicke Zeit, um Ihr Bewußtsein zu zentrieren, und versuchen Sie dann, den Zustand des Zentriertseins die ganze Sitzung über beizubehalten. Verlieren Sie nicht die Fassung, wenn Sie zwischendurch diesen Zustand verlassen, sondern gehen Sie einen Augenblick zur Seite oder drehen Sie sich vom Patienten weg, und versuchen Sie, wieder Ruhe zu erlangen. Machen Sie dann, wenn Sie können, mit der Sitzung weiter. Sollten Sie allerdings zu sehr abgelenkt sein, ist es besser, nicht weiterzumachen. Versuchen Sie es ein andermal wieder, oder verweisen Sie den Patienten auf jemand anderen, der ihm helfen könnte.
3. Untersuchen Sie, nachdem Sie sich zentriert haben, das Energiefeld des Patienten. Benutzen Sie dann eine der Ausgleichstechniken, die Ihnen am passendsten erscheint.
4. Wiederholen Sie von Zeit zu Zeit die Untersuchung des Energiefeldes, um die Wirkung Ihrer Arbeit einschätzen zu können. Wenn Sie keine weiteren Signale mehr empfangen, ist das ein Hinweis darauf, daß es an der Zeit ist, aufzuhören. Sie sollten Therapeutic Touch unter keinen Umständen länger als 20 bis 25 Minuten ausüben, bevor Sie nicht genug Erfahrung haben, Anzeichen von Energieüberladung zu erkennen: Ruhelosigkeit, Gereiztheit, wachsende Angst, Feindseligkeit oder Schmerz.

5. Es empfiehlt sich, den Patienten nach der Behandlung 10 bis 15 Minuten ausruhen zu lassen. Diese kurze Zeit der Entspannung hilft, die Energien zu erden oder zu stabilisieren. Häufig wird der Patient einschlafen, was sehr regenerierend wirkt.

Abkommen und Warnungen

Bei dem Versuch, die Energie des Patienten auszugleichen, ist es absolut notwenig, einen Rhythmus in Ihren Bewegungen beizubehalten. Bei Therapeutic Touch ist die Menge oder Intensität der Energie, die Sie dem Patienten zukommen lassen, nicht so wichtig wie Ihre Fähigkeit, die Energie des Patienten in gleichmäßigen Fluß zu bringen.

Bleiben Sie während der ganzen Sitzung Hinweisen im Energiefeld des Patienten gegenüber empfänglich. Wie schon früher erwähnt, ergibt sich, wenn Sie diese Interaktion menschlicher Energiefelder fortsetzen, zwangsläufig eine natürlichere, tiefere gegenseitige Beeinflussung zwischen Ihrem Energiefeld und dem des Patienten. Mit meinen Worten hieße das, Sie gehen in die Inne – in eine persönliche Dimension, die sich jenseits der drei Dimensionen der physischen Ebene befindet. Dies ermöglicht Ihnen, bedingt durch die damit einhergehende, erhöhte Sensibilität für das Energiefeld des Patienten, eine Reihe schneller Wiederholungsuntersuchungen seines Feldes zu machen. Diese wiederholten Untersuchungen geben Ihnen entweder Aufschluß darüber, wie Sie fortfahren sollen, oder aber, falls keine Hinweise mehr aufzufinden sind, zeigen sie an, daß es an der Zeit ist, die Sitzung zu beenden.

Ich möchte noch einmal wiederholen, daß eine Sitzung nicht länger als 20 bis 25 Minuten dauern sollte. Es ist nämlich auch möglich, Energie überzudosieren. Deswegen ist es wichtig, sich stets die Grenzen und eine eventuelle

Überempfindlichkeit des Patienten vor Augen zu halten. Da die Überempfindlichkeit eines Patienten sehr individuell ist, kann es vorkommen, daß Sie sie erst wahrnehmen, wenn Sie sie selbst erleben. Deswegen gilt die Regel: Lieber zu wenig als des Guten zuviel. Sie können später eine weitere Sitzung abhalten.

Die Anzeichen von Energieüberladung, auf die man achten sollte, sind Unruhe, Gereiztheit und Angst, die in Feindseligkeit umschlagen können oder dem Patienten Schmerzen bereiten. Die Vorstellung, daß Therapeutic Touch Schmerzen verursachen kann, mag überraschen. Sie können diesen Schmerz jedoch ohne weiteres selber spüren, wenn Sie jemanden an sich arbeiten lassen, der ohne Rücksicht auf Ihre Toleranzgrenze vorgeht. Je sensibler Sie sind, umso schneller werden Sie begreifen, daß bei Therapeutic Touch tatsächlich Energien ausgetauscht werden.

Brandwunden reagieren auf Energieüberladung besonders empfindlich, so daß Sie an der Stelle des verbrannten Gewebes besonders behutsam sein sollten. Arbeiten Sie nur für kurze Zeit - zwei bis drei Minuten am Stück - und bewegen Sie dabei ständig Ihre Hände, damit Ihre Hand-Chakren nicht allzu intensiv Energie auf die verbrannte Stelle richten. Bei Brandwunden ist es auch angebracht, die Energien durch Visualisierung eines königsblauen Farbtons zu harmonisieren.

Versuchen Sie folgendes, um an sich selbst zu erfahren, wie sich die Konzentration menschlicher Energie anfühlt:

1. Nehmen Sie sich einen Augenblick Zeit, um sich zu zentrieren.
2. Halten Sie Ihre Hände auf Höhe der Ohren und lassen Sie ein Energiefeld zwischen Ihren Händen entstehen, so wie Sie es in Übung 7 gemacht haben.
3. Sobald Sie das Energiefeld spüren, bewegen Sie Ihre Hände drei bis fünf Zentimeter nach links und dann drei

bis fünf Zentimeter nach rechts, wobei Sie das Energiefeld aufrechterhalten.
4. Wiederholen Sie diese Hin- und Herbewegung ein paarmal, nicht allzuschnell, und achten Sie darauf, was mit Ihrem Trommelfell passiert.

Können Sie spüren, wie Ihr Trommelfell auf das sich bewegende Energiefeld reagiert, wie es zuerst in die eine, dann in die andere Richtung gezogen wird? Stellen Sie sich vor, wie das auf ein Baby mit einer Ohrenentzündung wirken würde. Wenn Ihnen dazu das nötige Vorstellungsvermögen fehlt, sollten Sie die Übung noch einmal probieren, wenn Sie erkältet sind. Es wird Ihnen unmittelbar einleuchten, wie wichtig es ist, behutsam und sensibel vorzugehen. Wie schon erwähnt, scheinen Körperflüssigkeiten und Elektrolyte für Therapeutic Touch besonders empfänglich zu sein.

Abschließend möchte ich Ihnen ans Herz legen, bei Interaktionen menschlicher Energien nicht allzu offen zu sein. Lassen Sie nicht zu, daß Sie von Energien mitgerissen werden, die wir zugegebenermaßen nicht ganz begreifen. Wenn Sie regelmäßig Therapeutic Touch anwenden, werden Sie sich vitaler, tatkräftiger und als Ganzheit fühlen. Gehen Sie damit nicht unachtsam um. Erden Sie diese Energien, und setzen Sie sie für sich stärkend und positiv ein.

Die beste Art der Erdung ist, Ihrer ganzen Lebenshaltung einen zentrierten Bewußtseinszustand zugrunde zu legen. Auf diese Weise versorgen die Energien Ihre höheren Ebenen. Es gibt allerdings auch körperliche Methoden, sich zu erden. Sie können sich z. B. auf den Boden, auf den Schoß der Mutter Erde, setzen. Oder Sie können auf dem Sand am Strand sitzen oder gehen oder sich gegen einen Baum lehnen, bevorzugt einen Nadelbaum. Die Natur ist sehr großzügig, wenn es darum geht, uns menschlichen Wesen zu einem Zustand der Ausgeglichenheit zu verhelfen.

Seien Sie als letztes vor den psychischen Wirkungen, die

eine derart persönliche Interaktion wie Therapeutic Touch haben kann, auf der Hut. Identifikation, Projektion, Übertragung und Gegenübertragung, wie sie in jeder starken, psychologischen Interaktion auftreten können, sind auch in der Beziehung zwischen Heiler und Patient möglich.

Mit einem Partner arbeiten

Da jeder von uns ein breites Spektrum an Wissen braucht, um in diesen komplexen Zeiten weise und mitfühlend zu handeln, ist es von Vorteil, wenn Sie Therapeutic Touch mit einem Partner oder Kollegen praktizieren. Vieles von dem, was Sie in Ihrer täglichen Anwendung von Therapeutic Touch lernen, beruht auf Erfahrung. Wenn Sie einmal die zugrundeliegenden Prinzipien verstanden haben, werden Sie deshalb mehr von Ihrer eigenen bewußten Beteiligung an dieser menschlichen Interaktion lernen, als ich Ihnen auf Papier vermitteln könnte. Deswegen kann die Möglichkeit, Vorstellungen und Erfahrungen mit einem anderen TT-Schüler auszutauschen, von unschätzbarem Wert sein.

Mit einem anderen Therapeuten an einem Patienten zu arbeiten, kann deshalb für beide Seiten von Nutzen sein. Es ist auch wichtig, daß die Interaktion für den Patienten mindestens genauso nützlich ist. Nicht nur der Therapeut entwickelt eine Sensibilität für das Energiefeld des Patienten, auch der Patient kann für das Energiefeld des Therapeuten sensibilisiert werden. Bei einer empfindlichen Vernetzung ist es deshalb für beide Therapeuten wichtig, Ihre Bemühungen im Interesse des Patienten eng zu koordinieren.

Es folgt eine Beschreibung der Vorgehensweise für Sie selbst und den anderen Therapeuten (siehe Abbildung 10):

1. Zentrieren Sie sich beide, und bemühen Sie sich, Ihr Bewußtsein eng aufeinander auszurichten.

2. Sie behalten diesen auf den anderen gerichteten Zustand bei, während sich einer vor, der andere hinter den Patienten stellt, und untersuchen gleichzeitig den Teil des Energiefeldes, der in Ihrer Reichweite ist.
3. Wenn Sie beide fertig sind, tauschen Sie die Plätze und untersuchen noch einmal jeweils den Teil des Energiefeldes, der für Sie zugänglich ist. So haben Sie »beide« Seiten des Energiefeldes des Patienten eingeschätzt.
4. Treten Sie einen Schritt zur Seite, und besprechen Sie leise, was Sie herausgefunden haben. Entwerfen Sie einen Plan, nach dem Sie das Energiefeld des Patienten wieder ausgleichen wollen. Es bietet sich an, einen Heiler zu bestimmen, der die Energie steuert, harmonisiert oder neu strukturiert und einen, der unterstützend hilft, indem er die Energie bewegt und erdet (das heißt, den Energiefluß Richtung Erde fördert) und so weiter.

Gesetzt den Fall, einer von Ihnen hat einen Hinweis empfangen, den der andere nicht wahrgenommen hat, so sollte derjenige, der den Hinweis empfangen hat, das tun, was immer er für angemessen hält, um das Energiefeld des Patienten auszugleichen. Der andere kann seine Arbeit unterstützen, indem er die Energie, die durch das Feld des Patienten projiziert wird, lenkt, Energie über entsprechenden Stellen stabilisiert, überprüft, ob die Energie glatt durch die Fuß-Chakren austritt (wie in Übung 8) und so weiter. Tauschen Sie, wenn nötig, die Rollen.
Auch wenn es dem Patienten nicht schadet, wenn ihn jeder von Ihnen auf seine individuelle Art untersucht, ist es nötig, daß Sie beim Ausbalancieren seines Energiefeldes als Therapeuten den gleichen Bewegungsrhythmus beibehalten. Rhythmisch zu arbeiten ist an dieser Stelle der TT-Interaktion in der Tat der Schlüssel zum Erfolg. Da Sie beide zentriert sind, wird sich in der Praxis eine enge rhythmische Verflechtung auf ganz natürliche Art ergeben, bei der Sie wie

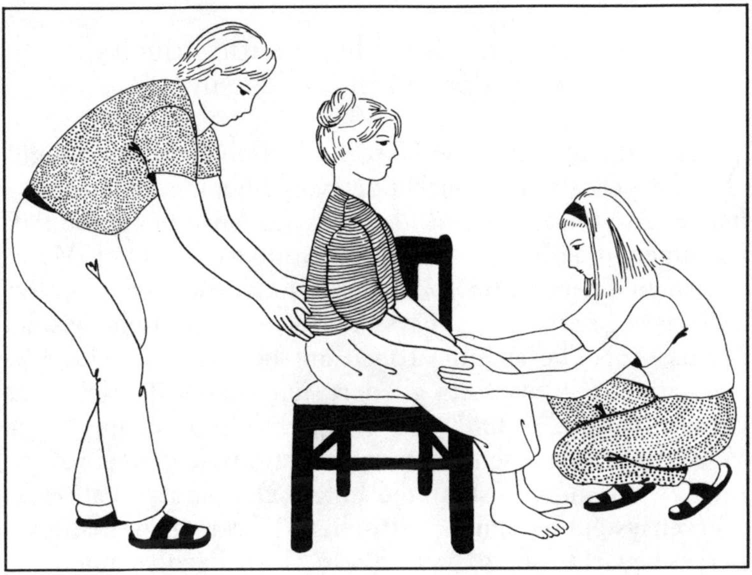

Abb. 10: Therapeutic Touch mit Partner

eine Person handeln werden, wobei die stille Verflechtung Ihrer Bewegungen an einen eleganten, würdevollen Tanz erinnert.

Systeme, die für Therapeutic Touch besonders empfänglich sind

Es ist sehr hilfreich, eine klare Vorstellung von den möglichen körperlichen Auswirkungen von Therapeutic Touch zu haben. Aus einer umfassenden Zusammenstellung von Äußerungen, die über fast zwei Jahrzehnte weltweit von Medizinern zu Therapeutic Touch gemacht wurden, geht hervor, daß das vegetative Nervensystem das physiologische System ist, das auf Therapeutic Touch am besten anspricht. Das vegetative Nervensystem gliedert sich in zwei Bereiche, das parasympathische und das sympathische Nervensystem. Wird das sympathische Nervensystem aktiviert, ist ein allgemeiner Erregungszustand die Folge. Das parasympathische Nervensystem hat eine spezifischere Wirkung auf den Körper; es bewirkt z. B., daß sich glatte Muskeln entspannen, die Magen-Darm-Funktion erhöht, die Herzfrequenz verringert wird. In einem kontinuierlichen Prozeß gegenseitigen sensiblen Feedbacks, begrenzt oder kontrolliert eins die Funktionen des anderen. Der Erfolg ist eine »automatische« Regulierung der vitalen Tätigkeiten des täglichen Lebens – Eingeweide, Blutkreislauf und Drüsenfunktionen eingeschlossen. Diese Vorgänge sind so fein aufeinander abgestimmt, daß sie funktionieren, ohne daß der Mensch darüber nachdenken muß. Im Unterschied dazu aktiviert das zentrale Nervensystem durch die Hirnrinde des Großhirns Funktionen, die dem Willen unterliegen. Es wertet Informationen über die Umwelt durch die untere Hirnrinde des Mittelhirns, die Basalganglien und das verlängerte Mark aus.

Störungen, die mit dem parasympathischen Bereich des vegetativen Nervensystems zusammenhängen, sind auf einen Punkt konzentriert, während Störungen, die durch eine Hyperaktivität des sympathischen Bereichs hervorgerufen werden, an vielen Stellen des Körpers gleichzeitig auftreten. Die Übersicht zeigt, daß sich Therapeutic Touch sehr gut für psychosomatische Krankheiten eignet, die häufig Funktionsstörungen im vegetativen Nervensystem widerspiegeln. Man schätzt, daß heutzutage 70 Prozent aller Krankheiten psychosomatisch sind, eine weitverbreitete Erscheinung in dieser streßgeladenen Zeit.

Als nächstes folgen das Lymphsystem und der Blutkreislauf in der Rangfolge der für Therapeutic Touch empfänglichen Systeme. Wie bereits in bezug auf die schnelle Wirkung von Therapeutic Touch bei Ödemen bemerkt, sprechen der Wasser- und Elektrolythaushalt sehr gut auf Therapeutic Touch an. Ebenfalls empfänglich ist der periphere Blutkreislauf. Davon zeugt die charakteristische leichte Rötung der Haut des Patienten während der ersten vier Minuten einer TT-Behandlung, besonders im Gesicht und am Hals. Die Hautrötung, die sich häufig über den ganzen Körper erstreckt, erfolgt, ohne daß der Therapeut den Körper des Patienten berührt, so daß wohl tatsächlich eine Auswirkung des Energiefeldes vorliegt.

Anschließend folgen auf der Skala der durch Therapeutic Touch beeinflußbaren Systeme die Muskeln und der Knochenbau; besonders sensibel reagieren Knochenbrüche. Die Patienten spüren eine charakteristische Wärme während der TT-Behandlung, die nicht, wie bei kinästhetischer Berührung auf der Haut auftritt, sondern eher tief im Innern des Gewebes. Diese tiefe Wärme kann man sogar durch sperrige, schwere Gipsverbände spüren.

Es gibt noch andere Systeme, die deutlich auf Therapeutic Touch reagieren, jedoch nur bezüglich bestimmter Störungen. Eins dieser Systeme ist das Kollagensystem. Die verschiedenen Arten von Arthritis, z. B., reagieren auf Therapeutic Touch, andere Kollagenstörungen, wie Lupus, dagegen nicht. Bei endokrinen Störungen wirkt Therapeutic Touch auch nur begrenzt. Es funktioniert hervorragend bei Störungen der Schilddrüse und Problemen mit der Nebenniere. Auch bei bestimmten Problemen des Fortpflanzungssystems, besonders des weiblichen, schlägt es gut an. Es gab jedoch keinerlei bedeutende Erfolge bei der Behandlung der Bauchspeicheldrüse (bei Diabetikern z. B.) oder der Hirnanhangdrüse zu verzeichnen.

Einige merkwürdige Ergebnisse gibt es bezüglich des Zentralnervensystems. Menschen mit doppelseitiger Lähmung, sogar mit Durchtrennungen weit oben im Rückenmark, haben berichtet, daß sie spüren konnten, an welchen Stellen Therapeutic Touch gemacht wurde, obwohl ihre Haut nicht berührt und kein Druck ausgeübt wurde. Wenn Therapeutic Touch ohne Hautkontakt an Wunden ausgeführt wird (so daß sich alles im Energiefeld abspielt), bei denen empfindliche Nerven bloßgelegt sind, geben Patienten an, daß sie Schmerz empfinden, wenn der Therapeut seine Hände zu lange dort verharren läßt.

Die Erfolge von Therapeutic Touch bei psychischen Störungen sind unterschiedlich. Einige hervorragende Ergebnisse erfolgten bei der Behandlung von Manisch-depressiven; im manischen Zustand waren einige sogar ziemlich aufregend. Es gab auch überraschend gute Ergebnisse bei erwachsenen Katatonikern (Patienten mit Muskelstarre) und hyperkinetischen Kindern. Drei der Katatoniker konnten sogar, als sie wieder zu Bewußtsein kamen, die Krankenschwestern benennen, die Therapeutic Touch an ihnen gemacht hatten. Dies allein schon läßt einen innehalten, um Annahmen, die man ein Leben lang für gegeben hielt, zu überprüfen. Das wird noch verstärkt von ähnlichen Berichten über Patienten, die Gefäßverletzungen im Gehirn (Schlaganfälle) erlitten und in tiefem Koma gelegen hatten. Wenn sie aus dem Koma erwachten, konnten auch sie sagen, welche Schwester sie mit Therapeutic Touch behandelt hat. Allerdings war die Behandlung anderer psychologischer Probleme wie Schizophrenie bislang nicht sehr erfolgreich.

Schließlich hat sich Therapeutic Touch auch bei bestimmten Aspekten von Störungen als hilfreich erwiesen. Bei Menschen mit Aids hat sich der Erfolg vor allem bei den den Krankheitsverlauf begleitenden Infektionen und Nebenwirkungen eingestellt, nicht bei Aids selbst. Erhöhte Temperatur geht zurück, und manchmal kommt es zu einem reinigenden Effekt bei Lungenödemen sowie einer beruhigenden Wirkung bei der Ruhelosigkeit, die oft zum medizinischen Bild gehört. Zum Zeitpunkt der Niederschrift dieses Buches lag mir nur ein einziger ausführlich dokumentierter Fall vor, in dem ein Kaposi-Sarkom beseitigt werden konnte. Mit der Zeit und zunehmender Erfahrung werden wir diese Vorgänge immer besser begreifen.

Der Erfolg bei der Anwendung von Therapeutic Touch an Menschen mit Parkinson-Syndrom und Alzheimer-Krankheit war gering und gemischt; allerdings wird als positives Ergebnis bei beiden Störungen die Beseitigung des mit der Krankheit einhergehenden Erregungszustandes genannt.

Einige Krieger-Fans, die Therapeutic Touch in Krankenhäusern in den USA und Kanada anwenden, haben von einer Schmerzlinderung bei Krebspatienten berichtet. Sie haben auch übereinstimmend beschrieben, daß Therapeutic Touch im Endstadium von Krebspatienten dazu führt, daß der Patient den Moment des Bewußtseinsübergangs gelassener hinnimmt. Es wurden auch Erfolge bei der Behandlung von Krebspatienten im Anfangsstadium verbucht, wenn diese einer Chemotherapie oder Bestrahlungen ausgesetzt wurden; ihr Zustand konnte mit Therapeutic Touch stabilisiert werden. Ich persönlich halte es für das Beste, mit Therapeutic Touch etwa eine Woche vor Beginn der Chemotherapie oder Bestrahlung anzufangen und während der Behandlung zwei- bis dreimal wöchentlich Therapeutic Touch zu machen. Das stabilisiert und unterstützt den Patienten, so daß er nicht an Übelkeit und Brechreiz leiden muß.

Sie haben nun gesehen, daß die Techniken von Therapeutic Touch nicht schwer zu erlernen sind. Daher können Sie auf Wunsch gerne Verwandten und Freunden kranker Menschen die Grundtechniken beibringen. Es gibt viele Gründe, die dafür sprechen. Aber leider steht ganz oben auf meiner Liste, daß wir uns in dieser Zeit, in der wir so stolz auf Objektivität sind, schwertun, »Es tut mir leid« zu sagen oder denen, die uns teuer sind, unsere Liebe zu zeigen. Wir halten uns mit einer lustlosen, aber beharrlichen Gleichgültigkeit zurück, die einer späteren vernünftigen Betrachtung nicht standhält. Manchmal jedoch, wenn geliebte Menschen krank sind, siegt die Einsicht, und wir können unseren tieferen Gefühlen Ausdruck verleihen, indem wir sie in die Anwendung mit Therapeutic Touch einfließen lassen. Die Botschaft wird durch diesen Akt der Anteilnahme sogar auf einer nonverbalen Ebene überbracht.

Therapeutic Touch ist nicht nur ein Mittel des persönlichen Ausdrucks, sondern auch eine menschliche Fähigkeit, die von nahezu jedem aktiviert werden kann, wenn er nur bereit ist, die Selbstdisziplin auf sich zu nehmen, die eine Reise ins Innere erfordert. Das wurde mir durch einen Brief klar, in dem eine Frau schreibt: »Ich wollte sie ein letztes Mal berühren, um sie so in Erinnerung zu behalten, wie sie war. Ich wußte nicht, daß ich die Fähigkeit hatte, zu heilen.«

Die Frau beschrieb, wie sie dazu kam, Therapeutic Touch an ihrer sterbenden Mutter anzuwenden. Tag für Tag setzte sie die Behandlung fort, und innerhalb kürzerster Zeit, zur Überraschung aller und zur Freude der Tochter, genas die Mutter von einer Krankheit, die man für unheilbar hielt. Es ist nur allzu offensichtlich, daß wir noch viel über die geheimnisvollen Zusammenhänge der menschlichen Lebensumstände und Heilfähigkeit lernen müssen. Was wir aber alle daraus lernen können, ist, wie wichtig es ist, es zumindest zu probieren.

Die zuverlässigsten Wirkungen von Therapeutic Touch

Ich bin oft eingeladen worden, um als Beraterin an Visiten teilzunehmen, bei denen ausgewählte Patienten von Ärzteteams aufgesucht wurden. Bei diesen Visiten habe ich versucht herauszufinden, welche Wirkung von Therapeutic Touch am zuverlässigsten eintritt. Am höchsten anzusiedeln ist meiner Meinung nach die ungemein schnelle Entspannungsreaktion des Patienten. Dies läßt sich schon zwei bis vier Minuten nach Beginn der TT-Behandlung beobachten.

Regelmäßige Untersuchungen von Herbert Benson und anderen haben gezeigt, daß die Entspannungsreaktion das Abwehrsystem des Körpers gegenüber Fremdkörpern wie Bakterien und Viren stabilisiert. Die Entspannungsreaktion regt ebenfalls die Produktion von Hirnopiaten (Beruhigungsmitteln) an, die Endorphine genannt werden. Es handelt sich dabei um Neuropeptide, die Schmerzempfindungen blockieren. Aufgrund der Entspannungsreaktion schlafen Kinder oft ein, dösen Erwachsene kurz weg, und Menschen aller Altersstufen fühlen sich nach der Therapeutic Touch-Behandlung erfrischt und belebt. Die Anspannung wird geringer, und Angstgefühle lassen nach. Deswegen empfiehlt es sich, Therapeutic Touch an Leuten auszuüben, denen eine Behandlung bevorsteht, vor der sie Angst haben, wie z. B. der Betäubung durch den Anästhesisten im Operationssaal oder der Zahnklinik, einer Rückenmarkspunktion oder der Verabreichung intravenöser Infusionen. Wie schon erwähnt, ist Therapeutic Touch hauptsächlich wegen der Entspannungsreaktion während des Sterbevorgangs unterstützend.

Die zweitzuverlässigste medizinische Wirkung von Therapeutic Touch ist die Linderung von Schmerzen. Man sagt, daß Menschen nicht so sehr Angst vor dem Tod haben, als vielmehr vor häufigen, anhaltenden Schmerzen, bzw. worauf Dora Kunz mich aufmerksam gemacht hat, vor dem nächsten Schmerzschub. Ständig wiederkehrender Schmerz wirkt sich frustrierend und ermüdend auf den Menschen aus und zieht oft körperliche Bewegungsunfähigkeit und emotionale Starre nach sich. Befreit man einen Menschen von seinen Schmerzen, lenkt dies die Aufmerksamkeit des Betreffenden von der ausschließlichen Beschäftigung mit sich selbst ab. Ein gesundes Verhältnis zu sich selbst wird wiederhergestellt, und der Betreffende nimmt von neuem am Leben teil.

Auch wenn sich Therapeutic Touch zur Linderung von Schmerzen eignet, sollte man im Auge behalten, daß eine Schmerzlinderung auch von anderen Faktoren ausgelöst werden kann. Suggestion kann z. B. eine wichtige Rolle bei der Linderung von Schmerzen spielen. Mindestens ebenso wichtig ist die gezielte Vorbereitung vor der Behandlung, da ein starker Glaube des Patienten an die Wirkung der Behandlung Schmerzen aufheben kann. Bei einer herabgesetzten Schmerzempfindung wird auch das Angstgefühl verringert, und selbstverständlich haben viele Drogen eine schmerzstillende Wirkung.

Als dritte zuverlässige medizinische Wirkung von Therapeutic Touch würde ich die Förderung des Heilprozesses als solchen ansetzen. Dies läßt sich am anschaulichsten anhand wiederholter Röntgenaufnahmen oder ähnlicher, weniger gefährlichen medizinischen Aufnahmen von Knochenbrüchen bestätigen. Zahlreiche wiederholte Studien haben gezeigt, daß die Kallusbildung an der Bruchstelle, die gemeinhin nach sechs Wochen ausgeheilt ist, sich schon nach zweieinhalb Wochen ausgesprochen stabil zeigt, wenn Therapeutic Touch angewandt wurde. Aus diesem Grund wird Therapeutic Touch häufig in der Praxis von kundigem Personal der Bergwacht, Notärzten und Feuerwehrleuten benutzt.

Persönliche Erfahrungen mit Therapeutic Touch in der Praxis

Wie ich schon erwähnt habe, richten Sie, als Heiler, bei Therapeutic Touch Ihr Augenmerk nur auf eine Sache: das menschliche Energiefeld. In diesem Energiefeld versuchen Sie eines oder mehrere der folgenden Ziele zu erreichen:

- den Energiefluß fördern;
- Blockaden und Druckgefühle im Energiefeld beseitigen oder abbauen;
- die Intensität des Energieflusses dämpfen;
- gebundene Energien oder Blockaden im Energiefeld auflösen;
- Rhythmusstörungen im Energiefluß beheben;
- das Energiefeld restrukturieren, ins Gleichgewicht bringen oder zusammenfügen, so daß es wieder als ein großes Ganzes funktionieren kann.

Bei all diesen Punkten sind Sie auf Ihre persönliche Deutung feinster Hinweise angewiesen, die etwas über den Zustand oder die Verfassung des Energiefeldes des Patienten aussagen. Wie können Sie wissen, daß diese subjektiven Eindrücke äußere, objektive Gültigkeit besitzen? Die Antwort heißt: Sie dienen sich selbst als Versuchsobjekt. Was immer Sie tun, beruht auf Ihrer individuellen Einschätzung, und Sie können sich der persönlichen Verantwortung für Ihre Entscheidungen nicht entziehen. Lassen Sie mich einen Auszug aus den Tagebuchaufzeichnungen der Schülerin Deirdre am Anfang ihrer TT-Ausübung anführen:

> Wir bildeten Paare und übten, uns gegenseitig Energie zu schicken, um unsere Fähigkeiten bei Therapeutic Touch auszuprobieren. Ich war absolut unfähig, auch nur irgend

etwas zu spüren, und stellte die Zuverlässigkeit des Ganzen in Frage. Als meine Partnerin sagte, daß sie etwas in meinem Energiefeld spüren konnte, war ich verblüfft, und ich beschloß, mit ihr zu spielen, ohne es ihr zu sagen. Ich zentrierte mich und stellte aufs Geratewohl meine Schwingungen an oder ab – doch, verdammt, sie folgte mir genau und deutete meinen Energiefluß völlig korrekt, an oder aus, schwach oder stark, so wie ich ihn beeinflußte.

Es kann nicht oft genug wiederholt werden, daß Therapeutic Touch kein Wunderheilmittel gegen Krankheiten ist, sondern daß es den Heilprozeß unterstützt. Die Anwendung ist ziemlich einfach, so daß sein Erfolg überraschen kann. Das gibt der folgende Tagebuchauszug meines Schülers Lu ganz offen wieder:

> Ich habe mich bisher sehr zurückgehalten, Therapeutic Touch in meiner beruflichen Tätigkeit anzuwenden, doch heute habe ich es eingesetzt, und es war einfach unglaublich. Ich sollte in einen neuen Aufgabenbereich eingeführt werden, und die Person, die mich anlernen sollte, wurde um 16 Uhr zu einem Patienten gerufen, der sehr verschlossen war und seit dem Mittagessen ohne ein Wort zu sagen und mit geschlossenen Augen im Bett lag. Die Schwestern sagten, er hätte geweint und dann plötzlich dieses Benehmen an den Tag gelegt. Niemand konnte ihn zu einer Reaktion bewegen, nicht einmal diejenigen, mit denen er einen engeren Umgang pflegte.
>
> Wir stellten uns an sein Bett, und die Schwester, die mich gerade anlernte, versuchte, ihn zum Sprechen zu bewegen, ohne Erfolg. Ich war getroffen von seiner Unfähigkeit zu reden, und habe mich zentriert, seine Hand gehalten und dabei beruhigende, mitfühlende Energie durch das Energiezentrum meiner Hand geschickt. Diese

Energie habe ich dann als eine Art Sonde benutzt und versucht, herauszufinden, wo ich ansetzen könnte.

Nach ein paar Minuten öffnete er die Augen und fing an, mit mir zu sprechen. Die ganze Zeit über hielt er meine Hand so fest, als wäre sie ein wertvoller Gegenstand. Dann zog er meine Hand über seinen Körper bis zu der Schulter auf der anderen Seite und erzählte mir, was für Schmerzen er dort hatte und was für eine Erleichterung er nun empfand.

Die Frau, die mich anlernte, war völlig verblüfft. Sie fragte mich, was ich getan hätte, denn sie hatte gemerkt, daß sich zwischen dem Patienten und mir in der Tat etwas abgespielt hatte. Ich sagte es ihr und war nicht überrascht, als sie meinte, daß sie es, wenn Sie es nicht mit eigenen Augen gesehen hätte, nie geglaubt hätte. Und ehrlich gesagt, ich auch nicht!

Können therapeutische Effekte eine Folge von Suggestion sein? Selbstverständlich. Suggestion, Überzeugungen, Zwänge und Erwartungen sind alle für ihren Placebo-Effekt bekannt. Man sagt jedoch, daß der wirkungsvollste Placebo-Effekt der Anblick eines Arztes oder einer Krankenschwester beim Eintreten in das Zimmer des Patienten sei. Man sagt auch, wenn ein Placebo (der angeblich unwirksam oder ohne therapeutische Wirkung ist) eine heilende Wirkung hat, so sei dies ein Zeichen dafür, daß der Selbstheilungsprozeß im Gange ist – na, dann bravo für den Placebo!

Welche vernünftige Erklärung können wir jedoch heranziehen, wenn Suggestion, Überzeugungen und ähnliches nicht in Frage kommen, wie im Falle von Neugeborenen? Bei Säuglingen kann man annehmen, daß sie im wesentlichen mit einer Tabula rasa auf die Welt kommen, also nicht vorprogrammiert sind. Der folgende Bericht stammt von einer Krankenschwester, die auf der Neugeborenen-Intensivstation in einem großen Klinikum in New York arbeitet:

Ich arbeite auf der Neugeborenen-Intensivstation im ... Krankenhaus, New York. Am Montag kam ein ausgetragenes Neugeborenes auf die Station, bei dem die Atmung versagt hatte. Da das Baby überhaupt nicht atmete, wurde es sofort künstlich beatmet. Dann diagnostizierte man einen Pneumothorax (eine Ansammlung von Luft oder Gasen im Brustkorb, als Folge eines Gewebedurchbruchs durch die Brustwand), so daß ein Röhrchen in der Brust eingesetzt werden mußte.

Wir versuchten, das Neugeborene zu stabilisieren, jedoch vergeblich. Nachdem wir den Säugling länger als 20 Minuten an der Herz-Lungen-Maschine hatten, bekamen wir die Anweisung, aufzuhören und alle Geräte abzuhängen. Der Tubus in der Luftröhre, derjenige in der Brust, die intravenösen Schläuche, alles kam heraus, und alle stellten sich darauf ein aufzugeben.

Ich nahm den Säugling hoch, zentrierte mich und machte Therapeutic Touch an ihm. Innerhalb kurzer Zeit fing das Baby – zu meiner, ebenso wie zur Überraschung aller anderen im Raum – an zu atmen. Die Atemtätigkeit hielt an, solange ich an ihm arbeitete. Als es stabil wirkte, wurde es wieder an den Monitor angeschlossen, der einen Puls von ca. 100 verzeichnete. Alle Geräte wurden wieder angestellt.

Einen ähnlichen Vorfall schilderte Dinah, eine Krankenschwester, die auf einer Säuglingsstation in Oregon arbeitete. Ihre Erfahrung beim Wiederbeleben von zwei Neugeborenen, die nicht anfingen zu atmen, bis sie Therapeutic Touch bei ihnen machte, bewirkte, daß Therapeutic Touch zur Routinebehandlung in ihrem Krankenhaus wurde.

Handelt es sich bei diesen Beispielen um Zufälle? Ich glaube nicht. Meine Aktenordner quellen über von ähnlichen Schilderungen von Menschen, die Therapeutic Touch in vielen Teilen der Erde ausüben. Seine Anwendung scheint eine ganz natürliche menschliche Fähigkeit zu sein. Und Sie brauchen nicht in Pflegeberufen tätig zu sein, um es ausüben zu können. Es gibt einige rechtliche Vorsichtsmaßnahmen sowie Richtlinien, die der Gesundheit dienen, aber prinzipiell kann jeder Therapeutic Touch anwenden, der über Mitgefühl für andere Menschen verfügt und die Intelligenz besitzt, bewußt und verantwortungsvoll damit umzugehen.

Therapeutic Touch hat eine große Anziehungskraft und ein breites Anwendungsspektrum. Das zeigt eine kleine Stichprobe bei den Teilnehmern eines Seminars, das erst kürzlich stattgefunden hat. Ein Journalist war gekommen, um einen Bericht über mich zu schreiben, blieb aber im Anschluß an das Interview, als er merkte, daß in dem Seminar etwas vorkam, das ihm im Umgang mit seinem behinderten Sohn helfen könnte. Jemand aus dem Fernmeldewesen war auch anwesend, der einigen seiner Kollegen im Büro Therapeutic Touch beibringen wollte, die, wie er, an einem beginnenden Magengeschwür litten. Ein Architekt war da, der mehr über den sensitiven Umgang mit dem menschlichen Körper lernen wollte. Ein Gärtner wollte wissen, wie er Therapeutic Touch für seine Pflanzen verwenden konnte. Ein Schauspieler hatte herausgefunden, daß die Techniken bezüglich des menschlichen Energiefeldes ihm helfen könnten, dem Publikum seine Gefühle besser zu vermitteln. Eine Lehrerin war von ihren Schülern im Teenageralter gebeten worden, Therapeutic Touch zu lernen, damit sie es ihnen anschließend beibringen konnte. Zwei Sozialarbeiter unterrichteten ihre Schüler schon im Rahmen eines Ausbildungsprogramms eines nahegelegenen staatlichen Gefängnisses. Zwei ältere Menschen waren stellvertretend für eine Gemeinschaft von älteren Bürgern gekommen; diese Gemeinschaft wollte Therapeutic Touch in ihrem Heim anwenden, wo sie ihre Dienste anboten. Und schließlich war ein Ehepaar mittleren Alters anwesend, das Therapeutic Touch lernen wollte – »einfach mal so«.

Über die Jahre haben die Erfahrungen von mehreren Tausend im Gesundheitswesen tätigen Menschen (mehr als 37 000 zum Zeitpunkt dieser Niederschrift) mit Therapeutic Touch gezeigt, daß es Übereinstimmungen in der Anwendung von Therapeutic Touch gibt[5]. Diese Übereinstimmungen legen den Schluß nahe, daß bei dieser therapeutischen Interaktion natürliche Gesetze wirken.[6] Dadurch kamen Patricia Winstead Fry, eine Kollegin, und ich auf die Idee, ein System zu entwerfen, mit dessen Hilfe man verschiedene Ebenen der TT-Anwendung messen kann. Wir nannten es »Selbsteinstufungstest auf der TT-Skala« (SETTS).[7] Mehrere Krieger-Fans haben SETTS als Modell benutzt, um ihre Tagebucheinträge zu analysieren. In Anhang 2 finden Sie ein SETTS-Formular, das Ihnen hilft, Ihre eigenen Erfolge als Therapeut einzustufen.

Wie sich die zugrundeliegende Heilungsabsicht bei Therapeutic Touch auf das eigene Leben auswirken kann, wird in dem folgenden Auszug aus Mary Anns Tagebuch schön beschrieben:

> Die Erfolge mit Therapeutic Touch haben mich zutiefst berührt, und ich habe aufgrund meiner Fähigkeit, durch »Berührung« Leuten zu helfen, inneren Frieden und einen Sinn im Leben gefunden. Wenn ich mich zentriert habe und an dem kranken Menschen arbeite, habe ich das Gefühl, mich an einem anderen Ort als in meiner sonst üblichen Umgebung zu befinden. Die Anteilnahme an der Umgebung ist nach wie vor da, aber mit ein wenig Mühe kann ich sie »ausblenden«. Es ist so, als wäre ich mit dem Kranken allein, und ich weiß ganz tief in mir, welche Aufgabe ich erfüllen soll. Es herrscht eine friedliche Ruhe, und meine Gelassenheit scheint mich sowohl körperlich als auch emotional zu berühren. Ich nehme meine Hände wahr, allerdings nur als eine Art Verlängerungen, die in Harmonie mit meinen anderen Sinnen auf

das Ziel hinarbeiten, den Bedürfnissen des Kranken gerecht zu werden.

Nach der Einschätzung spüre ich, wie ich »stärker« werde (in Ermangelung eines besseren Ausdrucks). Ich habe größeres Vertrauen, und meine Atmung wird ruhiger, tiefer und langsamer als gewöhnlich. Ich fühle mich innerlich erfüllt, ein Gefühl, das ich nicht näher erklären kann, außer, daß ich genau weiß, daß es in mir drin ist und nicht irgendwo »da draußen«. Ich begreife diese Phänomene nicht, doch weiß ich, daß ich ähnlich empfinde, wenn ich ruhig in der Kirche sitze und mich von der friedlichen Stimmung einfangen lasse.

Sobald ich etwas »Ebenes« im Energiefeld des Patienten spüre, beende ich die Therapie in der Gewißheit, geholfen zu haben. Ich spüre ein Gefühl der Freude und daß meine Energie zunimmt. Es ist nicht das Schwindelgefühl, das Angstgefühle oder Euphorie begleitet, sondern eine ruhige Freude.

Mein Gedächtnis leistet mir nach der TT-Behandlung ausgezeichnete Dienste. Ich kann mir mit außergewöhnlicher Klarheit alle Details der Erfahrung in Erinnerung rufen. Die Ruhe und Gelassenheit, die ich erfahre, ist vielleicht wichtig für das Erinnerungsvermögen. Meine Gedanken sind nicht mit unwichtigen Informationen überfrachtet. Ich weiß genau, was ich tue, wenn ich Therapeutic Touch mache. Direkt nach der TT-Sitzung kann ich winzige Details abrufen, die ich unter anderen Umständen möglicherweise nicht einmal bemerkt hätte.

Während der TT- Sitzung habe ich das Gefühl, daß die Zeit langsamer vergeht. Es kommt vor, daß ich 15 oder 20 Minuten mit jemandem verbringe, ohne wahrzunehmen, wie schnell diese Minuten verstreichen. Das finde ich besonders bemerkenswert, da ich sonst ein sehr gutes Zeitgefühl habe, und genau weiß, was ich in einem bestimmten Zeitraum zuwege bringen kann.

In letzter Zeit nehme ich mich bei der Ausübung von Therapeutic Touch nicht so sehr als Individuum wahr, sondern vielmehr als Prozeß. Ich denke häufig an einen Traum, in dem ich eine visuelle Vorstellung von Energie in ihren vielen Ausprägungen gesehen habe. Während sich das Bild vor meinem inneren Auge entfaltet, spüre ich, wie meine Sensibilität für die energetische Erschöpfung des Kranken größer wird. Ich halte mir die Kraft und Ganzheitlichkeit meines eigenen Energiekomplexes vor Augen, und fühle mich körperlich wohl, während ich doch ganz zielstrebig bei der »Arbeit« bin.

Dabei fühle ich mich mit dem Kranken verbunden. Seltsamerweise habe ich jedoch nicht das Gefühl, eine Sitzung verlängern zu müssen, wenn ich lieber gehen möchte. Hierin unterscheidet sich diese Erfahrung deutlich von anderen, in denen ich eine besondere Verbundenheit mit den Patienten verspürt habe, aber Schwierigkeiten hatte, sie zu verlassen. Bevor ich von Therapeutic Touch gehört hatte, habe ich mich nach einem anstrengenden Patientenbesuch oft ausgelaugt gefühlt. Jetzt spüre ich keinen Energieverlust mehr; ich würde sogar sagen, daß ich mich energiegeladener fühle!

Mary Anns Schilderung spricht für sich. Was geschieht jedoch mit dem Patienten? Was geht in dem Menschen vor, der Therapeutic Touch empfängt? Judys einfühlsamer Bericht über ihre Schwangerschaft und die Geburt eines kleinen Mädchens verleiht uns einen Einblick:

Während der Schwangerschaft und der Entbindung habe ich gelernt, wie wichtig Therapeutic Touch und die Berührung im allgemeinen für den Empfänger sind. Ich habe es selbst erfahren, als Dr. Krieger mich innerhalb von zwei Wochen von einer Anämie heilte, die eine Hausgeburt zu gefährden drohte. Obwohl ich Berichte über

Dr. Kriegers Studien hinsichtlich der Wirkung von Therapeutic Touch auf Hämoglobin (woran es bei einer Anämie mangelt) gelesen hatte, hatte ich mir nicht klargemacht, welche weitreichenden Konsequenzen dieses Phänomen auf den Patienten haben könnte, bis ich es am eigenen Leib erfahren habe.

Die Anämie war heftig und trotz entsprechender Diät nicht in den Griff zu kriegen, weder durch verstärkte Eisenzufuhr noch durch andere konventionelle Methoden. Daraufhin weigerte sich der Arzt, einer Entbindung zu Hause zuzustimmen, wenn nicht noch eine gravierende Änderung in meinem Blutbild eintreten sollte. Ich hatte jedoch das Gefühl, daß eine Entbindung zu Hause sowohl für meine Gesundheit und mein Wohlbefinden als auch für Gesundheit und Wohlbefinden meines Kindes sehr wichtig wäre, und daß sie zu einer prägenden Bindung zwischen uns führen würde, die sich auf unsere zukünftige Beziehung auswirken würde.

Daß ich diese Erfahrung machen durfte, weil meine roten Blutkörperchen auf Dr. Kriegers TT-Behandlung ansprachen, erfüllte mich mit einem Gefühl der Dankbarkeit und einer schwer zu beschreibenden Ehrfurcht. Ich hatte das Gefühl, als wäre ich durch diese Erfahrung enger mit der universellen Lebensenergie in Berührung gekommen. Meine Einstellung gegenüber dem Leben, meiner eigenen Stellung darin und meiner Fähigkeit, Hindernisse zu überwinden, wurde optimistischer.

Die TT-Interaktion als solche schien mir Vertrauen zu geben. Dieses Vertrauen wurde dadurch hervorgerufen, daß ein Mensch, in dem Fall Dr. Krieger, so viel Anteil an meinem Wohlbefinden nahm, daß sie mir auf diese Weise half. Die von Dr. Krieger ausgehende Heilung gab mir Unterstützung in einer Zeit, in der ich sie dringend nötig hatte. Während der Schwangerschaft habe ich häufig daran gezweifelt, eine gute Mutter sein zu können. Ich hatte

Angst davor, unbeholfen oder gefühllos zu sein oder keine wirkliche Mutter-Kind-Bindung zu empfinden. Als mir das Kind jedoch bei der Geburt überreicht wurde, spürte ich die intensivsten Gefühle an Liebe und Wärme, die ich je empfunden habe.

Wenn ich mein Kind in den darauffolgenden Tagen hielt und versorgte, spürte ich ein nie zuvor dagewesenes Vertrauen und große Sicherheit. Ich bin davon überzeugt, daß dieses Vertrauen sehr eng mit der TT-Erfahrung zusammenhängt, der liebevollen Anteilnahme, die ich während der Wehen erlebt hatte, und der unglaublich verbindenden Erfahrung einer Geburt zu Hause.

Eine weniger intensive, aber genauso konkrete Beschreibung des menschlichen Energieaustauschs vermitteln Lauras Aufzeichnungen:

Michelle behandelte mich letzte Woche. Mein energetischer Zustand war ausgesprochen schwach, und ich hatte heftige Kopfschmerzen; außerdem wollte ich Therapeutic Touch ausprobieren.

Nach dem Zentrieren begann sie mit der Untersuchung, wobei sie einen Energieverlust über meiner rechten Schulter feststellte (meine Kopfschmerzen fühlten sich so an, als kämen sie von da) und einen unterbrochenen Energiefluß im Kopfbereich. Ich konnte nichts davon spüren; als Michelle allerdings anfing, an diesen Stellen zu arbeiten, spürte ich eine deutliche energetische Veränderung.

Dann ging sie dazu über, die Energie zwischen meiner linken und meiner rechten Seite ins Gleichgewicht und sie ganz allgemein gleichmäßig und glatt zum Fließen zu bringen. Einmal, als sie Energie in meinen Rücken lenkte, spürte ich ganz deutlich, daß dort etwas »hüpfte«, und als ich das Michelle erzählte, sagte sie, sie habe es ebenfalls gespürt. Ich hatte das Gefühl, daß sie in diesem Augenblick »durchgekommen« sei.

Von dem Augenblick an konnte ich ihre Hände und die Wärme, die sie verbreiteten, deutlicher spüren (obwohl sie meine Haut nicht berührten). Als sie aufhörte, waren meine Kopfschmerzen verschwunden, und ich fühlte mich weniger blockiert und ausgeglichen. Auch fühlte sich die Last auf meinen Schultern (dem bevorzugten Heim meiner Sorgen) leichter an.

Das Wärmegefühl, das Laura beschreibt, ist, wie schon erwähnt, eine konkrete Eigenschaft des Heilprozesses. Sie fühlt sich nicht an wie die Wärme, die man spürt, wenn man eine heiße Herdplatte berührt oder mit dem Finger durch eine Flamme streicht; das heißt, man spürt sie nicht mit der Haut, sondern tief innen drin. Zwei Auszüge aus medizinischen Berichten beschreiben dieses Wärmegefühl sehr anschaulich:

Ich lag mit geschlossenen Augen flach ausgestreckt auf dem Bett. Obwohl ich die Schwester, die Therapeutic Touch praktizierte, nicht ansah, spürte ich zwei Hitzewellen auf mich zukommen. Das Wärmegefühl war nicht unangenehm und schien in mir drin zu sein. Ihre Hände berührten meinen Körper nicht, aber wenn sie sich bewegten, konnte ich spüren, wie das Wärmegefühl der Bewegung ihrer Hände folgte. Überrascht öffnete ich die Augen und beobachtete, in welchem Zusammenhang die Position ihrer Hände und die Wärme in meinem Innern standen.

Als sie als nächstes eine Hand unter meine rechte Seite und die andere Hand genau gegenüber, über meinen Körper, hielt, konnte ich deutlich spüren, daß die Wärme von der unteren Hand ausging und meinen Körper in Richtung auf die obere Hand durchdrang. Zu Anfang reagierte

> mein ganzer Körper wie in einem schwachen Schockzustand, doch dann spürte ich, wie ich mich sanft entspannte, bis ich fast einschlief.
>
> Während die Schwester weiterhin Therapeutic Touch ausübte, gingen meine Schmerzen immer mehr zurück. Als sie aufhörte, waren die Schmerzen im ganzen Körper, besonders aber in der Rippengegend, fast verschwunden. Ich lag etwa eine Stunde lang ruhig und entspannt und war kurz vorm Einschlafen – das erste Mal seit der Operation. Die durchdringende Wärme war die ganze Zeit in mir.

Lindas Beschreibung zeigt, daß diese Wärme- oder Bewegungsempfindungen bei Therapeutic Touch üblich sind:

> Am 8. Dezember hielt Dr. Krieger ihre Handflächen einige Zentimeter über meine Nebennieren, und ich spürte, wie eine deutliche Kraft von ihren Händen ausging und zu mir floß; ich spürte tatsächlich Energie aus ihren Händen durch meinen Körper hindurchgehen. Ich spürte weder Wärme noch Druck; ich würde es eher als das sanfte Steicheln kleiner sprudelnder Luftbläschen bezeichnen . . . Es war eine klar auszumachende Form von Energie, mit der ich wirklich nicht gerechnet hatte.

Wo liegen die Grenzen von Therapeutic Touch? Da wir zur Zeit noch nicht das volle Ausmaß aller zusammenwirkenden und nicht spürbaren veränderlichen Größen kennen, ist es schwierig zu entscheiden, worauf die Aufmerksamkeit sich richten und wo die Analyse ansetzen soll. Was sich jedoch am meisten anbietet, sind die zwei Hauptübergangsphasen im Leben: Geburt und Tod.

Während einer Studie über Therapeutic Touch, die ich 1982 gemacht habe, gingen meine Gedanken zum ersten Mal in diese Richtung. Damals unterrichtete ich Ehemänner darin, Therapeutic Touch während des letzten Drittels der Schwangerschaft, das heißt, zwischen dem siebten und neunten Monat, an ihren schwangeren Frauen anzuwenden. Im Rahmen dieser Studie machte ich eine unerwartete Entdeckung: Während der Untersuchung des Energiefeldes ihrer Frauen konnten die Männer mit ihren Hand-Chakren zwischen den Energiefeldern des heranwachsenden Fötus und denen der Mütter unterscheiden.

Nachdem die Zuverlässigkeit dieser erstaunlichen Entdeckung geprüft und bestätigt war, stellte ich fest, daß ein Säugling nicht fix und fertig aus dem Mutterleib herauskommt, wie Venus aus dem Schaum des Meeres. Offensichtlich geschieht schon vor der Geburt eine ganze Menge sowohl im Energiefeld des Kindes als auch in seiner körperlichen Entwicklung. Was der Vater bei der Untersuchung seiner schwangeren Frau spürte, ist die einzigartige energetische Dynamik des Fötus, eines in sich abgeschlossenen lebenden Ganzen.

Der Tod, das andere Ende der Skala, ist für uns genauso rätselhaft. Wenn man Therapeutic Touch an Sterbenden ausführt, geht der Übergang ausgesprochen friedlich vor sich; mit den Worten von Judith, einer Krankenschwester, die Therapeutic Touch an einem fünfjährigen Jungen anwendete, der an Leukämie starb: »Selbst der Tod war schön.« Als Cathy und Betsy – die eine Krankenschwester, die andere Beschäftigungstherapeutin – Therapeutic Touch an ihrem Freund, einem älteren Benediktinermönch, der krebskrank war und im Sterben lag, machten, waren die Brüder im Kloster so beeindruckt vom ruhigen und friedlichen Verlauf dieser Interaktion, daß sie Betsy und Cathy baten, ihnen Therapeutic Touch beizubringen, was diese selbstverständlich taten.

Alles zusammenfügen

Therapeutic Touch ist eine sehr bereichernde Erfahrung sowohl für den Therapeuten als auch für den Patienten. Es folgt eine Übersicht über die wichtigsten Prozesse und Konzepte von Therapeutic Touch, die bis jetzt besprochen wurden.

Das Zentrieren

Der Vorgang des Zentrierens ist das Tor zum Heilprozeß und wird als Bewußtseinszustand während der ganzen Behandlung beibehalten. Es handelt sich um einen Zustand tiefer, innerer Ruhe, einen Zustand, in dem Sie, obwohl Sie sich in der Zeit bewegen, gleichsam nicht an Zeit gebunden oder von ihr beeinträchtigt sind. Beim Zentrieren erleben Sie ein Zeitgefühl, das mühelos und gleichmäßig fließt, und nicht in Staccato-Schritten abläuft, wie es in unserer hektischen Zeit üblich ist. Dora Kunz sagt, daß das Zentrieren »Energie im Herzen konzentriert und ein Gefühl von Frieden in uns hervorruft«.

Das Zentrieren dient als Arena der Selbstentdeckung und als Brücke zum Transpersonalen. Es ermöglicht Ihnen, mit der Quelle Ihrer Entwicklungsmöglichkeiten in Kontakt zu treten. Es gestattet Ihnen, voll und ganz für die Schwachen, für Menschen mit Schmerzen oder verängstigte Menschen da zu sein. Durch die persönliche Erfahrung des Zentrierens wissen Sie auch mit unumstößlicher Sicherheit, daß diese traurigen Gemütszustände zeitlich begrenzte Übergangsstadien eingeschränkter Bewußtheit sind. Es verhilft zu dem Eingeständnis, daß wir sehr wohl das sind, was unsere Umgebung widerspiegelt, aber auch noch sehr viel mehr. Vor diesem Hintergrund lassen sich Ordnung und Sinn in Ihrem Leben finden und schätzen.

Die Einschätzung

Die Einschätzungsphase bei Therapeutic Touch liefert Hinweise auf die Probleme des Patienten. Die Signale, die Sie im Energiefeld des Patienten wahrnehmen, sind subjektiver Natur und können mit denen übereinstimmen, die ein anderer bei der Untersuchung des gleichen Energiefeldes wahrnimmt, oder auch nicht. In einem östlichen Verständnis werden Signale wie Wärme, Kälte, Druck und ähnliches auf eines von fünf verschiedenen Subsystemen der Lebensenergie zurückgeführt oder auf eine Kombination dieser Systeme, von denen man annimmt, daß sie alles beinflussen, angefangen von der Ernährung bis zum Nervensystem, zu Panikgefühlen, Altruismus und dergleichen. Aus dieser Betrachtungsweise erscheint es verständlich anzunehmen, daß menschliche Energie ganz unterschiedlich wahrgenommen wird. Die Wahrnehmung eines Menschen ist nicht richtiger als die eines anderen. Wichtig ist nur, daß wir bereit sind, unsere Empfindungen zu überprüfen, um eine Grundlage zu schaffen, auf der wir helfen oder heilen können.

Energieausgleich

Das Ziel von Therapeutic Touch ist es, die Energie eines kranken Menschen ins Gleichgewicht zu bringen. Das Hauptaugenmerk liegt dabei auf zwei Dingen: als Unterstützungssystem für menschliche Energie wirken zu können und diese Tatsache bewußt einzusetzen, um den Energiefluß des Patienten zu fördern und sein Immunsystem zu stimulieren. Auf diesem Hintergrund heilt sich der Patient am Ende tatsächlich selbst.

Energieharmonisierung

Beim Harmonisieren menschlicher Energie arbeiten Sie in erster Linie mit dem Energiefeld des Patienten. Ihre Aufmerksamkeit sollte auf einem der folgenden Aspekte liegen: Den Energiefluß dämpfen, mildern, beruhigen; den Energiefluß beleben, beschleunigen, stärken oder stimulieren; oder den auf vielen Ebenen tätigen Energiefluß mit einem Rhythmus versehen, synchronisieren oder harmonisch strukturieren.

Die Energie glattstreichen

Wenn Sie das Energiefeld glattstreichen, reinigen Sie gleichzeitig die Energie, glätten sie und befreien sie von Störungen, die zu Turbulenzen im Feld führen. Diese Verstimmungen sind meistens psychodynamischer Art. Sie werden ausgelöst durch emotionalen Streß, ambivalente Impulse, Sorge oder Angst. Läßt man sie unbeachtet, können diese energetischen Symptome in psychosomatische Störungen, wie z. B. Bluthochdruck, ausarten. Das Glätten des Energiefeldes bewirkt eine Veränderung, die für die Gesundheit unbedingt erforderlich ist. Energie kann auch von sogenannten Streßpunkten, wie z. B. den Nackenmuskeln, abgezogen werden. Ein Zuviel an Energie kann von den Gliedmaßen durch die langen Knochen oder die Wirbelsäule hinunter zum Rand des Energiefeldes bewegt werden, wo sie sich auflösen kann.

Zusätzlich zu Therapeutic Touch braucht der Patient möglicherweise Gesundheitserziehung oder auch eine Beratung. Wenn Sie für diese Bereiche nicht qualifiziert sind, dürfen Sie nicht zögern, den Patienten zu einem vertrauenswürdigen Therapeuten zu schicken, denn es ist genauso wichtig, zugrundeliegende emotionale Strukturen einer

Krankheit zu erkennen wie die körperlichen Symptome zu beseitigen.

Es ist äußerst wichtig, die Prinzipien, die in diesem Kapitel umrissen wurden, umzusetzen. Noch mehr theoretische Informationen ohne die notwendige praktische Erfahrung machen aus Ihnen nicht notwendigerweise einen besseren TT-Therapeuten. Wie schon erwähnt, beruht ein verständnisvoller und vernünftiger Umgang mit Therapeutic Touch auf der Grundlage individuell erfahrenen Wissens, das durch die Anwendung an Lebewesen erworben wurde. Wenn Sie es nicht am eigenen Leib erfahren, werden Sie nur die Worte haben, aber nicht die Musik.

Um Ihnen die Praxis zu erleichtern, füge ich in Übung 10 ein Blatt mit Daten zur TT-Nachuntersuchung bei, das richtungweisend für Ihre Einschätzung sein soll, und die Informationen, die Sie im Laufe Ihrer Einschätzung des Patienten sammeln sollten. Es wird dabei vorausgesetzt, daß Sie zumindest in der ersten Zeit Ihrer TT-Praxis mit anderen Therapeuten zusammenarbeiten. Wie schon erwähnt, ist der Austausch von Informationen und Erfahrungen mit anderen ein Weg, das eigene Wissen über TT-Praktiken bedeutend zu erweitern. Das Formular kann jedoch problemlos abgeändert werden, wenn Sie beschließen sollten, alleine zu arbeiten.

Zusätzlich zu diesem Datenblatt finden Sie ein Begleitblatt in der Übung, das Evaluierungsformular des TT-Patienten, das der Patient ausfüllen sollte. Beide Formulare sollten am Ende der Sitzung ausgefüllt werden. Sie sind dazu gedacht, Ihrem Team eine Quelle objektiven Feedbacks zu geben, aus der jeder Beteiligte lernen kann.

Übung 10
Datenblatt zur Nachuntersuchung und Evaluierungsformular für den Patienten

Datenblatt zur Nachuntersuchung
(vom Therapeutenteam auszufüllen)

Name des Patienten . . . Datum . . .

Sorgen Sie dafür, daß Ihr Patient sich nach der Untersuchung wohl und sicher fühlt. Begeben Sie sich dann mit Ihrem Team außer Hörweite, und besprechen Sie Ihre Erfahrungen. Sie sollten bezüglich der folgenden Fragen zu einem gemeinsamen Konsens gelangen:

1. Wie beschrieb der Patient sein Problem?
2. An welchen Stellen äußert sich dieses Problem körperlich? Gibt die Haltung Anhaltspunkte über seinen Gesundheitszustand? Hat der Patient irgendwelche Narben oder Merkmale am Körper?
3. Gibt es irgendwelche bedeutenden emotionalen Anteile bei dem Problem? Wie äußern sie sich?
4. Gibt es irgendwelche Besonderheiten oder hervorstechende Merkmale beim Patienten, die für seine Probleme von Bedeutung sein könnten?
5. Konnten Sie Unregelmäßigkeiten oder Unerwartetes ausfindig machen?
6. Welche Hinweise haben Sie empfangen? Wo im Energiefeld des Patienten schienen Sie sich zu befinden?

7. Wie ernst schätzt das Team das Problem ein? Entscheiden Sie sich für eines: akut . . . chronisch . . . leicht . . .
8. Wie möchten Sie jetzt vorgehen, um das Energiefeld des Patienten ins Gleichgewicht zu bringen?

Machen Sie auf der Grundlage Ihres gemeinsamen Konsenses Therapeutic Touch an dem Patienten. Beantworten Sie im Anschluß daran folgende Fragen:

1. Haben Sie Ihren ursprünglichen Behandlungsplan durchgeführt, oder hat sich im Laufe der Behandlung irgend etwas ergeben, das Sie bewogen hat, von diesem Plan abzuweichen? Wenn ja, was?
2. Würden Sie ganz allgemein sagen, daß Therapeutic Touch dem Patienten genützt hat?
3. Glauben Sie, daß weitere TT-Sitzungen für diesen Patienten gerechtfertigt sind? Wenn ja, was würden Sie bei der nächsten Sitzung tun? Welches wären Ihre langfristigen Ziele bei fortschreitender Behandlung?
4. Würden Sie diesen Patienten lieber an andere überweisen? Wenn ja, warum?
5. Was haben Sie dem Patienten am Ende der Sitzung mitgeteilt?

Evaluierungsformular für den Patienten
(vom Patienten auszufüllen)

Ruhen Sie sich im Anschluß an die TT-Sitzung aus, und beantworten Sie dann bitte kurz folgende Fragen:

1. Wie fühlen Sie sich im Augenblick?
2. Glauben Sie, daß die TT-Therapeuten Ihnen geholfen haben? Inwiefern?
3. Haben Sie Vorschläge, wie sie vielleicht erfolgreicher hätten sein können?

Herzlichen Dank.

Kapitel 4

Eine Analyse des Therapeutic Touch-Prozesses

Ohne zu wissen, was ihn erwartete, brachte der junge Mann, wie er es gelernt hatte, seine umherschweifenden Gedanken zur Ruhe und näherte sich dann vorsichtig mit den Händen dem Körper seiner schwangeren Frau. Ohne ihre Haut zu berühren, erforschte er den Raum circa acht bis zehn Zentimeter oberhalb ihrer Körperoberfläche. Als er noch wenige Minuten zuvor dem Lehrer zugehört hatte, wie er die Untersuchungsphase von Therapeutic Touch beschrieb, hatte es sich für ihn angehört wie eine alberne Übung. Er kannte seine Frau besser als irgend jemanden auf der Welt, und obwohl die Berührung ihrer Haut Gefühlsreaktionen von einer Tiefe hervorrief, die er vor der Hochzeit nicht bemerkt hatte, war er sicher, daß diese Erfahrung enden würde, wenn kein Kontakt mehr zwischen ihnen bestand, außer vielleicht, in der Erinnerung an diese Berührung. Er zwang sich nun, unvoreingenommen an die Sache heranzugehen und den erforderlichen zentrierten Bewußtseinszustand beizubehalten, während sich seine Hände wie sensible Antennen verhielten, die versuchten, jedes Anzeichen von Ungleichgewicht im Energiefeld seiner Frau wahrzunehmen.

Für kurze Zeit hatte er das Gefühl, daß er sicherlich versagen würde. Doch als er seine Hände gerade zurückziehen wollte, spürte er etwas, das sein Interesse weckte. Seine Aufmerksamkeit wurde schärfer, und er nahm deutlich einen feinen Energiefluß zwischen sich und seiner Frau wahr, den er nie zuvor gespürt hatte. Voller Neugierde erforschte er systematisch das Energiefeld seiner Frau, ohne recht zu begreifen, was er eigentlich spürte, jedoch im Bewußtsein einer neuen Intimität und eines Gefühls der Verbundenheit zwischen ihnen.

Nun, vermutlich weil sie sich einig waren, setzten seine Hände die suchenden Streichbewegungen durch das Energiefeld seiner Frau fort und nahmen vorher unbemerkte Hinweise wahr. Als er sich an die feinen Unterschiede in ihrem Energiefluß und -rhythmus gewöhnt hatte, hatte er das Gefühl, sie schon immer gekannt zu haben, so vertraut schienen sie ihm. Seine Träumereien wurden durch eine leichte Veränderung im Energiefluß, die er mit seinen Händen erspürte, abrupt unterbrochen. Die Wirkung dieser plötzlichen Abweichung spürte er mehr, als daß er sie begriff. Er spürte eine starke Kontraktion in seiner Herzgegend und gleichzeitig einen Gefühlsaufruhr, von dem er später sagte: »Ich hatte das Gefühl, mein Solarplexus würde ausflippen.« Die ganze Erfahrung wurde jedoch von einem Hochgefühl begleitet.

Als er auf seine Hände blickte, merkte er, daß sie über dem dicken Bauch seiner Frau verharrten, und er hörte sich selbst sagen: »Das ist mein Kind. Ich spüre mein Kind!« Als er merkte, wie seine Stimme einen schrillen Ton annahm, kam er sich albern vor, doch ein Blick auf seine Frau ermutigte ihn, seine Aufmerksamkeit wieder der systematischen Erforschung zu widmen. Eine ganze Minute lang verharrte seine Aufmerksamkeit auf dem Phänomen, das er gespürt hatte. Dann schaute er auf, um noch mal dem Blick seiner Frau zu begegnen, und sagte: »Ja, es ist das Kind. Es fühlt sich anders an als dein Energiefluß, obwohl es ein Teil von ihm ist, genauso wie es ein Teil von meinem ist.«

Es handelt sich hier nicht um Science-fiction. Die Geschichte ist stellvertretend für Szenen, wie sie sich mit vorhersagbarer Häufigkeit seit 1984 abgespielt haben, als ich eine Studie über Ehemänner gemacht habe, die Therapeutic

Touch im letzten Drittel der Schwangerschaft an ihren schwangeren Frauen ausübten (im letzten Kapitel gehe ich näher darauf ein).[1] Diese Studie wurde von Krankenschwestern und staatlich geprüften Hebammen sowohl in den USA als auch in Kanada wiederholt. Heute ist die Anwendung von Therapeutic Touch in vielen Teilen Nordamerikas zur Routine geworden.[2]

Wie bereits erwähnt, haben Dora Kunz und ich Therapeutic Touch zunächst für Menschen in Pflegeberufen entwickelt. Seit diese Untersuchungsergebnisse vorliegen, wird Therapeutic Touch in den USA jedoch von immer mehr Menschen der breiten Öffentlichkeit zu Hause, am Arbeitsplatz und in der Freizeit eingesetzt, und ich sehe in diesen »Laien-Anwendern« eine neue Generation von Krieger Fans.

Auf den folgenden Seiten teilen ein paar dieser Menschen ihre TT-Erfahrungen mit uns, zuerst eine Frau namens Annette, Mutter eines kleinen Kindes. Zusammengekuschelt auf dem Sofa in ihrem Wohnzimmer schreibt sie:

> Montag, 23.00 Uhr: Heute habe ich aus lauter Verzweiflung Therapeutic Touch ausprobiert. Adam, fast drei Jahre alt, der seit seiner Geburt versucht, mich ins Grab zu bringen, hatte wieder einmal genau zur richtigen Zeit einen Asthmaanfall. Bereits die leichteste Erkältung löst ihn aus. In einer Nacht, in der wir bis 3 Uhr morgens aus waren, fing er um 4 Uhr laut und deutlich an.
>
> Am nächsten Morgen, nach einem Besuch beim Kinderarzt und einer Spritze, beruhigten wir uns wieder in Erwartung der üblichen zwei bis vier Tage pfeifenden Atmens. Alle sechs Stunden muß er ein Theophyllin-Präparat einnehmen, um es unter Kontrolle zu halten. Doch ist Adam ein reizender Patient, der sich weigert, etwas anderes als Rindfleisch, Kartoffeln, Maissuppe und Kellogg's Cheerios mit Rosinen zu essen. An diesem

Morgen verweigerte er alle Getränke, in die ich vorher die Arznei gegeben hatte. Ich gab ihm sogar wieder die Flasche, so verzweifelt war ich – und er kippte sie zweimal in den Ausguß und verlangte reinen Fruchtsaft.

Zwischen zwölf und zwei Uhr nachmittags erbrach Adam absichtlich drei Rationen seiner Medizin, die ich ihm unter Androhung eines weiteren Arztbesuchs eingeflößt hatte. Er fing wieder an, ziemlich schlimm zu keuchen, so daß ich beschloß, zum Teufel, wenn schon nichts anderes funktioniert, Therapeutic Touch zu probieren.

Nachdem ich ihn dazu überredet hatte, still auf der Couch sitzen zu bleiben (was gar nicht so schwierig war, weil er schon da lag und heulte: »Ich bin krank, ich bin krank«), zentrierte ich mich, so gut ich es unter diesen Umständen konnte, und versuchte sein Energiefeld einzuschätzen. Ich begann mit dem Kopf und arbeitete in Richtung Brust, wobei ich versuchte, die Wärme, die ich im Stirnbereich und dem unteren Brustraum spürte, aufzulösen. Nach einer Weile lächelte er und lag einfach ganz ruhig da. Nach ungefähr zehn Minuten hatte ich das Gefühl, fertig zu sein und hörte auf. Adam entspannte sich auf der Couch und trank »einfach eine Flasche Fruchtsaft«. Er war ein neuer Mensch.

Meine Mutter kam zu Besuch und war baß erstaunt (obwohl sie die Veränderung nicht Therapeutic Touch zuschrieb). Dieses kranke, quengelige, wimmernde Kind hatte sich in einen Feuerball verwandelt. Adam klagte über Hunger, verschlang drei Teller Suppe (das erste Essen seit Samstag abend) und redete ununterbrochen bis neun Uhr abends. Er schleppte alle seine Autos an und spielte mit ihnen auf dem Boden in seinem Zimmer. Er muß alles in allem ein Dutzend Gläser Saft und Tee getrunken haben. Der pfeifende Atem war nach einer weiteren TT-Sitzung völlig verschwunden, lediglich Anzeichen einer leichten Erkältung blieben zurück. Er war völlig verändert – lachte, spielte und wurde fast übermütig. Er muß, als sich alles löste, nahezu eine ganze Schachtel Papiertaschentücher aufgebraucht haben.

Später kam mein Mann mit Kopfschmerzen nach Hause, was einer größeren Katastrophe gleichkommt. Steve hat eine sehr niedrige Schmerzgrenze – die Folge seines Daseins als Einzelkind, sagt er. Er sei von Adams Erkältung angesteckt worden, verkündete er. Nachdem ich ihm erzählt hatte, wie gut es Adam ging, wollte er, daß ich »mein Zeug« an ihm probiere.

Vor einer Stunde etwa habe ich Therapeutic Touch an Steve gemacht. Daraufhin schlief er ein! Doch spürte ich bei ihm rechts mehr Wärme als links, so daß ich ihn weckte, um das zu überprüfen. Er konnte sich nicht erinnern, behauptete aber, daß es ihm viel besser ging. Ich weiß nicht genau, was vorgefallen ist. Es ist gut möglich, daß er einfach müde war und sich vernachlässigt gefühlt hat (meine Mutter und sein Vater verbrachten diese Woche bei uns, so daß es hier wie auf dem Hauptbahnhof zuging). Vielleicht hat es ihm einfach gutgetan, sich hinzulegen und eine halbe Stunde zu dösen.

Steve schläft immer noch. Ich bin mir nicht sicher, ob er mich damit ärgern oder zufriedenstellen will oder ob er mitspielt, weil er glaubt, daß Therapeutic Touch ihm hilft ... Er hat heute abend zumindest kein Schmerzmittel genommen. Das ist überhaupt nicht seine Art; wenn es ihm nicht gut geht, schluckt er sofort eine Tablette. Vor zwei Jahren hat er sich ein Geschwür zugezogen, weil er wegen einer Stirnhöhlenentzündung einen Monat lang alle vier Stunden rund um die Uhr Aspirin genommen hat ... Das kleinste Problem ist für ihn eine Tragödie. Einmal, als er sich einen Virus eingefangen hatte, hat er sein Testament gemacht ...

Ich war gerade bei ihm drin, um nachzuschauen, wie es ihm geht, und es hört sich an, als schliefe er. Als ich,

> während er schlief, Therapeutic Touch an ihm machte, fiel mir auf, daß er jedesmal, wenn ich in die Nähe seines Halses kam, schluckte. Ich habe es mehrmals ausprobiert und darauf geachtet, daß ich ihn nicht körperlich berühre – er hat jedesmal geschluckt. Im Augenblick schläft er tief und fest, und ich bin versucht, ihn zu wecken, um zu sehen, wie es ihm geht. Aber wenn er aufwacht und sich immer noch elend fühlt, werde ich die nächste halbe Stunde damit verbringen, den Inhalationsapparat zu installieren und und und – das halte ich einfach nicht aus!

Susan schreibt in ihrem Tagebuch über eine Nachbarin, die nach der Arbeit mit rasendem Spannungkopfschmerz zu ihr kam und sie um Hilfe bat:

> Ich begann vorsichtig mit der Untersuchung und ließ meine Hände systematisch über ihren Kopf bis zu den Füßen gleiten. Sie hat ganz offensichtlich leicht erhöhte Temperatur, doch die Wärmeintensität, die ich spüre, ist am Rücken und in der Gegend der Schulterblätter noch größer. Ich schicke meine Energie bevorzugt an diese Stellen. Nach kurzer Zeit kann ich sehen, daß sie ganz entspannt ist: Ihr Gesicht ist leicht gerötet, der Atem geht gleichmäßig, und ihre Hände ruhen im Schoß. Dies ist ein wertvoller Augenblick – wir sind eins, Heiler und Patient. Als ich mit Therapeutic Touch aufhöre, weiß ich, noch bevor sie es mir mit Worten bestätigt, daß ich meiner Freundin geholfen habe. Sie erzählt, daß die Kopfschmerzen und die Übelkeit »sich einfach in Luft aufgelöst haben« und daß sie sich rundum wohl fühlt. Obwohl ich mich bemühe, meine Objektivität zu wahren, fühle ich mich in Hochstimmung!

> Im nachhinein weiß ich, daß meine Skepsis und meine Rationalisierungen Schutzmaßnahmen waren, die meine Unwissenheit verbergen sollten. Jetzt weiß ich ganz sicher, daß jeder Therapeutic Touch machen kann, sogar ich selbst.

Ja, jeder kann Therapeutic Touch ausüben, auch Sie. Es gibt verschiedene fachliche Niveaus bei der Anwendung von Therapeutic Touch, doch der Schlüssel zu einem hohen Niveau sind gute Fachkenntnisse bei der Anwendung, angetrieben vom Mitgefühl für das Wohlbefinden eines anderen. Wie bereits erwähnt, hilft es manchmal, zur Erweiterung der fachlichen Qualifikation Therapeutic Touch mit anderen ausgewählten Heilmethoden zu kombinieren. Anne, eine außergewöhnliche im Gesundheitswesen tätige Sozialarbeiterin aus Kanada, schreibt über eine Frau, die mit Verbrennungen dritten Grades an beiden Händen ins Krankenhaus eingeliefert wurde:

> Ich habe mit Therapeutic Touch erst an dem Tag angefangen, an dem feststand, daß die Transplantate nicht angenommen worden waren. An dem Tag habe ich zwei TT-Sitzungen für ihre Hände gemacht und ihr ein paar Visualisierungs- und Entspannungsübungen beigebracht, die sie als »Hausaufgaben« machen sollte. Einen Tag später schon fragte mich der Arzt, was vorgefallen sei. Er hatte gerade die Hände der Patientin untersucht und festgestellt, daß die Wunden begonnen hatten zuzuwachsen bzw. zu verheilen. Die Fortschritte, die sie seitdem machte, waren wahrlich phänomenal. Ich habe täglich Therapeutic Touch an ihr gemacht, und sie ist nun zu Hause und kann ihre Hände wieder benutzen. Sie kommt regelmäßig zur ambulanten Nachsorge, zur Krankengymnastik und zu Therapeutic Touch.

Diese Auszüge vermitteln ein Bild von der Vielfalt der TT-Anwendungen. Es gibt mehrere hundert weitere Beispiele, die aufgeschrieben und ausgewertet wurden, und die man hier hätte anführen können. Ich werde jedoch nicht versuchen, Sie von der Wirksamkeit von Therapeutic Touch zu überzeugen – ich hoffe, Sie sind schon überzeugt, wenn Sie bis hierher gelesen haben.

Ein wichtiges, durchgängiges Merkmal in dieser kleinen Sammlung persönlicher Notizen ist, daß der Therapeut bereit war, einen Versuch zu machen, auch wenn andere Therapien fehlgeschlagen waren. Diese Berichte zeigen einstimmig, daß der Versuch sich gelohnt hat. Nach fast zwei Jahrzehnten der Entwicklung von Therapeutic Touch würde ich sagen, daß Therapeutic Touch eine sehr nützliche Therapieform ist, wenn es in der Art und Weise ausgeführt wird, wie meine Kollegin Dora Kunz und ich es nahelegen, und daß diese Therapie sowohl für den Heiler als auch für den Patienten ungefährlich ist. Ich möchte Sie wirklich eindringlich bitten, es zu versuchen, wenn Bedarf besteht.

Wie wichtig allein der Versuch ist, wurde mir letztens durch eine meiner Schülerinnen klar, die schreibt, weshalb sie diesen Kurs belegen will:

> Meine Mutter hat Krebs und liegt im Sterben, und ich kann so wenig tun. Ich würde ihr aber gerne irgendwie helfen und sei es nur, ihr den Übergang in den Tod zu erleichtern. Ich glaube Therapeutic Touch gibt mir diese Möglichkeit, und ich würde es gerne versuchen.

Diese Auswahl persönlicher Aufzeichnungen zeigt, daß Therapeutic Touch von sehr unterschiedlichen Menschen praktiziert wird: einer verzweifelten Mutter, einer fürsorglichen Nachbarin, einer mitfühlenden Sozialarbeiterin und einer liebenden Tochter – Menschen, die den Mut haben, es zu probieren. Oberflächlich betrachtet haben diese Menschen wenig miteinander gemeinsam, außer dem Befürfnis zu helfen, ihrer Anteilnahme und ihrem Mitgefühl für das Wohlbefinden eines anderen. Auf einer tieferen Ebene waren allerdings alle bereit, sich selbst bewußt als menschliches Unterstützungssystem einzubringen. Dies setzt mindestens zwei Dinge voraus: jede war bereit, die Techniken von Therapeutic Touch zu erlernen, was ein gewisses Maß an Selbstdisziplin erfordert, und jede war bereit, ganz bewußt mit ihren eigenen Energien zu helfen und zu heilen.

Bis hierher habe ich vor allem die Techniken von Therapeutic Touch behandelt. Diese Techniken stehen nicht, wie bereits erwähnt, im luftleeren Raum, sondern reichen weit in die Psyche des Heilers hinein. Gerade diese bewußte Verwendbarkeit der Psyche, die Kraft geistiger Intention und die heilende Interaktion zwischen menschlichen Energiefeldern bewirken die Kraft und Effektivität von Therapeutic Touch.

Ein Systemmodell für die Einschätzungsphase mit Therapeutic Touch

Wie ist das menschliche Energiefeld beschaffen? Diese Frage anzugehen erfordert von mir eher analoge Denkfähigkeit als direkte Wahrnehmung. Ich finde daher, daß die relativistische Quantentheorie der neueren Physik einen guten Einblick in die Beschaffenheit des Energiefeldes bietet. Nach der Quantentheorie besteht die gesamte Realität aus Energiefeldern – 99,9999 Prozent des Universums sind Raum und nicht, was wir als solide Materie kennen. Quantentheoretiker sagen, daß dort, wo sich Energiefelder kreuzen, Materie (bzw. Partikeln) sichtbar und spontan entstehen. Außer diesen verschiedenen Energiefeldern »gibt es eigentlich nichts«, sagt Pagels, eine anerkannte Autorität auf dem Gebiet der Quantentheorie.[3]

Ich nehme das menschliche Energiefeld als ein großes System permanent zusammenwirkender Felder wahr; einige dieser Felder (vielleicht die meisten) sind uns nicht einmal bewußt. Im Augenblick sind Sie z. B. Testobjekt für zwei wichtige Energiefelder: das elektromagnetische Feld, durch dessen Photonen Sie diese Seite sehen, und das Feld der Schwerkraft, dem Sie es zu verdanken haben, daß Sie jetzt wahrscheinlich eher auf einem Stuhl sitzen als etwa an der Decke schweben. Diese vielen Energiefelder sind von entscheidender Bedeutung für den menschlichen Lebensprozeß. Wo sie sich kreuzen – am zentralen Punkt ihrer Kreuzung – ist der Mensch, die »Partikel« lebenden Bewußtseins. In diesem Modell ist augenfällig, daß der Mensch für mehr Energiefelder empfänglich ist als jedes andere Lebewesen, weswegen der Mensch auf der obersten Sprosse der Evolutionsleiter steht. Geht man in diesem Modell einen Schritt weiter, sind diese ständig wechselnden zusammenwirkenden und miteinander verknüpften Energiefelder die Grundlage der Realität.

Es ist dieser ständige Fluß der Energiefelder, auf den Sie, als Heiler, bei Therapeutic Touch achten müssen, wenn Sie das Befinden des Patienten einschätzen. Dieses Befinden wird durch Faktoren wie Temperaturunterschiede, verschiedene Druckempfindungen, die Wahrnehmung pulsierender und »kribbelnder« Gefühle sowie Wahrnehmungen, die sich wie leichte Elektroschocks anfühlen, und ähnliches angezeigt. Diese Hinweise lassen sich bei der Untersuchungs- und bei der Nachuntersuchungsphase von Therapeutic Touch erkennen.

Aber wie zieht man derlei Informationen aus dem Energiefeld heraus? Wie geht das genau vor sich? Das ist eine interessante, aufregende aber fast unmöglich zu beantwortende Frage, weil wir so wenig über die dynamischen Grundlagen des Menschseins wissen. Man könnte jedoch ein theoretisches Modell entwickeln, das einige der veränderlichen

Flußdiagramm der menschlichen energetischen Subsysteme, die bei Therapeutic Touch benutzt werden*

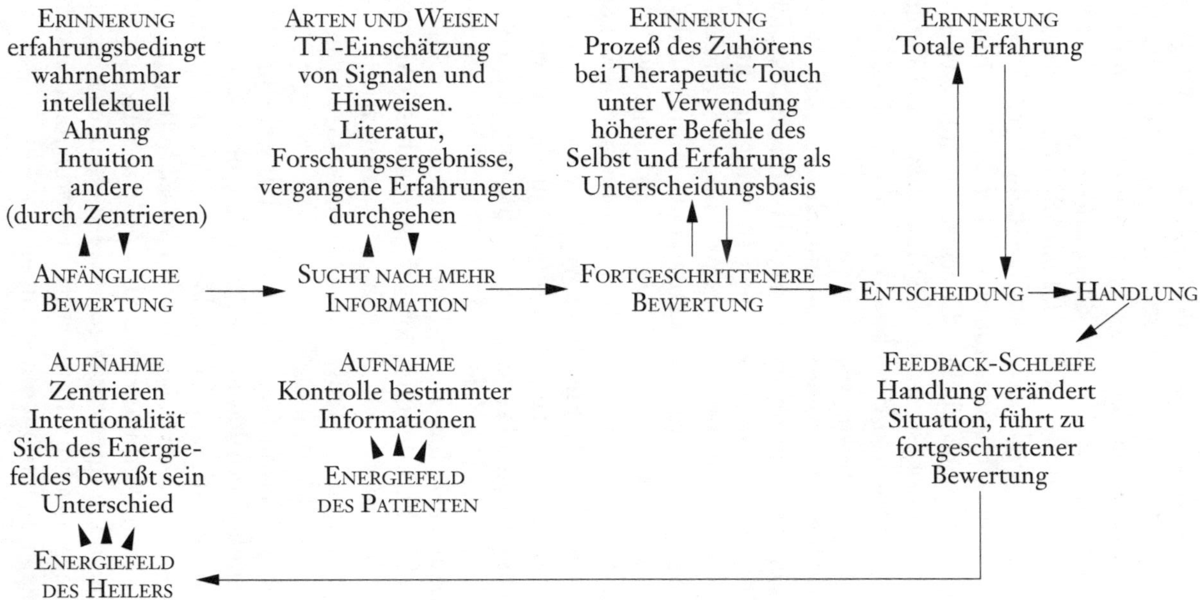

* Dieses Flußdiagramm gründet auf einem zentrierten Bewußtseinszustand

Größen darstellt, die an dieser Dynamik beteiligt sind. Für eine derartige Analyse bietet sich die Systemtheorie regelrecht an. Im Rahmen eines Systemmodells können die Subsysteme, die am TT-Einschätzungsvorgang beteiligt sind, näher spezifiziert und die offensichtlichen Interaktionen anhand eines Flußdiagramms dargestellt werden.

Ein solches Flußdiagramm der bei der TT-Einschätzung beteiligten menschlichen Energiesubsysteme ist hier abgebildet. Vorausgesetzt, daß der hier gezeigte Energiefluß in einem zentrierten Bewußtseinszustand erfolgt, läßt sich das Flußdiagramm wie folgt deuten:

Wie Sie den Patienten anfänglich bewerten, ist abhängig von den vielen Facetten Ihres Gedächtnisses, das sich hauptsächlich auf zuvor gemachte Erfahrungen stützt. Eng mit dem Gedächtnis verbunden sind Hinweise, die wahrnehmbar und intellektueller Natur sind. Wahrnehmbare Hinweise sind solche, die Sie mit Ihren Sinnen wahrnehmen, wenn Sie zum Beispiel einen Menschen mit Krücken sehen, oder auch in Ihrer Phantasie, wenn Sie am Telefon über oder mit einem Patienten reden. Intellektuelle Hinweise erwachsen aus geistigen Prozessen, wenn Sie zum Beispiel aufgrund der Krücken schließen, daß der Betreffende ein Fortbewegungsproblem hat. Zusätzlich können Sie eine Ahnung oder Eingebung hinsichtlich der Verfassung dieses Menschen haben. Eine dieser Möglichkeiten oder auch alle zusammen liefern Ihnen als Heiler eine vorläufige Grundlage zur Einschätzung des Patienten.

Sobald Sie empfänglicher für die Hinweise und Signale im Energiefeld des Patienten geworden sind, werden Sie weitere Informationen finden. Wenn Sie die Informationen zusammengetragen haben, sollten Sie sie in Ihrem Gedächtnis verwahren. Verbinden Sie sie mit dem, was Sie früher über ähnliche Energiemuster gelesen haben, oder stützen Sie sich auf bekannte Forschungsergebnisse, die mit den derzeitigen Gegebenheiten übereinstimmen.

Um sich aus energetischer Sicht in die Natur eines Problems hineinzuversetzen, müssen Sie lernen, mit Ihren Händen und anderen Energiezentren aufmerksam »hinzuhören« und Ihre fein abgestimmten Antennen auf weitere Anhaltspunkte im Energiefeld des Patienten zu richten. Sie bringen wiederum jegliche neue Information mit vorhandenem Wissen und bereits gewonnenen Erfahrungen zusammen und integrieren alle diese Daten in Ihrer eigenen Person als Ganzheit.

In diesem Stadium entscheiden Sie, wie Sie den Patienten behandeln wollen. Das ist jedoch keineswegs das Ende des Einschätzungsverfahrens, denn je weiter Sie in die »Inne« gehen, das heißt, sobald Ihr eigenes Energiefeld sensibel und therapeutisch mit dem eines Patienten interagiert, werden Sie die Dynamik des Energiefeldes besser verstehen. Wenn nötig, sollten Sie dann nochmals untersuchen, wie Sie dem Patienten helfen können.

Dieses Modell ist einfach und natürlich ziemlich linear aufgebaut. Aber es leistet, was es leisten soll, nämlich die wichtigen Subsysteme, die am Einschätzungsprozeß von Therapeutic Touch beteiligt sind, graphisch zu skizzieren. Es beschreibt weder, wie man einen Patienten behandeln soll, noch wie Heilung bewirkt werden kann. Derartige Fragen fordern einen stärker heuristisch ausgerichteten Ansatz, als ihn uns unsere westliche Denkweise zur Verfügung stellt, und sie müssen jetzt notgedrungen beiseitegeschoben werden. Es mag Sie jedoch trösten, daß Sie ja auch nicht unbedingt wissen müssen, wie ein Auto funktioniert, um es fahren zu können; genausogut können Sie Therapeutic Touch anwenden, ohne genau zu wissen, wie der Heilprozeß vor sich geht. Wenn es geschehen soll, wird es im Interesse des Patienten wirken.

Verbündete im Heilprozeß

Die garantiert heilende Wirkung von Therapeutic Touch erfolgt, weil es im menschlichen Körper viele natürliche Verbündete gibt. Es gibt viele Energieebenen, die am Heilprozeß beteiligt sind und aktiviert und verstärkt werden können, denn, wie schon mehrfach erwähnt wurde, heilt sich der Patient letztendlich selbst. Diese Kräfte, von denen ich einige herausgreifen möchte, dienen der Genesung des Körpers. Am wichtigsten von allen ist das Immunsystem, ein mächtiger Apparat, der die menschlichen Energien wieder ins Gleichgewicht bringen und ihre natürliche Harmonie aufrechterhalten soll. Bei dieser Aufgabe wird es vom vegetativen Nervensystem unterstützt, das mit unmittelbaren, schützenden und biologischen Reaktionen auf traumatische Erlebnisse antwortet, sowie vom endokrinen System, das viele dieser Schutzmaßnahmen auslöst und den Heilprozeß des Körpers, vor allem während einer Entspannungsreaktion, fördert.

Die Genesung ist auch Aufgabe der Endorphine, Enkephaline und anderer Neuropeptide im ganzen Körper, die einen Schmerz und seine Auswirkungen der Kontrolle des Patienten unterordnen. Der Thalamus, der sich in der Mitte des Gehirns befindet, hilft auch, indem er extreme Schmerzempfindungen herausfiltert, bevor sie ins Bewußtsein vordringen. Ein Maßstab für die körpereigene Heilfähigkeit ist die Haut, ein in sich abgeschlossenes, eigenes System, das eine extrem schnelle Regenerationsfähigkeit aufweist. Schnell erholen sich auch Knochengewebe, die Leber sowie die peripheren Nerven.

Therapeutic Touch beeinflußt und steigert offensichtlich die Wirkung all dieser natürlichen Verbündeten.

Wie genau nun dieser therapeutische Energieaustausch beim Menschen vor sich geht, ist im Rahmen der westlichen

High-Tech-Methoden noch wenig bekannt. Die östliche Philosophie hingegen, die mehr auf innerem, erfahrenem Wissen beruht, liefert eine humanere Grundlage, die Einblick in die Funktionsweise der menschlichen Energien und die Art und Weise, wie Therapeutic Touch den Heilprozeß unterstützt, gewährt.

Die menschliche Energie

Unser Wissen über die Natur hat sich über die Jahrtausende in dem Maße verändert, wie sich immer umfassenderes, menschliches Verständnis langsam aus purer Neugierde entwickelt hat. Die ehrfurchtgebietende Selbstheilungsfähigkeit des Körpers – sowie das ehrfurchteinflößende, humane, bewußte Steuern heilender Energien von einem Menschen zum anderen – hat schon immer die Aufmerksamkeit in allen Kulturen auf sich gezogen. Die heilende Energie, ein Geburtsrecht aller lebenden Organismen (denn es gibt nichts Lebendiges, das sich – mit Einschränkungen – nicht selbst heilen könnte), wurde während der ganzen historischen Zeit dokumentiert – in den ältesten Höhlenmalereien, die vor 15 000 Jahren entstanden sind, sowie in computerisierten Datenbanken moderner Krankenhäuser.

Die Vorstellungen von der Lebensenergie sind in den verschiedenen Teilen der Erde unter mehreren Namen bekannt, doch bestehen starke Übereinstimmungen zwischen ihnen. Aus meinen Studien über Heilsysteme geht hervor, daß es drei Sichtweisen zu lebensspendenden Energien gibt, die die westliche Gedankenwelt nachhaltig beeinflußt haben: die indische, die chinesische und die ägyptische. In Indien heißt das Sanskritwort für Lebensenergie *prana*. Prana soll in nicht-physischen Bahnen, die *nadis* genannt werden, durch das Energiefeld des physischen Körpers fließen. Im Pinyin-Chinesischen wird diese Energie, die durch ein nicht-physisches Netz von Meridianen fließen soll, *ki* oder *chi* genannt. Der altägyptische Name für das energetische Äquivalent des physischen Körpers ist *ka*. Dieses Wort wird, genau wie die beiden anderen, nach wie vor benutzt.

Diese traditionellen Ansätze zur Lebensenergie weisen frappierende Gemeinsamkeiten auf; sie stimmen grundsätzlich miteinander überein. In jeder Kultur wird in den verehrten alten Schriften auf Wissen über die menschliche Energetik hingewiesen, so daß man wohl eine gemeinsame Quelle für die drei Betrachtungsweisen annehmen kann. Dieser Quelle liegt ein evolutionäres Verständnis des Menschen zugrunde.

Die Konfrontation des einzelnen mit universalen Kräften verläuft im indischen Modell eher auf der persönlichen Ebene. Die indische Philosophie betont die tief verankerten karmischen (bestimmte Ursache-Wirkung-) Beziehungen zwischen dem einzelnen, seiner Krankheit oder Einschränkung und ihrer Heilung. Grundlage des ganzen indischen Gedankenguts ist, daß alle Menschen miteinander verbunden sind. Da diese Auffassung mit der konzeptuellen Grundlage von Therapeutic Touch übereinstimmt, bietet es sich an, den indischen Ansatz über menschliche Energiesysteme eingehender zu betrachten.

Die indische Auffassung über menschliche Energien ist in der Literatur, die bis zum Rigveda um 2000 v. Chr. zurückgeht, genau herausgearbeitet. Laut diesem Corpus erfahrenen Wissens gibt es drei Arten von Energie, die mit Gesundheit zu tun haben: *Prana*, das ich als Lebensenergie schon erwähnt habe, organisiert den Lebensprozeß; *kundalini* hat mit kreativen Energien – ähnlich dem psychologischen Konzept der *libido* – zu tun; und eine Energie, die irgendwie mit der griechischen Vorstellung von Eros oder Liebe verwandt ist. Im TT-Prozeß geht es vorrangig um Prana, auch wenn alle drei Untergruppen menschlicher Energie eng miteinander verwoben sind.

In gesundem Zustand ist Prana voller Energie. Wenn Prana durch den Kreislauf von *nadis* fließt, tritt es als Beförderer von *citta* auf, den psychischen Funktionen des Willens, der Emotionen und des Intellekts. In diesem Modell bringt uns Citta durch Sinneswahrnehmungen mit der Umwelt in Kontakt. Das Ziel von Hatha Yoga ist es, Citta bewußt zu kontrollieren, so daß es wie Feuer aufflackert (*hatha* bedeutet gewaltsames Aufhalten der Unbeständigkeit und Unbestimmtheit von Citta). Wenn Citta beherrscht wird, wird durch einen der Hauptnadis, den *sushumna*, die Erleuchtung oder Ausweitung des Bewußtseins ausgelöst. Citta wird dann allmählich gereinigt und führt zu Ruhe und Gelassenheit (*samadhi*). *Sakti*, eine aktive Kraft, steuert diesen Vorgang.

Die pranischen Strömungen bewegen sich in Abhängigkeit von der Sonne, dem Mond und dem Zustand des Menschen im Kreislauf der Nadis. Sushumna, der Hauptnadi, verläuft durch das Lumen oder den Hohlraum im Zentrum der Wirbelsäule, »wie ein Faden durch ein Nadelöhr«. Im Westen wird das Lumen als Überbleibsel des hohlen Rohrs angesehen, aus dem sowohl die Wirbelsäule als auch das Gehirn embryonal hervorgehen.[4] Laut der indischen Literatur beginnt das Sushumna ziemlich genau fünf Zentimeter über dem Anus und fünf Zentimeter hinter dem Penis bei Männern bzw. seiner embryologischen Entsprechung bei Frauen. Es bewegt sich dann zum Muladhara-Chakra am unteren Ende der Wirbelsäule. In unserer westlichen Terminologie könnte man die Chakren als Transformatoren bezeichnen. Sie transformieren verschiedene universelle Energien in Energien, die der Mensch zum Funktionieren seines Körpers nutzen kann. Wie die bereits erwähnten Hand-Chakren befinden sich Chakren in dem, was die Wissenschaft das Bioplasmafeld des Körpers nennen würde.

Zwei weitere Hauptnadis, die in Verbindung mit dem Sushumna funktionieren, sind das *ida* und das *pingala*. Sie beginnen an der gleichen Stelle wie das Sushumna, umschließen aber, wenn sie energetisch aufgeladen sind, serpentinenförmig das Energiefeld des Rückenmarks. Sie verlaufen in entgegengesetzter Richtung nach oben, wobei sie sich gegenseitg als Schrittmacher dienen. Das Ida windet sich nach links, ist blaß, lunar und weiblich. Das Pingala dreht sich nach rechts, ist rot, solar und männlich. In der Literatur finden sich Äußerungen dahingehend, daß sich die Spiralen bei einem weiblichen Yogi in umgekehrter Richtung nach oben drehen als bei einem männlichen. Ida und Pingala verschlingen sich ineinander, wenn sie sich im Energiefeld des Rückenmarks nach oben winden, und treffen im Energiefeld oberhalb der Augenbrauen »in einem Dreierknoten« auf das Sushumna. Anschließend trennen sie sich, und das Ida tritt durch das linke, das Pingala durch das rechte Nasenloch aus.

Diese Hauptnadis werden stimuliert, wenn durch Yoga-Übungen die Kundalini-Energie mit Citta aus ihrem verborgenen Dasein erweckt wird. Ist die Kundalini erst mal erweckt, so ist sie wie Feuer, das alles Unreine auf seinem Weg verbrennt, sagt man. Sein Ziel sind zwei Chakren, eins in der Herzgegend und das andere am Hals. Das verzehrende Feuer und die Hitze der Kundalini werden durch spirituelle Umwandlung sexueller Energien erreicht.[5]

Yoga ist von einfacher Ekstase weit entfernt. Sein Ziel ist Samadhi oder Erleuchtung. Dies ist ein Zustand höchster Konzentration, der erst dann erreicht wird, wenn der Yogi seine Phantasien, Emotionen, geistige Unruhe und den physischen Körper mit seinen physiologischen Funktionen unter Kontrolle hat. In Samadhi beherrscht der Yogi nicht nur sein körperliches Sein, sondern erlebt auch eine persönliche, tiefe Erfahrung des Heiligen. Evan Wentz stellt bei der Beschreibung des großen Yogi Milarepa diesen Prozeß sehr anschaulich dar: »So wie ein Chemiker mit den Elementen der Materie experimentiert, experimentierte Milarepa mit den Elementen des Bewußtseins.«[6]

Die *raison d'être* des Yoga ist das Tiefenstudium des menschlichen Bewußtseins. Aus diesem Grunde betrachte ich Therapeutic Touch oft als ein Yoga der Heilung. Entgegen den westlichen Vorstellungen, die nur das Gehirn und neuerdings vielleicht das Immunsystem als Sitz des menschlichen Bewußtseins anerkennen, betrachtet die indische Philosophie die nicht-physischen Chakren als Bewußtseinszentren. Die Chakren werden als strukturierte Energiestrudel beschrieben, deren Zentren mit dem Sushumna-Nadi verbunden sind.[7] Diese Strudel fungieren als Bewußtseinszentren für räumliches Bewußtsein, innere Ergriffenheit, Emotionen und andere qualitative Äußerungen der Psyche.[8]

Von diesen Strudeln gibt es mehrere größere und kleinere im Energiefeld eines Menschen. Sieben der größeren Chakren und ihre Beziehung zum TT-Prozeß werden später noch besprochen. Die besten aktuellen Informationen zu Chakren finden Sie in *The Chakras and the Human Energy Field*[9] sowie in *Die Aura – Farben und Symbole des menschlichen Energiefeldes.*[10]

Setzt man die Wirbelsäule als Bezugspunkt an, so wird das unterste Chakra *muladhara* genannt. Die Vorsilbe *mula* bedeutet »Wurzel«, und das Chakra befindet sich im Energiefeld am unteren Ende der Wirbelsäule zwischen After und Genitalien, am Plexus sacralis (Kreuz- und Steißgeflecht) der Spinalnerven. An dieser Stelle soll die Kundalini »schlafen«, und zwar so, daß sie den Zugang zum Hauptnadi, dem Sushumna, versperrt. Die Kundalini wird mit Kräften tief in der Erde in Zusammenhang gebracht, der bindenden Kraft der Materie, der Trägheit und dem Geruchssinn. Ihre Energie gilt als Grundlage der gegenwärtigen evolutionären Triebkraft dieses Planeten.[11,12]

Als nächstes kommt das Milz-Chakra. Es wird in der Literatur kaum erwähnt, wurde aber in jüngster Zeit bestätigt.[13] Es befaßt sich mit der Spezialisierung, der Aufspaltung und Verteilung von Prana, dessen Herkunft man der Sonne zuschreibt und das als eng mit dem Sauerstoffmolekül verbunden gilt. Aus der Sicht der westlichen Physiologie dient die Milz der Regenerierung der roten Blutkörperchen. Rote Blutkörperchen enthalten Hämoglobin, dessen Aufgabe es ist, die Sauerstoffmoleküle, sobald sie ins Lungengewebe eindringen, zu binden und in die verschiedenen Körperzellen zu verteilen. Dies ist absolut lebensnotwendig, da der menschliche Stoffwechsel hauptsächlich auf Sauerstoffreaktionen basiert. Die indische Auffassung des Milz-Chakras leuchtet vor dem Hintergrund dieses westlichen Verständnisses durchaus ein. Es gibt bei Therapeutic Touch Techniken, die dieses Chakra ansprechen, um den Heilprozeß zu beschleunigen.

Das nächste Chakra auf der Wirbelsäule heißt *manipura*-Chakra, oder auch *nabhisthana*; *nabhi* bedeutet »Nabel« und beschreibt die Stelle in der Lendengegend, an der sich das Chakra befindet. Dieses Chakra soll mit dem Element Feuer, der Atmung, der Sonne, dem Menstruationsfluß und dem Sehsinn zu tun haben und bestimmte organische Substanzen in psychische Energien umwandeln, die sinnlicheren Gefühlen entsprechen. Möglicherweise besteht ein Zusammenhang mit der gängigen Theorie zu psychosomatischen Leiden. Am Sitz dieses Chakras bekommen Menschen, die ständig unter starkem Streß stehen, Magengeschwüre oder -krämpfe als Folge von angestautem Ärger, Angst oder ähnlichen Gefühlen. So können wir von einer Bestätigung, wenn nicht gar Übereinstimmung mit der indischen Deutungsweise sprechen. Streßsymptome reagieren ausgesprochen gut auf bestimmte TT-Techniken an diesem Chakra.

Das *anahata*-Chakra ist das Chakra, das in der Herzgegend liegt. Es ist der Sitz des Prana, der Lebensenergie und des *jivatman*, der Seele. Es ist verwandt mit dem Element Luft, dem Tastsinn, den Nerven, die Informationen durch den Körper schicken, und dem Blut. Nach westlichen Erkenntnissen reguliert es mit Hilfe des sympathischen Nervensystems die Atmung, die Herzfunktion und den Kreislauf. Das Anahata-Chakra beherrscht angeblich auch die Ebene der menschlichen Sich-Bewußtmachung. Da die Lehre Christi besagt, daß Liebe, die »Energie des Herzens«, für ein erfülltes menschliches Leben unabdingbar ist, könnte die vollkommene Entwicklung dieses Chakras das Ziel unseres Zeitalters sein.

Am Kehlkopf- und Rachengeflecht, wo das obere Ende des Rückenmarks und das Nachhirn (Medulla oblongata) an der Basis des Gehirns zusammentreffen, befindet sich das *vishuddha* oder Hals-Chakra. Es ist der Sitz von *udana*, einem der fünf Opferfeuer. Es ist ebenfalls Sitz des Atems, von dem man sagt, daß er die Seele im Samadhi-Zustand der Erleuchtung in den Kopf befördert. Diese Stelle bestimmt über die bewußte Umwandlung von Prana durch mantrische Kraft, die Kraft kontrollierter Laute. Das Vishuddha-Chakra steht in Zusammenhang mit der *akasha* – dem Bewußtseinskontinuum, der Grundlage des Klangs und mit der Haut, durch die wir Schwingungen spüren.

Das *ajna*-Chakra oder »dritte Auge« liegt zwischen den Augenbrauen. An dieser Stelle treffen sich die Nadis, das Sushumna, das Ida und das Pingala. Ajna bedeutet »befehlen« oder »anordnen«. Dieses Chakra ist Sitz der kognitiven und feinstofflichen Wahrnehmungssinne, und arbeitet mit dem *Sahasrara*-Chakra am Scheitel des Kopfes zusammen.

Sahasrara bedeutet »Tausend«, denn dieses Chakra wird symbolisch von der Lotosblüte mit ihren tausend Blütenblättern dargestellt. Die Lotosblüte hat, obwohl sie im Wasser verwurzelt ist, ihre Blütenblätter in einem anderen Medium, der Luft. Deswegen betrachtet man dieses Chakra als die Verbindungsstelle zwischen der Persönlichkeit der materiellen Welt im Raum-Zeit-Gefüge und den höheren Funktionen des Selbst. Es wird assoziiert mit der Achse Hirnanhangdrüse-Zirbeldrüse und ist zuständig für den Willen, Willensakte und Altruismus.

Die TT-Erfahrung

Bislang haben wir uns die heilende Interaktion menschlicher Energiefelder beim TT-Prozeß aus abstrakter, theoretischer Sicht angeschaut. Was können wir nun zu dem erlebten und erfahrenen Wissensanteil sagen, der bei dieser äußerst humanen menschlichen Interaktion beteiligt ist? Übung 11 bietet eine vorgegebene Rahmensituation, in der der Heiler die feinstofflichen Hinweise, die er während der TT-Erfahrung wahrgenommen hat, objektiv beurteilen kann.

Übung 11
Das Barrierenspiel

Man braucht für dieses Spiel eine gerade Anzahl von Mitspielern. Jeder sucht sich einen Partner, vorzugsweise jemanden, den er kaum kennt. Jedes Paar einigt sich darauf, wer die Rolle des Heilers und wer die Rolle des Patienten übernimmt.

Jeder Teilnehmer sollte Notizblock und Stift zur Hand haben. Für den Patienten wird auch ein Stuhl benötigt. Der Stuhl wird so hingestellt, daß wenn der Patient darauf Platz nimmt, der Heiler seinen Rücken bequem erreichen kann. Der Heiler kann entweder neben dem Patienten stehen oder sich auf einen anderen Stuhl setzen.

Das Barrierenspiel ist eine dreiteilige Übung. Nach jedem Teil ist sowohl für den Heiler als auch für den Patienten eine Pause vorgesehen, in der sie ihre Eindrücke notieren können.

Teil I

1. Heiler und Patient nehmen sich einen Augenblick Zeit, um sich zu zentrieren.
2. Dann untersucht der Heiler das Energiefeld des Patienten vollständig. Der Patient bemüht sich, sich in diesem zentrierten Zustand der feinstofflichen Interaktion zwischen seinem Energiefeld und dem des Heilers bewußt zu werden.
3. Am Ende der Einschätzung schreiben sowohl Heiler als auch Patient ihre Eindrücke auf. Sie tauschen bis zum Ende der Übung keinerlei Informationen untereinander aus.

Teil II

1. Heiler und Patient nehmen sich nochmals einen Augenblick Zeit, um sich zu zentrieren.
2. Dann stellt sich der Heiler zunächst an die Seite des Patienten, während der Patient im Geiste eine starke Barriere visualisiert, die das Eindringen des Energiefeldes des Heilers verhindert, und jede Interaktion zwischen Heiler und Patient unterbinden soll. Um die visualisierte Barriere zu errichten, kann der Patient jede Methode anwenden, die ihm gerade in den Sinn kommt.
3. Sobald der Patient spürt, daß seine Barriere an Ort und Stelle ist, nickt er oder gibt dem Heiler ein Zeichen.
4. Nun wiederholt der Heiler die Untersuchung und achtet auf etwaige Unterschiede im Energiefeld zur ersten Einschätzung.

5. Wenn der Heiler mit der Untersuchung fertig ist, schreiben beide wieder ihre Eindrücke auf.

Teil III

1. Noch einmal fangen Heiler und Patient mit dem Zentrieren an.
2. Der Patient errichtet abermals eine visualisierte Barriere und gibt dem Heiler ein Zeichen, wenn er soweit ist.
3. Der Heiler nimmt eine weitere Untersuchung am Patienten vor und achtet auf die Barriere. Dieses Mal versucht der Heiler jedoch mit allen ihm bei Therapeutic Touch zur Verfügung stehenden Mitteln aus seiner TT-Praxis, die Barriere zu durchbrechen. Ob es dem Heiler gelingt, die Barriere zu durchbrechen oder nicht, zeigt sich nach wenigen Minuten. Beide sollten auf diesen Teil der Übung nicht mehr als drei Minuten verwenden.
4. Sowohl Heiler als auch Patient schreiben abermals ihre Eindrücke auf und beantworten folgende Fragen:
   Der Heiler: Inwiefern hat sich das Energiefeld des Patienten anders angefühlt, nachdem er die Barriere errichtet hatte? Wie haben Sie die Barriere durchbrochen? Welche Techniken haben Sie verwendet? Glauben Sie, daß Sie erfolgreich waren? Was vermittelt Ihnen diesen Eindruck?
   Der Patient: Wie sah die Barriere aus, die Sie visualisiert haben? Wie hat es sich angefühlt, als der Heiler versucht hat, die Barriere zu durchbrechen? Ist es dem Heiler gelungen?
5. Wenn beide, Heiler und Patient, ihre Auf-

zeichnungen abgeschlossen haben, berichten sie, sofern sie diese Übung in einer Gruppe gemacht haben, vor der Gruppe darüber oder tauschen ihre Ergebnisse untereinander aus.

6. Am Ende der Besprechung tauschen Heiler und Patient die Rollen und wiederholen die Übung.

Auf der Suche nach Ordnungskriterien

Im Laufe der Jahre haben sich mir einige Fragen hinsichtlich der Dynamik von Krankheit und Heilung gestellt. Warum werden manche Leute krank und andere nicht? war eine dieser Fragen. Die Frage, die damit einhergeht, hat mich ebenso beschäftigt: Warum werden manche Menschen gesund und andere nicht? Auch dieses merkwürdige Paradoxon war zu beobachten: Warum werden manche nicht gesund, sterben sogar, und tun doch, solange sie leben, so, als seien sie »geheilt« und als hätten sie einen Sinn, ein Ziel, eine Befriedigung in ihrer Zeit auf Erden gefunden? Diese scheinbare Widersprüchlichkeit hat mich dazu veranlaßt, nach logischen Ordnungskriterien zu suchen, die sowohl Therapeutic Touch als auch dem ganzen Heilprozeß zugrunde liegen. Diese Suche betreibe ich nach wie vor, und vor diesem Hintergrund habe ich das Barrierenspiel entwickelt.

Das Barrierenspiel hat sich als ausgezeichnete, qualitativ wertvolle Datenquelle erwiesen. Die Daten zeigen, daß eine strukturierte Suche nach grundlegenden Ordnungsprinzipien für den TT-Prozeß möglich ist. Tafel I und II zeigen eine einfache Aufstellung zufälliger Erfahrungen von Leuten, die das Barrierenspiel gespielt haben.

Tafel I

Enge Beziehungen zwischen den Visualisierungen der Barriere seitens des Patienten und den Eindrücken des Heilers einer wahllos zusammengesetzten Gruppe, die das Barrierenspiel gespielt hat.

Visualisierung der Barriere des Patienten	Eindruck der Barriere auf den Heiler
Energieblase	Ballon
richtiger Panzer	»Ich habe nichts gespürt.«
Plexiglas	Kalt, undurchdringlich
Stahltür	Hart, glatt
Feste, dicke Wand	»Ich konnte nicht nahe kommen.«
Walnußschale	Geriffelte Oberfläche
»Ich habe mein Feld über mich gezogen und mich versteckt.«	»Ich habe ihr Energiefeld geglättet, es sozusagen von innen nach außen gekehrt und sie geerdet.«
»Ich habe Spannungen am Hals gefühlt (vom Halten der Barriere) und mit den Zähnen geknirscht.«	»Es fühlte sich an, als hätte sie aufgehört, etwas auszustrahlen.«
»Ich bin woandershin gegangen und habe mich selbst mitgenommen.«	»Ich habe nichts von ihr gespürt, überhaupt nichts.«
»Ich saß in einem Faß, das bis zu meinen Augen ging.«	»Ich drang durch ihren Hinterkopf auf Höhe der Augen in sie ein.«

Benutzte die Rüstung von König Arthur: »Es war ausgesprochen anstrengend, die Barriere aufrechtzuerhalten . . .
Mir fiel auf, daß mein Rücken nicht geschützt war.«

Eingeschlossen und beschützt von den Stacheln eines Stachelschweins.

»Ich habe mich in die Gefriertruhe in meiner Garage gesetzt.«

»Ich habe mein Energiefeld überdehnt und um mich herum erstarren lassen, bis ich mich kristallisiert fühlte.«

»Die Luft über seinem Körper fühlte sich anders an. Er atmete anders, beherrschte sich. Die Stelle, an der er sich zurückhielt, befand sich im Nacken.«

»Es war leicht, einzudringen, nachdem er einmal losgelassen und sich entspannt hatte.«

»Ich brach die Barriere, indem ich ein wenig Wärme und eine starken Energiefluß losschickte.«

»Er befand sich in einem kalten Zimmer, das eine negative oder andersartige Umgebung hatte, so daß alles dicht, hart und scharfkantig schien.«

Tafel II

Visualisierte Schutzbarrieren, Behandlung der Barrieren mit TT-Techniken und Kommentare von den am Barrierespiel Beteiligten

Barriere	Behandlung	Kommentare
Gefühl		
Ärger	Glattstreichen, um den Patienten zu entspannen	*Patient A:* »Ich fühlte, wie der Ärger verschwand.« *Patient B:* »Mir entglitt ständig das Bild.« *Patient C:* »Ich fühle mich wieder ausgeglichen.«
Feind-seligkeit	Berührung	*Patient A:* »Ich habe mein Energiefeld weggeschoben, weg von mir. Die Berührung brach meinen Entschluß.« *Heiler A:* »Ich habe einfach da hineingegriffen, wo er abgeschnitten war.« *Patient B:* »Ich zog alles ein, wie eine Schildkröte, die sich in ihren Panzer zurückzieht. Ich mußte mich sehr anstrengen, um sie draußen zu behalten.« *Heiler B:* »Ich spürte, daß ich die Barriere nicht ganz durchbrechen konnte. Sie war hart und widerstandsfähig.«

		Patient C: »Es erschöpfte mich völlig, die Barriere aufrechtzuerhalten.« *Heiler C:* »Ich wollte sie unterstützen.«
	Liebe	*Patient:* »Ich fühlte ein Ziehen am Herzen. Es fühlte sich so schön an, daß ich loslassen mußte.« *Heiler:* »Ich mußte soviel Energie aufwenden, um die Barriere zu nehmen. Doch plötzlich überflutete mich ein solches Mitgefühl und durchbrach sie.«
Wut	Liebe	*Patient A:* »Ich wurde von einer enormen Wut erfaßt, fühlte aber nach kurzer Zeit nichts mehr, einfach nur Ruhe. Vielleicht ist es das, was man *Frieden* nennt.« *Patient B:* »Ich war erschöpft von der Unmenge an Energie, die ich brauchte, um die Wut aufrechtzuerhalten. Dann umspülte mich eine Welle rosaroten Lichts, und ich fühlte mich erfrischt und abgekühlt.«
	Berührung	*Patient:* »In meiner Wut fühlte sich alles schwarz und chaotisch an, und niemand konnte mich finden. Doch sobald sie mich berührte, drang sie durch. Ich war erstaunt darüber, wie schnell sie meine Barriere durchbrach.«

Angespannte Muskeln »Ich schnitt meine Gefühle ab.«	Entspannungsreaktion, tiefe Anteilnahme	*Patient:* »Ich wollte mich nicht preisgeben, was mich aber sehr große Anstrengung kostete. Doch dann mußte ich einfach loslassen. Ich glaube auch, daß ich loslassen wollte.« *Heiler:* »Mir war klar, daß ich es mit zwei verschiedenen Menschen zu tun hatte.«
Gebilde		
Stacheldraht oder Geschosse	Tiefes Eindringen von Energie	*Patient A:* »Es war sehr anstrengend, die Barriere aufrechtzuerhalten.« *Heiler A:* »Ich durchbohrte sie einfach!« *Patient B:* »Die eisernen Speere und Dolche wurden weich wie Wachs.«
Eisblock	Entspannungsreaktion, Liebe	*Patient A:* »Das Eis schmolz einfach.« *Patient B:* »Ich spürte seine Energie wie in Wärmewellen durchkommen und mein Herz öffnen.« *Heiler B:* »Es war nicht gerade eine angenehme Erfahrung, aber ich konnte nichts anderes tun und habe deswegen Liebe angeboten.« *Patient C:* »Ich dachte nur: Sie wird mir wehtun. Ich werde versuchen, nichts zu spüren.« *Heiler C:* »Ich hätte nicht gedacht, daß es funktionieren würde, ihn

		mit Energie vollzustopfen. Er war nicht einmal da.«
Zementblock	Verbindung zum Herz-Chakra	*Patient A:* »Als ihre Energie meine Brust berührte, spürte ich, wie ihre Energie meine Energie in Bewegung brachte.« *Heiler A:* »Die Barriere war so kalt und unmenschlich, daß ich Mitgefühl und Liebe empfand.« *Patient B:* »Sie drang durch mein Herz zu mir durch.« *Heiler B:* »Ich zentrierte mich ganz tief und benutzte mein Herz-Chakra.«
	Berührung	*Patient:* »Als er mich berührte, fühlte ich mich weniger sicher, als ich erwartet hatte.« *Heiler:* »Ich sprach auch im Geiste zu der Stelle (Barriere).«
Gepanzerter Umhang	Tiefes Eindringen von Energie	*Patient:* »Dann fiel mir auf, daß er meinen Nacken und meine Füße nicht bedeckte, und ich spürte einen Schmerz in der Stirn und an den Füßen.« *Heiler:* »Ich drang durch die Füße ein – sie waren am verletzlichsten.«
Kokon	Entspannungsreaktion	*Patient:* »Es war sehr anstrengend. Ich mußte ständig neue Schichten auflegen.« *Heiler:* »Ich spürte die große Robustheit ihrer Barriere.«

Elektrischer Zaun	Liebe und Mitgefühl	*Patient:* »Ich hörte mich plötzlich ›nein‹ sagen, aber die Pfosten brachen, und ich konnte den Stromkreislauf nicht aufrechterhalten.«
Kalte Oberfläche aus Glas	Projizierte Wärme vom Herz-Chakra	*Patient:* »Meine Herzgegend wurde warm, und die Barriere schmolz.« *Heiler:* »Ich redete in meiner Vorstellung die ganze Zeit zu ihr.«
Intensive Kälte	Tiefe Projektion von Energie	*Heiler:* »Der Rhythmus in ihrem Feld wurde langsam und träge, so schickte ich Energie in die Nebennieren, bis sich der Energiefluß wieder glatt anfühlte.«
Bleischild	Berührung	*Patient:* »Ich wußte, daß wenn sie mich berühren, nur eine Hand auf mich legen würde, ich zerspringen würde. Sie tat es, und die Barriere brach auseinander.«
Menschenfressende Haie	Verbindung zum Herz-Chakra	*Patient:* »Die Haie wurden zu Engeln.« *Heiler:* »Sie fühlte sich an, als hätte sie Angst, und ich wollte sie beschützen.«
Eiserne Festung	Projizierte kühle Energie	*Patient:* »Ich spürte, wie die Energie mich zurückdrängte. Ich mußte mich sehr abmühen, um das Gleichgewicht zu halten.«

		Heiler: »Das Kribbeln wurde zu Wärme, die mich draußen halten sollte; ich habe sie einfach ›abgekühlt‹.«
Starre Grenzen	Liebe	*Patient:* »Ich beschloß, die Grenze zu öffnen; es war schwer, Widerstand zu leisten.« *Heiler:* »Es war eine sehr zähe Barriere, also lächelte ich lieb und drang durch das Herz- und das Hals-Chakra ein.«
	Sanfte Projektion von Energie	*Heiler:* »Ich ›sah‹ eine schwere, undurchdringliche Betonröhre um sie herum, die aber nicht ganz bis zu ihren Füßen reichte. Also habe ich ganz sanft Energie dorthin gelenkt und kam durch.«
Stein	Tiefe Anteilnahme	*Patient A:* »Es war schwer, die Barriere aufrechtzuerhalten. Ich war den Tränen nahe.« *Patient B:* »Ich versuchte, woanders hinzugehen. Die Liebe war zuviel für mich.«
Dreifache Blasen	Glattstreichen	*Heiler:* »Es fanden sich soviele Schichten, daß ich das Gefühl hatte, nur durchzukommen, wenn ich ihr Energiefeld glattstreiche.«
Frischhaltefolie	Glattstreichen	*Heiler:* »Es war glitschig, merkwürdig. Ich hatte das Gefühl, durch den einzigen Ritz ihrer glänzenden Rüstung zu dringen.«

Gefrierbeutel zum Verschließen	Verbindung zum Herz-Chakra	*Patient:* »Ich fühlte einen warmen, sanften Druck. Ich war froh, rauszukommen! Ich hatte das Gefühl, bei lebendigem Leibe eingefroren worden zu sein.«

Kommentar zum Barrierenspiel

Diese Aufstellung gibt nur grob tatsächliche TT-Interaktionen wieder. Sie zeigt jedoch, daß das Barrierenspiel ein nützliches Instrument ist, um Denkmuster und symbolische Bilder verstehen zu lernen, mit denen Menschen sich schützen. Die Aufstellung gewährt auch einen Einblick darein, inwiefern der Heilprozeß therapeutische Wirkung auf Menschen hat, die sich in einer Weise zu isolieren versuchen, die nicht in ihrem eigenen Interesse sein dürfte. Schließlich bestätigen sie noch das Vorhandensein der Hinweise im Energiefeld des Patienten und untermauern somit die Existenz der »Kleider des Kaisers«.

Eine genaue Studie steht allerdings noch aus. Ich stelle das Material auch in der Hoffnung dar, Interesse an einer solchen Studie zu wecken. Ein paar allgemeingültige Aussagen können allerdings schon aufgrund der derzeit vorhandenen Daten gemacht werden. Eine davon ist, daß es die Patienten ungemeine Anstrengungen gekostet hat, ihre visualisierte Barriere aufrechtzuerhalten. Sie fühlten sich durch die Barrieren abgeschnitten und verloren das Gefühl, geerdet zu sein. Es fiel ihnen besonders schwer, sich gegen die Projektionen von Liebe, Güte und tiefer Anteilnahme zu wehren; die körperliche Berührung erreichte sie besonders gut.

Für die Heiler fühlte sich die Barriere häufig »flach«, »leer« oder »vakuumähnlich« an. Manchmal konnten sie den Energiefluß der Patienten nicht »finden«, oder es kam zu geringem Energieaustausch. In anderen Fällen konnten die Heiler das Energiefeld des Patienten einschätzen, indem sie sich entweder von bestimmten Hinweisen oder »Resonanzen« leiten ließen, durch die ihre Hände gleichsam automatisch von den richtigen Stellen angezogen wurden, oder aber die Heiler fanden die empfindlichsten Stellen des Patienten, indem sie auf ihre unbestreitbar existierende intuitive Wahrnehmung zurückgriffen.

Folglich zeigt das Barrierenspiel, daß ungebundene menschliche Energie fließt und daß eine von Intention gestützte Visualisierung diesen Fluß in bedeutendem Maße beeinflussen kann. Außerdem verdeutlicht das Spiel, daß es möglich ist, die Beschaffenheit und Qualität der Visualisierungen eines anderen Menschen zu entschlüsseln, indem man sich einer sensitiven Fähigkeit, Muster zu erkennen, bedient, die jeder im Leben mitbekommen hat. Schließlich und endlich wird durch diese Übung deutlich, daß Liebe eine unwiderstehliche, mysteriöse Energie ist.

Zeit

Andere Verallgemeinerungen, die ihre Gültigkeit und Verläßlichkeit über die zwei Jahrzehnte hinweg, in denen Dora Kunz und ich Therapeutic Touch entwickelt haben, unter Beweis gestellt haben, sind ebenso interessant und sollten näher untersucht werden. Eine dieser Verallgemeinerungen betrifft die Zeit. Bei Therapeutic Touch unterscheidet sich Zeit von der linearen Uhrzeit. Therapeutic Touch beschleunigt in bedeutendem Maße positive Veränderungen der Symptome und treibt die Genesung jenseits aller Erwartungen voran.

Eine interessante Studie, die untersucht hat, wie Bestandteile im Blut durch Handauflegen [14] zunehmen, wurde später unter Anwendung von Therapeutic Touch [15] wiederholt, wobei sich die Hämoglobinanteile und Hämatokritwerte ausgesprochen schnell veränderten. In einer speziellen Gruppe von Patienten, die an schwerer Blutarmut litten, wurde nach zwei Stunden eine deutliche Zunahme der Bestandteile im Blut beobachtet.[16]

In klinischen Studien entspannten sich Patienten innerhalb von zwei bis vier Minuten völlig. Bei Untersuchungen von Frauen, die am Raynaud-Syndrom, einer schweren Durchblutungsstörung in den äußeren Gliedmaßen, litten, verschwanden Symptome innerhalb von drei bis vier Minuten, wobei sich gleichzeitig eine natürliche Hautfärbung einstellte und erneut ein Gefühl in den Gliedmaßen zurückkehrte. In überwachten klinischen Studien über Darmverschluß, der als Folge einer Operation im Magen-Darm-Trakt eintreten kann, hat das vegetative Nervensystem bei allen schnell reagiert. Dasselbe gilt für Studien über Probleme im glatten Muskelgewebe im Urogenitalbereich. Wie bereits erwähnt, sind der Flüssigkeits- und Elektrolythaushalt sehr empfänglich für Therapeutic Touch, was sich an der ungewöhnlich schnellen Reduktion hartnäckiger prämenstruell bedingter Ödeme nach einer TT-Behandlung zeigt.

Das richtige Timing spielt auch bei zwei weiteren Punkten in der TT-Praxis eine bedeutende Rolle. Zum einen werden, wenn Therapeutic Touch im Anfangsstadium des Krankheitsverlaufs eingesetzt wird, Symptome häufig sehr stark reduziert oder ausgemerzt. Wenn Therapeutic Touch allerdings erst später im Krankheitsverlauf angewandt wird, können die Symptome fortbestehen, auch wenn der Patient eine unerwartete und für ihn bedeutende psychische Wandlung durchmacht. Zum anderen hat sich wiederholt gezeigt, daß zwei Personen, die Therapeutic Touch am gleichen Patienten ausführen, ihre Bemühungen rhythmisch aufeinander abstimmen müssen, um die Energie des Patienten wieder ins Gleichgewicht zu bringen. Ansonsten kann es seitens des Patienten zu Unwohlsein, Schwindelanfällen oder Gereiztheit kommen. Auch wurde Therapeutic Touch erfolgreich bei der Behandlung von Problemen, die mit den natürlichen Körperrhythmen zu tun haben, eingesetzt. Dies umfaßt

Menstruationsprobleme, Probleme während der Schwangerschaft, und repetitive psychische Störungen, wie manisch-depressive Zustände, die allesamt zyklischer Natur sind.

Intensität

Ein weiterer und wichtiger Faktor ist die Intensität, mit der Therapeutic Touch betrieben wird. Ich habe schon erwähnt, daß es zu einer Überdosierung kommen kann, wenn Therapeutic Touch zu lange angewendet und die Wirkung der TT-Behandlung auf den Patienten nicht ausreichend beachtet wird. Die Anzeichen einer Überdosis, auf die man beim Patienten achten sollte, können nicht oft genug wiederholt werden. Es sind dies zunehmende Unruhe, die zu erhöhter Gereiztheit, Angstzuständen, Feindseligkeit oder sogar Schmerzen führen kann, falls nämlich die Behandlung unbekümmert fortgesetzt wird. Diese Reaktionen stehen in einem derartigen Gegensatz zum eigentlichen Zweck des Heilverfahrens, daß Sie, als Heiler, sich davor hüten sollten, zu unüberlegt in Ihren energetischen Interaktionen zu sein, sondern eher Zurückhaltung üben sollten. Folgende einfache Regel sollten Sie beachten: Je kränker der Patient ist, desto behutsamer sollten Sie Therapeutic Touch anwenden und desto kürzer sollte die Behandlungsdauer sein. Das gilt vor allem für die Behandlung von kleinen Kindern, Menschen mit Gehirnverletzungen und Patienten, über die wenig bekannt ist.

Systemempfindlichkeit

In bezug auf die grundsätzlichen Ordnungskriterien des TT-Prozesses ist es wichtig, sich die hohe Empfindlichkeit bestimmter Körpersysteme vor Augen zu halten. Wie schon erwähnt, handelt es sich dabei um das vegetative Nervensystem, das Lymphsystem, den Blutkreislauf und Teile des endokrinen Systems, wie z. B. die Schilddrüse, die Nebennieren und die endokrinen Drüsen, die bei Schwangerschaft, während der Menstruation und in den Wechseljahren eine Rolle spielen. Diese Empfindlichkeit zeigt sich vor allem in den unerwartet guten Ergebnissen, die Therapeutic Touch bei Menschen mit schweren psychischen Störungen, wie Manisch-Depressiven, Katatonikern und Patienten mit extremer Hyperaktivität, bewirkt.

Bewußtseinszentren

Das Flußdiagramm zur Einschätzungsphase zeigt deutlich, daß die TT-Dynamik mit den kognitiven Fähigkeiten des Heilers, wie z. B. dem Gedächtnis, dem Urteilsvermögen, der Bewertung und Entscheidungsfindung sowie mit Informationen in Zusammenhang stehen, die die Hinweise im Energiefeld des Patienten dem Unterbewußtsein und der Intuition des Heilers signalisieren. Wenn Bewußtseinszentren, wie die Chakren, gezielt eingesetzt werden, ist die Wirkung vorhersagbar. In Übung 8 werden die Hände z. B. über die Nebennieren, das heißt im wesentlichen das Manipura- oder Solarplexus-Chakra, gehalten.

Wie schon erwähnt, tut die Arbeit mit dem Solarplexus-Chakra besonders erschöpften Menschen gut, hilft darüber hinaus jedoch allen, die behandelt werden. Aus indischer Sicht versorgt das Solarplexus-Chakra eine große Anzahl wichtiger Organe, unter anderem die Nebennieren, die Bauchspeicheldrüse, die Leber, den Magen und den Verdauungstrakt. Deswegen tut Therapeutic Touch, wenn es in dieser Gegend eingesetzt wird, so vielen Leuten so gut, besonders in unserer hektischen Zeit. Der Solarplexus erreicht viele Körperteile, die von Streß betroffen sind.

Ähnlich sensibilisiert die Arbeit über dem Anahata-, dem Herz-Chakra, den Patienten für die Kraft direkter Berührung, die eng mit tiefer Anteilnahme – einem Gefühl, von dem man häufig sagt, »es komme von Herzen« – zusammenhängt. Das Herz-Chakra läßt sich gut bei Menschen in Krisensituationen in die TT-Interaktion einbeziehen. Der Blutkreislauf gehört ebenfalls in dieses Chakra, so daß Therapeutic Touch an dieser Stelle besonders für Menschen mit Herzrhythmusstörungen und hohem Blutdruck geeignet ist.

Auf der Grundlage von Eindrücken, die in jahrelanger TT-Praxis verstärkt wurden, meine ich, daß das Vishuddha- oder Hals-Chakra, das für Atmung oder auch Mitgefühl zuständig ist, in Menschen, die Therapeutic Touch praktizieren, stimuliert wird. Außerdem habe ich das Gefühl, daß Menschen, die in Heilberufen tätig sind, durch den ständigen Akt der Intention und einen auf Mitgefühl und selbstloser Liebe basierenden Altruismus Zugang zu höheren und feineren Chakren – wie dem Ajna- und Sahasrara-Chakra – erlangen. Ein solches Verhalten zeugt von der persönlichen Absicht, Citta kontrollieren zu wollen, die vom Willen gesteuerten Funktionen der Psyche, wie Impulsivität, Phantasie und Ungeduld. Es zeugt ebenfalls von der Absicht, diese Funktionen durch verantwortungsbewußte Reflexion und Konzentration – die durch Fokussierung verstärkt und in der Realität verankert sind – zu ersetzen.

Es ist aufschlußreich zu sehen, wie wiederholtes Zentrieren Ihre Weltsicht in vielerlei Hinsicht verändert. Charakteristisch für diesen Bewußtseinszustand sind ein damit einhergehendes Gefühl der Zeitlosigkeit und die klare Erkenntnis, daß es im geistigen Raum keine »Grenzen« gibt. Eine Neuorientierung Ihrer eigenen Persönlichkeit ist möglich, wenn Ihr aktiver Einsatz im täglichen Leben zu einem bewußten Akt wird. In der Tat beinhaltet der Heilungsakt, den Sie durch Ihren engagierten Einsatz in der TT-Praxis an sich selbst vollziehen, Ihre Fähigkeit zur Veränderung zu entwickeln, denn Veränderung ist der Weg zur Heilung.

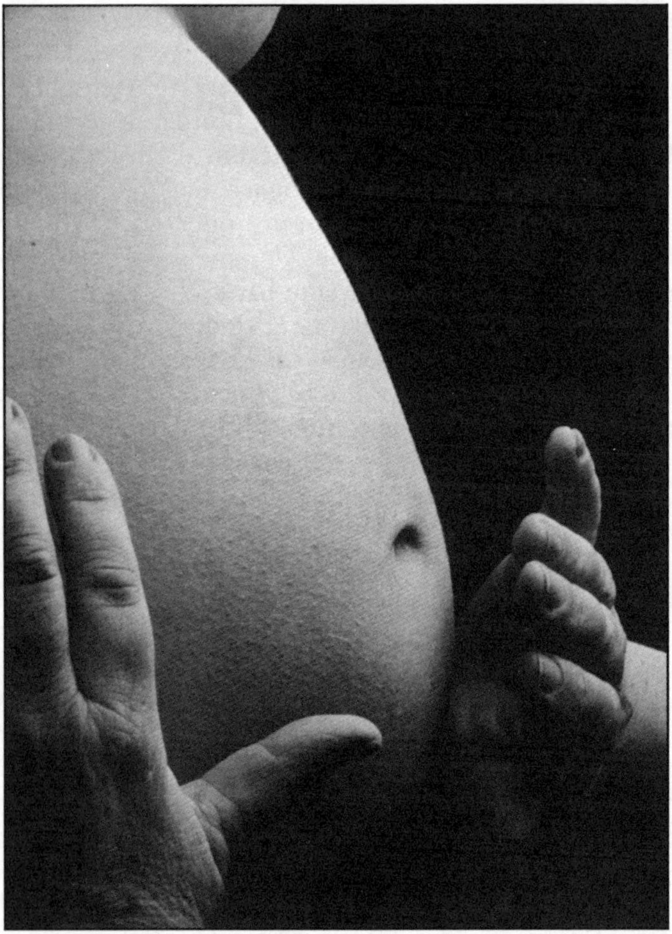

Abb. 11: Therapeutic Touch bei Schwangeren

Kapitel 5

Spezifische Anwendungsmöglichkeiten von Therapeutic Touch

Bevor Sie sich für die Anwendung von Therapeutic Touch verpflichten, ist es wichtig, daß Sie den Unterschied zwischen *Kurieren* und *Heilen* verstehen, damit der Zusammenhang mit dem TT-Prozeß klar ist. Das Wort *Kurieren* kommt aus dem Lateinischen und bedeutet »sich um jemanden kümmern, jemanden pflegen«. In den Anfängen der christlichen Kirche war der *Kurat* für die Seele zuständig. In jüngerer Zeit wird der Begriff Kur mit einem System besonderer medizinischer Behandlungsmethoden in Verbindung gebracht. Der Satz »Er ist für fünf Jahre davon kuriert«, könnte bedeuten, daß der Patient, wenn er sich einer bestimmten Behandlung unterzieht, erwartungsgemäß noch fünf Jahre lebt.

Im Gegensatz dazu kommt das Wort *heilen* (engl. *heal*) aus dem Althochdeutschen *heilēn* (Mittelenglischen *helen*), »ganz machen« oder am ganzen Menschen »anteilnehmen« (eher als »sich um jemanden kümmern«). Der Terminus *heilen* hat infolgedessen damit zu tun, wie man über sich und andere denkt, welche Weltsicht und persönliche Philosophie man hat. Folglich heißt Heilen, sich mit allem, was zur Lebensqualität gehört, auseinanderzusetzen. Die Transformation der Persönlichkeit und die Transzendenz der Lebensumstände stehen im Zentrum des Interesses, und das endgültige Ziel des TT-Therapeuten ist es, dieses persönliche Wachstums im Patienten zu fördern.

Sowohl Transformation als auch Transzendenz sind

selbstverständlich subjektiver Natur. Dennoch gilt als führender Lehrsatz in der Psychoneuroimmunologie – einem der vielversprechendsten interdisziplinären Ansätze zu Krankheitsverläufen, die sich dem menschlichen Verständnis nach wie vor entziehen –, daß die im Körper gelagerten Neuropeptide vom subjekiven Befinden des Menschen zutiefst beeinflußt werden. Wie wichtig das ist, wird daran deutlich, daß die Neuropeptide Einfluß auf die Funktionsweise der Endorphine und Enkephaline ausüben. Die letztgenannten lindern nicht nur Schmerzen, sondern fördern aktiv das Wohlbefinden.

Ein Beispiel der Auswirkungen einer TT-Behandlung auf Menschen mit schweren Rückenmarksverletzungen soll dies verdeutlichen. Im Falle von Querschnittsmyelitis, bei der das Rückenmark durchtrennt wurde und die Betroffenen von der Läsionsstelle abwärts gelähmt sind, bewirkt Therapeutic Touch zwar nicht, daß die entsprechenden Teile des Rückenmarks wieder zusammenwachsen oder die Lähmung zurückgeht. Doch berichten die Betroffenen nach einer TT-Behandlung von ihrer größeren Vitalität, zunehmenden Lebenskraft im Alltag und einer positiveren psychologischen Lebenseinstellung. Sie sagen aus, daß sie ihre alltäglichen Probleme ausgeglichener und konzentrierter bewältigen und ein höheres Selbstwertgefühl haben. Ich würde dies eine erfolgreiche Heilung nennen, auch wenn die Betroffenen nicht »kuriert« wurden.

Darüber hinaus – und ich gebe zu, daß dies seltsam klingt und schwer zu erklären ist – erzählen viele dieser Menschen, daß sie, obwohl sie keine Sinneswahrnehmungen oder motorischen Fähigkeiten unterhalb der Läsion besitzen, regelrecht »spüren« können, wie jemand Therapeutic Touch an ihnen ausübt, sogar an den äußeren Gliedmaßen. In einem großen Rehabilitationszentrum an der Ostküste hatte ich Gelegenheit, in einer Pilotstudie diese Behauptungen an einer kleinen Testgruppe von fünf jungen Männern zu überprüfen, die alle das Rückenmark durchtrennt hatten. Den Männern wurden die Augen verbunden, dann kam eine Krankenschwester in den Raum, die keiner kannte. Die Männer kamen einzeln an die Reihe, und die Krankenschwester machte Therapeutic Touch an ihrem Energiefeld, ohne sie zu berühren. Es konnten nicht nur alle fünf berichten, daß sie die TT-Interaktion spürten, sondern vier von ihnen konnten sogar mit verbundenen Augen genau angeben, wo sich in ihrem Energiefeld die Hände der Krankenschwester gerade befanden.

Es erfüllt einen mit Ehrfurcht, wenn man dem Heilprozeß selbst beiwohnt. Er ist von ausgesprochen eleganter Schönheit und unbeschreiblicher Anmut in seiner harmonischen Regularität und seiner Genauigkeit. Das Heilen einer Wunde, sagen wir eines kleinen aber tiefen Schnittes an der Hand, ist bemerkenswert. Unter normalen Umständen verheilt er ohne sichtbare Narben oder andere Merkmale zu hinterlassen, die davon zeugen, daß das intakte Gewebe einmal beschädigt war. Wie außergewöhnlich dieser Heilvorgang ist, zeigt deutlich das Mikroskop. In der Vergrößerung ist klar zu erkennen, daß der Heilvorgang verschiedene Organisationsebenen einbezieht. Wenn das verletzte Gewebe geflickt und wieder funktionstüchtig gemacht wird, werden die Bausteine für sieben verschiedene Zellschichten biochemisch gesteuert, ein jeder zu seinem vorgesehenen Platz im Molekül.

Studiert man diesen unglaublichen, natürlichen Heilvorgang in der Vergrößerung, stößt man auf einige weniger offensichtliche, wenn auch genauso bedeutende, beteiligte Prozesse. Synchronisation ist einer dieser Prozesse. Auf molekularer Ebene müssen nach einem genau ausgeklügelten Zeitplan einige biochemische Substanzen in eine bestimmte, exakte räumliche Beziehung zueinander gebracht werden. Nun drängt sich, wenn man diesen magischen Vorgang beobachtet und bestaunt, eine provozierende und tiefgehende

Frage auf: Wer, oder vielleicht auch was, steckt hinter dieser bis ins Detail aufeinander abgestimmten Choreographie an Mikrostrategien, die die einzelnen Teile der Heilung koordiniert?

Die ferne Zukunft wird das Geheimnis dieser heute noch kaum verständlichen Fragen lüften müssen. Trotzdem kann man das Ausmaß des Erstaunens noch weiter ausdehnen: Wie kann Heilung nur so selektiv vorgehen, daß beim Heilen von Wunden das scheinbar chaotische Wachstum bösartigen Gewebes gehemmt und gleichzeitig mit voller Kraft das Wachstum des anderen, neuen gesunden Gewebes in Gang gesetzt werden kann. Am Ende müssen wir einräumen, was nur zu offensichtlich ist: Heilung ist ein einziges großes Mysterium.

Wie kann man dieses Mysterium verstehen? Vielleicht ist es zuviel erwartet, es verstehen zu wollen. Trotzdem glaube ich, daß man für diese unbegreiflichen Vorgänge im Laufe der Zeit eine Bewunderung entwickelt, die beim Zentrieren im TT-Prozeß in das Bewußtsein dringt. Der Akt des Zentrierens hat zum Ziel, das Bewußtsein bis in die tiefe Stille, die für das tiefe Selbst charakteristisch ist, auszudehnen. Dieser Prozeß wird tatsächlich nur durch das Anerkennen einer nonverbalen Realität gelenkt.

Diese Anerkennung ereignet sich am natürlichsten in der Ausgleichsphase von Therapeutic Touch. Bei dem Versuch, die Energie des Patienten in einen Zustand harmonischen Gleichgewichts zu bringen, ist die grundlegende geistige Konzentration der im Heilprozeß beteiligten Kräfte am beeindruckendsten. Wenn der Ausgleich der Energien des Patienten fortschreitet, zeigt sich deutlich, daß das gesunde menschliche Energiefeld nicht nur symmetrisch angelegt und in einem Zustand dynamischen Gleichgewichts ist, sondern auch, daß alle seine Bestandteile anmutig verknüpft und perfekt synchronisiert werden, um das labile Gleichgewicht, das wir Leben nennen, aufrechtzuerhalten.

Diese nonverbale Realität läßt sich mit unserer menschlichen Sprache nicht beschreiben, von unserer Logik nicht begreifen und in unsere kulturellen Vorstellungen nicht einordnen. Deshalb kann sie als Brücke zum Transpersonalen dienen, und wenn dies der Fall ist, wird der Heilvorgang schöpferisch. In dem Maße wie die Erforschung des tiefen Selbst voranschreitet, lernen Sie, während der heilenden Interaktion besonders achtsam zu sein. In diesem Bewußtseinszustand können Sie sich ohne gezielte Anstrengung der vereinenden Beziehung zwischen sich und dem Patienten bewußt werden. Gelegentlich wird dieser Prozeß einen flüchtigen Einblick in die Ursachen der Krankheit des Patienten gestatten.

Es gibt natürlich viele Berge, die Sie als Heiler nicht erklimmen können – vieles liegt außerhalb Ihrer Reichweite. Wenn Sie aber lernen, in diesem kraftvollen Bewußtseinszustand zu bleiben, werden Sie fast durchgängig feststellen, daß es Ihnen um so leichter fallen wird, den Kranken zu erreichen und ihm zu helfen, je tiefer Sie in Ihr inneres Bewußtsein vordringen.

Wo und wie wird Therapeutic Touch eingesetzt

Kürzlich habe ich einen ganzen Tag in einem Krankenhaus verbracht, in dem Therapeutic Touch praktiziert wird. Mein voller Terminkalender für diesen Tag sah folgendermaßen aus:

Zeit	*Name*	*Diagnose*
8:30	Frank	Schmerzen im unteren Rückenbereich und der linken Schulter
9:15	Hilda	Rheumatoide Arthritis
10:00	Marion	Nach einer Unterleibsoperation
10:45	Phoebe	Gebärmutterkrebs

11.30	Thelma	Brustkrebs (links)
12:00	George	Panikanfall (Notfall)
13:00	Jenny	Gelenkschmerzen im Schläfen-Kiefernbereich
13:45	Bobbie, (vier)	HIV-positiv
	Hazel (zwei)	HIV-positiv
14:30	Connie	Multiple Sklerose
15:15	Martin	Magengeschwür

Für eine einzige Behandlungsmethode ist dies eine ungewöhnliche Bandbreite an Leiden, die es zu lindern gilt. Es gab allerdings auch einige Gemeinsamkeiten bei der Behandlung verschiedener Patientenpaare: Frank und Hilda, Phoebe und Thelma und die zwei Kinder, Bobbie und Hazel, die von Geburt an Aids hatten. Trotzdem mußte jede Behandlung individuell gestaltet werden, da es viele verschiedene Faktoren gibt, die einen Menschen für eine Krankheit prädisponieren können, und der Heiler in jedem einzelnen Fall das zugrundeliegende Problem suchen muß. Krankheitserreger sind z. B. Nahrungsmittel, die allergische Reaktionen auslösen, wirre Gefühle und anhaltender Streß, durch ärztlichen Eingriff bedingte Krankheiten, wie Nebenwirkungen von Medikamenten, Strahlen niedriger Frequenz, denen man bei der Arbeit an elektronischen Geräten dauerhaft ausgesetzt ist, sowie Folgeerscheinungen von Krankheiten oder Organschäden.

Therapeutic Touch arbeitet primär mit den Symptomen, die während einer Krankheit auftreten. Dieses Kapitel enthält Berichte über die spezifische Anwendung von Therapeutic Touch. Diese Informationen sollten Sie allerdings auf keinen Fall als verbindliche Vorschriften betrachten, da jede Situation, der Sie begegnen, einzigartig ist und entsprechend angegangen werden muß.

Ich möchte noch einmal wiederholen, daß das einzige, worauf es bei Therapeutic Touch ankommt, menschliche Energien sind. Deswegen sind medizinische Diagnosen per se nicht unbedingt von Nutzen. Da jedoch die meisten Krankheiten bei vielen unter ihrem medizinischen Namen bekannt sind, wurden diese im folgenden beibehalten. Es wird vorausgesetzt, daß Sie in Situationen, in die Sie kommen, all das einbringen, was Sie bis jetzt gelernt haben. Es ist für diejenigen unter Ihnen, die Therapeutic Touch benutzen, eine Selbstverständlichkeit, daß weder seine einzelnen Phasen noch die Situationen, in denen es angewandt wird, zeitgebunden sind. Deswegen nützt es herzlich wenig, Therapeutic Touch in Rezeptform weiterzugeben.

Im folgenden möchte ich Ihnen schildern, in welcher Weise ich Therapeutic Touch im Laufe meiner eigenen Praxis und Forschung eingesetzt habe, doch ist das Wesentliche bei einer TT-Interaktion, daß Sie als Heiler bewußt Ihr innerstes Potential einsetzen, um einem Menschen zu helfen, der Unterstützung braucht. Deswegen hängt die Entscheidung, wie Sie einem Patienten helfen, sehr von Ihrer persönlichen Einschätzung und der Klarheit ab, mit der Sie Gedanken deuten, die von Ihrem zentrierten Fokus zum tiefen Selbst vordringen. Auch wenn viele Gleichgewichtsstörungen Gemeinsamkeiten aufweisen, gibt letztendlich der einzelne in seiner Ganzheit den Rahmen für die TT-Interaktion vor.

Die im folgenden besprochenen Situationen wurden ausgewählt, weil sie ein breites Spektrum an Symptomen, das heißt Muster menschlicher Energiestörungen bieten, von denen viele auch bei anderen Krankheiten vorkommen. So können z. B. die Informationen zur Schmerzlinderung, die im Abschnitt über Schwangerschaft enthalten sind, auf andere Situationen übertragen werden, in denen Schmerzen auftreten. Und die Informationen zur Anwendung von Therapeutic Touch bei Menschen, die sich einer Chemotherapie unterziehen – um die es im Abschnitt über Aidskranke geht –, gelten auch bei Menschen, die aus anderen Gründen einer Chemotherapie ausgesetzt sind.

Sie sollten sich unbedingt klarmachen, daß Sie als Heiler die Verantwortung dafür übernehmen, Therapeutic Touch bewußt und vernünftig einzusetzen. Sie selbst treffen letztendlich alle Entscheidungen bezüglich der TT-Interaktionen, Sie entscheiden darüber, wann es angebracht ist, den TT-Prozeß zu beginnen, Sie urteilen darüber, wie das Problem des Patienten behandelt werden muß, und Sie bestimmen, wann die Interaktion beendet wird. Deswegen sollten Sie für den Menschen, der Sie braucht, da sein – voll und ganz.

Schwangerschaft

Das Interesse, Therapeutic Touch während der Schwangerschaft einzusetzen, erwuchs aus einer Forschungsstudie, die ich mit Unterstützung des United States Public Health Service 1983 und 1984[2] durchgeführt habe. Der Untersuchung lag die Annahme zugrunde, daß ein Ehemann, wenn er Therapeutic Touch an seiner schwangeren Frau macht, der Mutter und dem heranwachsenden Fötus gegenüber eine größere Sensibilität entwickeln und sich ihrer bewußter werden würde. Die Folge wäre womöglich eine fürsorgliche und zufriedenstellende Beziehung sowie größere gegenseitige Anteilnahme innerhalb der Familie. Diese Annahme wurde bestätigt.

Der vielleicht lohnenswerteste Aspekt dieser Studie war die klare Erkenntnis der Eltern, daß unsere Persönlichkeit nicht an der Haut aufhört. Durch diese Erkenntnis bedingt, konnte der Ehemann begreifen, daß, wenn er keine wirklichen Trennlinien und Grenzen in seinem Energiefeld besaß, dies auch bei seiner Frau und seinem Kind so sein müßte.

Diese Einsicht bewirkte eine erhöhte Sensibilität gegenüber den einzelnen Familienmitgliedern sowie der Familie als Ganzem.

Seit der ersten Veröffentlichung dieser Studie 1984 wurde sie von kompetenten Leuten des öfteren wiederholt, wobei sich die Ergebnisse als zuverlässig erwiesen haben. Staatlich zugelassene Hebammen, Lamaze-Lehrer und Krankenschwestern haben Therapeutic Touch in ihre Arbeit integriert und viele schwangere Paare in den USA und Kanada darin unterwiesen, meistens während des siebten und neunten Schwangerschaftsmonats.

Viele derjenigen, die an der Studie teilgenommen hatten, haben berichtet, daß sie Therapeutic Touch auch weiterhin im täglichen Leben eingesetzt hätten. Zunächst benutzten sie Therapeutic Touch für die Schwierigkeiten nach der Geburt, wie zum Heilen des Dammschnittes und von Brustentzündungen. Nachdem dann die Familienmitglieder ihr Leben zu Hause wieder aufgenommen hatten, wurde es zur Selbstverständlichkeit, Therapeutic Touch bei allen gängigen Erkrankungen, wie z. B. Erkältung, Husten, Kopfschmerzen, Magenverstimmung sowie zum allgemeinen Streßabbau und zur emotionalen Unterstützung einzusetzen.

Zum Zeitpunkt dieser Niederschrift bestand allgemein Einigkeit darüber, daß die Kraft, die aus der erhöhten Sensibilität für andere Familienmitglieder sowie aus dem größeren Verständnis für sie gewonnen wurde, sich auch auf Angelegenheiten außerhalb der eigenen vier Wände ausdehnte. Die Studie bewirkte noch mehr. Hier eine Zusammenstellung der Ergebnisse:

- Die TT-Praxis schuf engere Bande innerhalb der Familie und gab den Familienmitgliedern ein Gefühl größerer innerer Stärke, mit der sie überraschenden Ereignissen aus einer tieferen Perspektive heraus begegnen.

- Zunächst nicht beteiligte Familienmitglieder waren über die Wirkung von Therapeutic Touch so erstaunt, daß auch sie in seine Ausübung einbezogen werden wollten.

- Therapeutic Touch ermöglichte den Teilnehmern, ihr eigenes psychisches Potential zu erkennen, was sie dann aktiv und kreativ in ihre täglichen Beziehungen einbrachten.

- Aus einer rein pragmatischen Sicht erlaubte der Akt des Zentrierens dem Ehemann, der häufig der einzige war, der einem Broterwerb nachging, sein Bewußtsein zu verändern und statt einer fordernden, ich-zentrierten Einstellung, die von der höchst wettbewerbsorientierten Atmosphäre der Geschäftswelt bedingt war, eine breitere humanitäre Haltung zu entwickeln.

- In manchen Familien wurde es für manche Ehefrauen selbstverständlich, mehrmals in der Woche Therapeutic Touch an ihrem Mann zu machen, wenn er von der Arbeit kam, und umgekehrt. Besonders die Behandlung in der Nieren- und Herzgegend löste eine schnelle Entspannungsreaktion aus. Dadurch werden persönliche, allzu abgenutzte Spannungsenergien freigesetzt, und eine wohltuende Veränderung hin zu ungebundener, natürlicher Vitalität erfolgt.

- Die regelmäßige Anwendung von Therapeutic Touch, besonders sein Aspekt des Zentrierens und Meditierens, halfen der werdenden Mutter, mit ihrem Innenleben in Kontakt zu bleiben. Dabei entwickelte sie eine große Sensibilität und eine intensivere Beziehung zu dem Lebewesen, das während der Schwangerschaft in ihr heranwuchs. Dieses innere Bewußtsein befähigte sie auch zu einer ausgeprägteren Wahrnehmung für warnende psychophysiologische

Signale, die auftauchten und über ihre Gesundheit wie auch die des heranwachsenden Fötus Aufschluß gaben. Nach der Geburt erlebte die Mutter besondere Augenblicke, in denen ihr die Existenz des Säuglings bewußt wurde.

- Die Frauen sagten auch, daß ihnen das Zentrieren, was viele die ganze Schwangerschaft hindurch praktizierten, half, ihre Lebenseinstellung zu verändern, denn durch Therapeutic Touch erkannten sie die Wirkungsweise menschlicher Energien. In der Schwangerschaft versuchten viele, Zugang zu diesen Energien zu bekommen und zu verstehen, wie sie in ihnen selbst wirkten. Ihr Ziel war es, diese dynamischen Energien bewußt darin zu unterstützen, sie für sich selbst und ihre wachsende Familie einsetzen zu können.

Bei normalem Schwangerschaftsverlauf werden Sie Therapeutic Touch hauptsächlich anwenden, um eine Entspannungsreaktion zu bewirken, Ruhe und Schlaf zu fördern und Unwohlsein zu mindern. Lamaze-Praktiken, die auf die Entbindung vorbereiten, lassen sich sehr gut mit TT-Techniken kombinieren.

Wehen und die Entbindung

Die Geburt ist ein wundersames, natürliches Ereignis, doch haben sich die meisten von uns soweit von allem Natürlichen entfremdet, daß es furchteinflößend ist zu sehen, wie selbständig und unaufhaltsam die Ereignisse ablaufen, sobald die Geburt einsetzt. Unter normalen Umständen bringt die Natur ihren Nachwuchs mit wenig Unterstützung zur Welt. Deswegen hat der Vater des Kindes oder sein Stellvertreter die Aufgabe, den Vorgang so verständnisvoll wie möglich zu unterstützen und entspannt, aber aufmerksam, den Prozeß zu verfolgen.

Folgende TT-Techniken können der Mutter bei den Wehen und der Entbindung helfen. Voraussetzung ist allerdings, daß die Geburt normal verläuft und unter Aufsicht kompetenter Fachleute vor sich geht.

- Beim Einsetzen der Wehen kann die Mutter sich selbst helfen, indem sie sich zentriert und ihr eigenes Energiefeld nach unten und außen glättet. Sie beginnt im oberen Bauchbereich oberhalb der Gebärmutter und streicht – die Handflächen nach außen – Blockaden zum Rand ihres Energiefeldes. Es ist besonders wirkungsvoll, wenn sie dabei gleichzeitig ausatmet. Auch Visualisierungsübungen sind zu diesem Zeitpunkt hilfreich.

- Der Vater des Kindes kann die Bemühungen der Mutter unterstützen, indem er seine Hand-Chakren über ihr Herz hält und ihr Liebe und Unterstützung sendet.

- Wenn die Krämpfe unangenehm werden, kann der Vater das Energiefeld der Mutter langsam und rhythmisch glattstreichen.

- Der Vater kann den Energiefluß auch die Beine hinunter und durch den natürlichen Ausgang der Fuß-Chakren lenken.

- Außerdem kann der Vater die Bemühungen der Mutter unterstützen, indem er seine Hand-Chakren auf die Nierengegend legt und, ohne sich zu verkrampfen, seine (normalerweise überschüssige) Energie auf sie überträgt. Oft ist es am bequemsten und für die Gebärende beruhigend, wenn er dabei hinter ihr sitzt. In dieser Position kann er die Mutter mit seinem Körper stützen, während er seine

Hand-Chakren über ihre Nierengegend hält. Wie bereits erwähnt, kann das Lenken von Energie erleichtert werden, wenn es bewußt im Einklang mit dem Ausatmen ausgeführt wird. Eine leichte Massage der unteren Rückengegend kann ebenfalls einbezogen werden.

- Wie auch in der Schwangerschaft können diese TT-Techniken mit Lamaze-Praktiken gekoppelt werden.

Alle Beruhigungsmaßnahmen sollten natürlich in diesen TT-Prozeß integriert werden. Aufgrund der besonderen Situation können sie als Ausdruck tiefster Anteilnahme unersetzlichen symbolischen wie praktischen Wert haben. Sobald die Entbindung begonnen hat, setzt die Natur ihr eigenes Szenario in Gang, das einen eigenen Rhythmus besitzt, wie alles, was mit der Schwangerschaft zu tun hat. Das Schauspiel spielt sich in der »wirklichen Zeit« ab, und es wird allen Situationen begegnet, die sich stellen.

Die Behandlung nach der Geburt

Nach der Geburt gibt es viele Möglichkeiten, Therapeutic Touch einzusetzen:

- Wurde ein Dammschnitt oder Kaiserschnitt gemacht, kann die Mutter selbst, der Vater oder eine andere vertraute Person die Wunde mit Therapeutic Touch behandeln, was dem Unbehagen abhelfen und den Heilprozeß beschleunigen soll.

- Wenn das Kind an einer Magenkolik oder Blähungen leidet, ist Therapeutic Touch sehr hilfreich. Sie halten das Kind als Therapeut behutsam an ihre Schulter und glätten und besänftigen mit der anderen Hand sein Energiefeld.

Dies vertreibt die Blähungen normalerweise sehr schnell, etwa innerhalb einer Minute.

- Wenn das Baby gereizt ist und schreit, und wenn sich herausstellt, daß wohl eher keine äußerlichen Ursachen vorliegen, wie z. B. eine spitze Nadel oder ein scharfer Gegenstand, sollten Sie das Kind an sich halten und seinen Kopf auf Ihre Schulter legen. Gehen Sie auf und ab, oder setzen Sie sich, und wiegen Sie das Baby sanft, während Sie Therapeutic Touch machen. Nach kurzer Zeit wird das Baby ganz typisch reagieren: Es wird plötzlich aufhören zu schreien, seine Augen weit öffnen und Sie mit überraschtem Gesichtsausdruck anschauen. Dann wird es seinen Kopf wieder an Ihre Schultern lehnen und einschlafen.

Schmerzen

Eine Schmerzerfahrung vergißt man nicht so leicht. Manchmal ist die Erinnerung so stark, daß sie lebhafte, emotionsgeladene Assoziationen nach sich zieht, wenn sie anhält. Die Intensität dieser hartnäckigen Erinnerung kann schwerwiegende physiologische Konsequenzen hervorrufen, wenn der Gedanke an den Schmerz oder die Angst vor seinem erneuten Auftreten andauern.

Wenn der Schmerz gelindert wird oder vergeht, hört der Patient auch auf, seine Aufmerksamkeit ausschließlich auf sich selbst zu richten und wird wieder aufnahmefähig für andere Menschen und Erfahrungen. Von den nachhaltigen, angstgeprägten, frustrierenden Qualen befreit, ist es dem Betroffenen wieder möglich, mit Leben erfüllt zu werden und am Leben teilzunehmen. Diese Freude können sensible Familienmitglieder und Freunde, die mit viel Einfühlungsvermögen die Qualen des Leidenden sowie ihren eigenen Kummer darüber erlebt haben, schnell spüren und erwidern.

Für Sie als TT-Untersucher fühlt sich Schmerz normalerweise an wie eine Schwellung oder Blockade im Energiefeld des Patienten oder wie ein großes Wirrwarr widersprüchlicher Energieebenen. Wenn der Schmerz andauert oder über die Toleranzgrenze des Patienten hinausgeht, können der natürliche Rhythmus und die innere Dynamik des Solarplexus-Chakras des Patienten nachhaltig negativ beeinflußt werden.

Wenn Ihre Hand-Chakren nach Hinweisen auf ein Energieungleichgewicht Ausschau halten, können Sie diese stark asynchronen Effekte mit dem entsprechenden Einfühlungsvermögen aufspüren. Ihre Hände können tatsächlich auch den Schmerz oder die davon abhängige Übelkeit oder Angst spüren. Wenn Sie in der Lage sind, Ihren zentrierten Bewußtseinszustand beizubehalten, werden Sie schnell feststellen, daß es nicht Ihr eigener Schmerz oder Ihre eigene Angst ist, und Sie können sich dann auf das Problem des Patienten konzentrieren. Wenn Sie sich jedoch zu sehr mit der Situation identifizieren und Ihre ursprüngliche Intention aus dem Auge verlieren, ist die Chance groß, daß Sie zu einem Teil des Problems werden.

Medizinisch gesehen hat sich Therapeutic Touch beim Lindern oder Auflösen von Schmerzen unterschiedlichster Ursachen sehr bewährt. Sie als TT-Therapeut müssen kein Experte sein, um die Schmerzen eines Patienten lindern zu helfen. Ich schließe die Beschreibung einer Routinebehandlung an, die sehr gut funktioniert:

1. Zentrieren Sie sich zuerst, und rufen Sie sich dann die energetische Wellenlänge in Erinnerung, die Sie mit der Farbe Blau verbinden. Versuchen Sie, diese Energie so zu spüren, wie Sie den Tonus Ihres Körpers spüren würden; das heißt, spüren Sie sie in Ihrem Energiefeld, so als befänden Sie sich in einem Zustand der Ruhe und Stille.
2. Erleben Sie diese Blauheit für einige Augenblicke.

3. Projizieren Sie dann die blaue Energie, während Sie ganz behutsam das Energiefeld des Patienten um die Schmerzstelle herum glätten. Beginnen Sie an oder in der Nähe der Stelle, und streichen Sie die Energie zum Rand des Energiefeldes, wo sie sich auflösen und zerstreuen wird. Es ist wichtig, daß Ihre Bewegungen sanft, rhythmisch und für jegliche Veränderung im Energiefeld empfänglich sind.
4. Arbeiten Sie über dem Solarplexus des Patienten, und setzen Sie die blaue Energie ein, um die Gefühlsreaktion des Patienten auf den Streß der unangenehmen Schmerzerfahrung zu beruhigen.
5. Dehnen Sie das Ausbalancieren nicht über 20 bis 25 Minuten aus. Der Schmerz wird, wenn er auf Therapeutic Touch anspricht, nach dieser Zeit schon nachgelassen haben, und der Patient eine Entspannungsreaktion erfahren.
6. Nach der Behandlung sollte sich der Patient bequem hinlegen und mit einer leichten Decke zudecken. Wenn der Patient einschläft, und die Umstände es erlauben, sollten Sie ihm Zeit lassen, von selbst aufzuwachen.
7. Wenn der Patient wach wird, geben Sie ihm Visualisierungsübungen als Hausaufgaben auf. Dora Kunz schlägt zum Beispiel vor, der Patient solle sich vorstellen, er befände sich an einem herrlichen Strand, beobachte die Wellen und spüre im Geiste, wie sein Schmerz nachläßt und bei Einsetzen der Ebbe mit den Wellen zurückgeht.

Dora Kunz sagt außerdem, daß selbst zwei Minuten ohne Schmerzen dem Patienten helfen können, das wiederholt auftretende Schmerzmuster zu brechen. Sollte der Patient allerdings weiterhin Schmerzen haben, rät sie Ihnen, Ihre Hände zurückzunehmen und andere schmerzlindernde Maßnahmen zu ergreifen.

Chanes und Barber stellten bei ihrer Analyse der Akupunktur fest, daß Schmerzlinderung auf verschiedene psychologische Faktoren zurückgeführt werden kann:[3]

- ein herabgesetztes Angstniveau,
- den starken Glauben an die Wirkung der Behandlung,
- eine spezielle Vorbereitung und Unterweisung vor der Behandlung,
- eine Abgelenktheit vom Schmerz und
- die Einnahme von Medikamenten.

Wenn der Schmerz nach der Behandlung mit Therapeutic Touch weiter andauert, würde ich vorschlagen, den Patienten an jemand anderen zu verweisen, der helfen kann.

Prämenstruelles Syndrom (PMS)

Am prämenstruellen Syndrom leiden schätzungsweise 27 Millionen Frauen in den USA, was in diesem Land einem Frauenanteil von ungefähr 40 Prozent entspricht. Es kann gelegentlich auftreten oder immer wieder von der ersten Menstruation bis zu den Wechseljahren. Die Symptome sind von Frau zu Frau verschieden, und ihre Intensität kann bei ein und derselben Person von Zyklus zu Zyklus unterschiedlich sein. Die folgenden Symptome treten häufig auf, entweder einzeln oder in Kombination:

- Stimmungswechsel
- Verhaltensänderungen
- Gereiztheit
- Depression
- Angst
- Konzentrationsprobleme
- Kopfschmerzen
- Veränderungen im endokrinen System

- Wassersucht
- Aufgedunsener Bauch
- Angeschwollene Brüste
- Lethargie
- Müdigkeit
- Eßgelüste

Aus zuverlässiger Quelle wird bestätigt, daß es noch 150 weitere Symptome gibt. Merkwürdigerweise ist PMS, obwohl extrem kompliziert, mit Therapeutic Touch leicht in den Griff zu bekommen. Es wird symptomatisch behandelt; das heißt, Sie können TT-Techniken selektiv anwenden, je nachdem was die Frau als ihr Problem angibt. Ich verwende eine Vielzahl verschiedener TT-Techniken, um zu helfen. Vorausgesetzt, daß es keine schwerwiegenden organischen Abnormalitäten gibt, wie z. B. eine Gebärmutterfehlbildung, wende ich Therapeutic Touch gemäß einer Kategorisierung der PMS-Symptome folgendermaßen an.

Gereiztheit und Angst

Bei Gereiztheit haben wir es mit einem Energieüberschuß zu tun, der falsch strukturiert wurde, was emotionale Überempfindlichkeit zur Folge hat. Machen Sie folgendes, nachdem Sie sich zentriert haben:

- Glätten Sie rhythmisch und sanft das Energiefeld der Patientin, um ihr beim Auflösen der Blockierung zu helfen und einen kontrollierten Energiefluß anzuregen. Wenden Sie anfänglich nur wenige Minuten für das Glätten auf.

- Gehen Sie dann dazu über, ihr Solarplexus- und Herz-Chakra zu stabilisieren, indem Sie die Energie der Farbe Blau einsetzen.

- Wechseln Sie ab zwischen der Arbeit an den Chakren und dem sanften Glätten des Energiefeldes. Arbeiten Sie auf das Ziel hin, das ganze System der Patientin ins Gleichgewicht zu bringen.

- Fördern Sie zur Unterstützung dieses Prozesses den Energiefluß in ihrem Feld, indem Sie ihn zu den Füßen und durch die Fuß-Chakren bzw. zum Rand des Energiefeldes lenken, wo er sich verflüchtigen wird.

- Nutzen Sie die zunehmende Entspannung der Patientin, und sorgen Sie dafür, daß sie sich bequem hinlegen kann, vorzugsweise an einer gut beheizten und ausreichend gelüfteten Stelle. Sie sollte sich mit einer leichten Decke zudecken und ausruhen.

Wie in vielen Studien nachgewiesen wurde, wirkt Therapeutic Touch besonders gut bei Angst.[4-7] Es gibt verschiedene Arten von Angst, doch ist die vorherrschende Ursache bei allen Streß. Angst ist ein Gefühl von Besorgnis und Furcht, das zu anhaltender Furchtsamkeit ausarten kann. Dabei können verschiedene Verteidigungsmechanismen unser Bewußtsein blockieren und körperliche Symptome entstehen: Tachykardie, Atemnot, Herzflattern, Schweißausbrüche, Übelkeit, Muskelverspannungen, Unruhe und Aussetzen der Atmung bis zur Benommenheit.

Bei Ihrer TT-Einschätzung können Sie möglicherweise die Auswirkungen dieser anhaltenden Anspannung im überlasteten Energiefeld der Patientin, gepaart mit Rhythmusstörungen spüren. Wenden Sie Therapeutic Touch bei Angst ähnlich an, wie bei Gereiztheit. Zusätzlich sollten Sie jedoch

- das Kehlkopf-Chakra stabilisieren helfen und versuchen, eine Entspannungsreaktion hervorzurufen, indem Sie Therapeutic Touch über dem Solarplexus- und dem Herz-Chakra einsetzen;

- die Frau an jemanden verweisen, der ihr durch Techniken wie Yoga, Meditation, Visualisierungen und/oder Psychotherapie zu einem ausgeglicheneren Lebenswandel verhelfen kann, da anhaltende Angstzustände einen guten Nährboden für psychosomatische Krankheiten abgeben;

- sowohl Shiatsu als auch Akupressur können Frauen, die an PMS leiden, in vielerlei Hinsicht helfen. Deswegen können Sie entweder diese Techniken in Ihre TT-Behandlung integrieren oder die Patientin an einen kompetenten Shiatsu- oder Akupressur-Therapeuten verweisen. Arbeiten Sie dann in Absprache mit diesen Therapeuten und zum Wohl der Patientin.

Lethargie, Müdigkeit und Depression

Bei der folgenden Darstellung wird vorausgesetzt, daß sich hinter diesen Anzeichen keine tiefsitzenden, psychologischen Traumata verbergen.

Lethargie ist gekennzeichnet durch Schläfrigkeit, Trägheit und Teilnahmslosigkeit. Bei einer Untersuchung fühlt sich das Energiefeld der Patientin an, als sei es nicht mehr in der Lage, Energie aufzunehmen. Dieser Eindruck ist gepaart mit Vergiftungserscheinungen. Beachten Sie deshalb folgendes:

- Die Ansatzstellen für Therapeutic Touch befinden sich über dem Milz-Chakra, womit Sie die Aufnahme von Prana anregen, sowie über der Leber, um an der Vergiftung zu arbeiten. In der Praxis fühlt es sich an, als bestünde ein aktiver, aber feiner Energiefluß zwischen dem Milz-Chakra und der Leber, so daß es sich empfiehlt, beide Stellen zu behandeln. Achten Sie darauf, Ihre Bewegungen langsam, sanft und rhythmisch auszuführen und das Energiefeld der Patientin wiederholt zu untersuchen.

- Setzen Sie zusätzlich dazu Therapeutic Touch über der Nierengegend ein, etwa auf Höhe des Solarplexus-Chakras, um einen stärkeren Energiefluß zu bewirken.

- Glätten Sie das Energiefeld, um seine Funktion anzuregen und den Energiefluß zu den Fuß-Chakren und durch sie hindurch zu fördern.

- Wie bei allen TT-Sitzungen, sollte sich die Patientin nach der Behandlung 10 bis 15 Minuten hinlegen, um ihrem System Gelegenheit zu geben, die Energie zu absorbieren und einen optimalen Nutzen aus der Energiezufuhr zu ziehen.

Müdigkeit, Trägheit und Lustlosigkeit, die von Überanstrengung und anhaltendem Streß herrühren, treten häufig bei Frauen auf, die nicht die Möglichkeit haben (oder diese nicht in Anspruch nehmen), ihrer Arbeitsstelle in der kritischen Phase ihrer Menstruation fernzubleiben. An manchen Arbeitsplätzen haben Frauen ein TT-Unterstützungs-Team ins Leben gerufen, so daß sie sich in diesen aufreibenden Zeiten gegenseitig helfen können. Sie arrangieren in der Mittags- oder Kaffeepause TT-Sitzungen füreinander.

Bei Müdigkeit sind zusätzlich zu den bei Lethargie genannten Anwendungsmöglichkeiten noch folgende Techniken nützlich:

- Machen Sie Therapeutic Touch über den Nackenmuskeln, in denen sich infolge körperlicher Erschöpfung Streß niederschlägt. Koppeln Sie diese Energiearbeit mit einer sanften Massage der betroffenen Muskelpartie. Wenn Sie den Fokus auf das Eindringen in das Energiefeld über den Nackenmuskeln legen (also »durchbohren«), werden diese gründlich entspannt, so daß Sie nicht allzuviel Zeit auf die eigentliche Massage verwenden müssen. Während der Massage sollten Sie bewußt die Energie der Farbe Blau von Ihren Hand-Chakren durch die Muskulatur der Patientin lenken, um den gestreßten Muskeln zu einer Entspannung zu verhelfen.

- Stimulieren Sie auch das Energiefeld der Patientin durch das Glattstreichen des Energieflusses und lenken Sie diesen zu ihren Fuß-Chakren und durch sie hindurch.

- Es gibt mehrere Shiatsu- und Akupressurtechniken, die mit Therapeutic Touch kombiniert werden können. Auf dem Lebermeridian helfen diese Techniken besonders bei Müdigkeit.

Eine Depression ist oft schon in der Körperhaltung zu erkennen. In der Regel ist dabei die körperliche Funktionstüchtigkeit herabgesetzt und ein Gefühl der Mutlosigkeit vorhanden. Darüber hinaus ist Depression ansteckend; befinden Sie sich in Gegenwart eines depressiven Menschen, kann es sein, daß Sie ungewollt auch depressiv wirken, ohne daß von Ihrer Seite ein hinlänglicher Grund für diese Niedergeschlagenheit vorläge. Depression kann eine Nebenerscheinung langanhaltender Müdigkeit sein, vor allem, wenn die Patientin keinen Ausweg aus ihrer festgefahrenen Arbeits- oder Lebenssituation sieht, von der sie nicht mehr begeistert ist. Die folgenden Techniken können bei Depression helfen:

- Es gibt viele Formen der Psychotherapie, die das Selbstbild oder Selbstwertgefühl der Patientin unterstützen. Eine Beratung kann viele alternative Problemlösestrategien aufzeigen.

- Rhythmische Körperübungen, wie Aerobic und Tanzen, und Techniken, die das Bewußtsein erweitern, wie Yoga, sind der TT-Behandlung von Depression zuträglich.

- Zusätzlich zu der oben erwähnten Arbeit, die das Energieniveau anheben soll, sollten Sie bei depressiven Patientinnen auch über dem Herz-Chakra arbeiten. Unterstützen Sie diese Behandlung mit einem Gefühl tiefer Anteilnahme; passen Sie aber auf, daß es nicht zu überquellender Sentimentalität wird. Die Patientin muß aufgebaut und ermutigt werden, damit sie ihre inneren Probleme, die den Grundstein für die Depression gelegt haben, selbst in den Griff bekommt. Ansonsten kann es sein, daß intuitive Einsichten nicht zu ihr durchdringen. Geben Sie ihr auf alle Fälle zu verstehen, daß sie nicht allein ist.

- Wenn Sie bei depressiven Frauen das Energiefeld glätten, mit dem Ziel, die Schwellung im Energiefeld aufzulösen und den Energiefluß neu zu strukturieren, sollten Sie dies nur für kurze Zeit und nicht allzuschnell tun.

Bei PMS ist die Depression normalerweise ein Übergangsstadium und hängt ebensosehr mit einem Ungleichgewicht im Hormonhaushalt zusammen wie mit unverarbeiteten Erfahrungen mit der ersten Regelblutung. Wenn depressive Symptome über mehrere Wochen andauern, sollte sich die Patientin an einen erfahrenen Psychotherapeuten wenden.

Depressionen können eine Frau auf unbegreifliche und unerwartete Weise treffen. Dies kann sich zuerst unauffällig äußern: in Appetitlosigkeit oder ungewöhnlicher Eßlust, die unbemerkt vorübergehen können. Allerdings geht die psychische Auswirkung tief. Es kann zu Schlafstörungen, zunehmender, aber unerklärlicher Gereiztheit, Furchtsamkeit oder Besorgtheit kommen. Häufig werden sie von unbestimmbaren körperlichen Schmerzen, grundlosen Weinkrämpfen, Konzentrationsstörungen und Vergeßlichkeit begleitet. Zu diesem bedauernswerten Zustand können überdies Gleichgültigkeit, Teilnahmslosigkeit oder Freudlosigkeit an den Aktivitäten des täglichen Lebens hinzukommen.

Wenn die Frau sich zurückzieht und das Vertrauen in ihre Fähigkeit verliert, alle Lebenslagen meistern zu können, hat der Verlust des Selbstwertgefühls heimtückische, psychische Konsequenzen.

Von depressiven Menschen umgeben zu sein, kann sehr ermüdend wirken. Sie sind als »Sauger« bekannt, da sie die Lebensenergien anderer Menschen aufsaugen. Einige besonders gierige Exemplare »schlürfen« sie regelrecht in sich hinein. Sie haben in der Regel einen niedrigen Energiepegel und viel Angst, weswegen Sie besonderen Wert darauf legen sollten, diese Menschen mit Bedacht zu behandeln. Aus Mitgefühl müssen Sie Hilfesuchenden selbstverständlich helfen, doch ist es wichtig, sich über die eigenen, inneren Ressourcen und die Fähigkeit, andere zu therapieren, im klaren zu sein. Ansonsten kann es passieren, daß Sie völlig überwältigt werden und womöglich alles andere als eine therapeutische Wirkung erzielen.

Um eine therapeutische Wirkung zu erzielen und einem depressiven Menschen auch Grenzen zu setzen, sollten Sie zuerst zur Ruhe kommen und sich zentrieren. Wenn Sie ganz ruhig sind und eine gewisse Distanz zu dem Ergebnis Ihrer heilenden Interaktion empfinden – d. h., daß Sie persönlich dem Ergebnis neutral gegenüberstehen –, senden Sie dem Hilfesuchenden positive Gefühle, wie Zuneigung, und setzen gleichzeitig dem Grad Ihres eigenen Engagements Grenzen. Der bewußte Willensakt des Grenzensetzens neutralisiert den energieabziehenden Effekt des Saugers, heißt es.

Wie schon mehrmals erwähnt, sind die emotionalen Gewässer der TT-Interaktion tief. Deswegen ist es wichtig, genau abzuwägen, wenn es um den Einsatz Ihrer persönlichen Energie bei einem Heilungsakt geht. Selten klagen TT-Anwender über emotionales Ausgebranntsein; die meisten Therapeuten verspüren eher ein erhöhtes Wohlbefinden durch die Hilfe, die sie anderen zuteil werden lassen.

Trotzdem sollte man sich darüber im klaren sein, daß es extreme Formen gibt, in denen Menschen ihr Energiefeld verändern, und nicht alle Veränderungen sind zu Ihrem besten als Heiler.

Es gibt Menschen mit Charisma und altruistischer Veranlagung, die Ihre Psyche anregen und Ihre Stimmung heben können – die guten Lehrer und Vorbilder sozusagen. Aber es gibt auch andere, deren persönlicher Energiehaushalt so ausgelaugt ist, daß sie zum Überleben nach anderen lebensspendenden Quellen greifen, die sich ihnen bieten, solche wie Sie z. B. Wenn Sie mit den Saugern und Schlürfern dieser Welt zu tun haben, sollten Sie Ihrem persönlichen Engagement Grenzen setzen und die TT-Sitzungen zeitlich begrenzen.

Wenn Sie selbst müde sind oder wenig Energie haben, sind Sie für aggressive Sauger und Schlürfer anfälliger. Diese depressiven Menschen sind sich möglicherweise nicht einmal darüber im klaren, was sie anderen damit antun. Wenn Sie das Gefühl haben, das Problem der Patientin sei zu groß für Sie, verweisen Sie sie auf andere Heilungsansätze, die ihren energetischen Bedürfnissen auf gesunde Weise gerecht werden können und sich mit Ihren Praktiken vereinbaren lassen. Erkundigen Sie sich von Zeit zu Zeit bei dem entsprechenden Therapeuten nach den Fortschritten der Patientin, so daß sie davon profitiert, daß sich viele im Geiste mit ihr beschäftigen.

Um sich ein Bild von dem breiten Spektrum menschlicher Energiestufen machen zu können, sollten Sie es sich zur Gewohnheit werden lassen, auf den Energiezustand von Menschen zu achten, wenn Sie durch Einkaufszentren, Straßenzeilen und Geschäftspassagen gehen, wenn Sie im Supermarkt Schlange stehen oder an einer roten Ampel warten. Notieren Sie Ihre Eindrücke vom Verhalten und Auftreten der Menschen in Ihrem Tagebuch.

Wenn Sie die Möglichkeit haben, TT-Einschätzungen an

energiebedürftigen Menschen vorzunehmen, sollten Sie auf feine Unterschiede im Energiefluß, die Sie mit Ihren Hand-Chakren aufnehmen, achten sowie auf Ihre eigenen Reaktionen auf die Betroffenen, vor allem die Reaktionen Ihres vegetativen Nervensystems und Ihres Solarplexus-Chakras. Notieren Sie Ihre Beobachtungen, und denken Sie beim nochmaligen Durchlesen Ihrer Aufzeichnungen darüber nach, wie Sie die zukünftigen therapeutischen Interaktionen mit solchen Leuten sowohl zu deren therapeutischem Nutzen als auch zu Ihrer Zufriedenheit gestalten können.

Wasser in den Beinen, aufgedunsener Bauch und angeschwollene Brüste

Bei PMS erklärt sich das Wasser in den Beinen durch den aus dem Gleichgewicht geratenen Flüssigkeits- und Elektrolythaushalt. Es äußert sich durch ödematöses (geschwollenes) Gewebe, vorwiegend im Bereich der Unterschenkel und Knöchel. Allerdings befindet sich meist der ganze Körper in dieser Verfassung, so daß sich nicht nur die Schuhe der Frau eng und unbequem anfühlen, sondern auch ihre Kleider. Im aufgedunsenen Bauch manifestiert sich der gestörte Wasserhaushalt. Als TT-Therapeut können Sie diesen Problemen folgendermaßen begegnen:

- Messen Sie vor der TT-Sitzung Puls und Blutdruck der Patientin. Sie können auch an den ödematösen Stellen den Körperumfang messen. Wiederholen Sie diese Messungen am Ende der Sitzung, und halten Sie sie für Ihre Unterlagen schriftlich fest.

- Obwohl die Leber wie ein unförmiges, rotes Etwas aussieht, ist sie ein außerordentlich komplexes Organ, das mehr als 40 Funktionen erfüllt, eine davon ist die Regulierung des Wasser- und Elektrolythaushaltes. Beginnen Sie die Behandlung deswegen in der Leber- und Nierengegend am Solarplexus-Chakra. Versuchen Sie, die Energie über der Leber zu harmonisieren, indem Sie eine smaragdgrüne Farbe visualisieren. Für die Harmonisierung der Nieren- und Nebennierengegend eignet sich goldgelbe Energie.

- Glätten Sie mit schnellen, aufwärts gerichteten Bewegungen das Energiefeld der Patientin, stimulieren Sie es, und helfen Sie ihm, sich neu zu strukturieren. Im Falle von Ödemen sollten Sie zwischendurch auch an den Beinen und Füßen arbeiten. Unterstützen Sie auch die Fuß-Chakren dabei, überschüssige Energie abzugeben. Zu diesem Zwecke sollten Sie dafür sorgen, daß die Füße der Patientin erhöht liegen, so daß die Schwerkraft das ihre dazu beitragen kann.

- Schätzen Sie von Zeit zu Zeit das Energiefeld der Patientin neu ein, besonders über dem Herz- und dem Solarplexus-Chakra, um ein Gefühl für das Ausmaß und die Qualität des Energieausgleichs zu erhalten, der stattgefunden hat.

- Wenn es nach der TT-Sitzung für die Patientin an der Zeit ist, zu ruhen oder ein Nickerchen zu halten, sollten Sie dafür sorgen, daß sie die Beine hochlegt, diese aber immer noch tiefer als das Herz liegen.

- Helfen Sie der Patientin auch, ihre Eßgewohnheiten zu überprüfen, um festzustellen, ob sie irgendwelche Nahrungsmittel zu sich nimmt oder sonstige Angewohnheiten hat, die eine Wasseransammlung im Körper begünstigen. Oder verweisen Sie sie, wenn sie danach fragt, an einen kompetenten Ernährungsberater.

Angeschwollene Brüste bei PMS reagieren empfindlich auf Berührung und engsitzende Kleidung. Wenn sich eine Frau der Behandlung gewachsen fühlt, können Sie für kurze Zeit kalte Kompressen oder Eisbeutel auflegen, damit die Schwellung zurückgeht.

Um die unangenehmen Stauungen in der Brust weiter zu lindern, können Sie folgende TT-Techniken einsetzen:

- Gehen Sie mit Ihren Hand-Chakren in das Energiefeld oberhalb der Brüste, und glätten Sie es behutsam, in dem Versuch, den stockenden Energiefluß aufzulösen.

- Wenn die Brüste weiterhin schmerzen, harmonisieren Sie die Energie darüber, indem Sie die Farbe Blau visualisieren und die energetische Wellenlänge in das Energiefeld oberhalb der Schmerzstelle schicken.

- Es bietet sich möglicherweise auch an, die Patientin eine Visualisierungsübung machen zu lassen, die für den Heilprozeß förderlich ist. Diese Übung könnte der Patientin später auch als »Hausaufgabe« aufgetragen werden. Wie bei allen Visualisierungen ist es wichtig, daß die gewählte Visualisierung für die Patientin von Bedeutung ist.

HIV-positive Menschen

Es fällt einem schwer, sich daran zu erinnern, daß uns bis vor nicht allzu langer Zeit das erworbene Immunschwäche-Virus (Aids-Virus) nicht bekannt war, genauso wenig wie die verheerenden Auswirkungen, die die Ausbreitung der Krankheit in der Welt mit sich bringt. Ich kann mich gut an einen persönlichen Vorfall erinnern. 1988 unterrichtete ich eine Forschungsgruppe Graduierter darin, eine Datenabfrage im Computer-Labor zu machen. Ich hielt den Zeitpunkt für geeignet, die gängige Literatur über Aids ausdrukken zu lassen, das damals in aller Munde war. Bedeutende Studien wurden Mitte der 80er Jahre verfaßt, so daß wir ein Literaturverzeichnis über Aids für das Jahr 1985 anfragten. Der Computer reagierte mit einem Eifer, der die Studenten zu Entzückungsrufen veranlaßte, während ich stolz zusah, wie mein glänzendes Spielzeug mit unserer Anfrage kurzen Prozeß machte und prompt einige hübsche, saubere Seiten ausdruckte. Mein Stolz wich allerdings einer gewissen Enttäuschung, als wir den Stapel bedruckten Papiers näher in Augenschein nahmen und herausfanden, daß bei der Computerabfrage zu Literatur über Aids aus dem Jahre 1985 lediglich eine Liste über Untersuchungen zu »hearing *aids*« (Hör*hilfen*) herauskam! Ein Jahr später, 1986 also, war der Begriff Aids völlig geläufig.

Der gängigen Theorie nach ist das HIV ein Retrovirus, was heißt, daß es imstande ist, den offensichtlich normalen, genetischen Informationsfluß umzukehren. Man könnte sagen, daß Aids das Endstadium einer fortschreitenden Immunstörung ist, die sich jahrelang ruhig verhalten hat. Man geht davon aus, daß auf wenig erfaßte Weise Makrophagen, wichtige weiße Blutkörperchen, die zum Immunsystem gehören, selbst zum Reservoir für Retroviren werden können.

Aids ist inzwischen weit verbreitet. Es gibt kaum ein Land auf der Welt, dessen Grenzen es nicht überschritten hat. Welche Ängste diese Krankheit auslösen kann, macht ein Bericht der Vereinten Nationen deutlich, in dem es heißt, daß viele Kaufleute aus afrikanischen Städten (wie Kyotera in Uganda) geflohen seien und die meisten Kinder als Waisen zurückgelassen haben. Geschichten aus anderen Teilen der Erde sind ähnlich mitleiderregend, und der wissenschaftliche Fortschritt auf der Suche nach einem Wunderimpfstoff scheint quälend langsam voranzuschreiten.

Mittlerweile ist deutlich geworden, daß es sich um eine ausgesprochen komplexe Krankheit handelt, die einen vielseitigen Heilungsansatz fordert. Zur Zeit dienen die meisten Behandlungsmethoden einzig dazu, die Krankheit einzudämmen und die Lebensqualität zu verbessern, was für sich genommen ein löbliches Unterfangen ist.

Bis heute ist Therapeutic Touch nur in der Lage, mit den Folgekrankheiten und sekundären Erregern, die HIV-positive Menschen quälen, umzugehen, und keineswegs konnten alle Bemühungen mit Therapeutic Touch Erfolge verbuchen. Trotzdem haben in den letzten fünf Jahre viele Therapeuten an aidskranken Menschen sowie mit deren Familien und Freunden gearbeitet, damit diese lernen, wie Therapeutic Touch bei diesem Leiden am effektivsten eingesetzt werden kann. Die meisten dieser Erfahrungen wurden mit aidsinfizierten Erwachsenen gemacht, und die meisten dieser Erwachsenen waren Männer.

Einige Therapeuten haben auch in Krankenhäusern Kinder von HIV-infizierten, drogenabhängigen Müttern behandelt. In New York, wo die meisten HIV-Infizierten der USA leben, schätzt man, daß derzeit eins von 70 Kindern dem Retrovirus ausgesetzt ist. Nachdem ihre Mütter gestorben waren, wurden die Kinder in den Krankenhäusern zurückgelassen, wo sie ihr kurzes Leben leben.

Es ist ein unerwartetes psychosoziales Ereignis, daß seit 1989 ungewöhnlich viele dieser Kinder von ihren Großeltern aufgezogen werden, vielleicht als Ersatz für deren eigene Kinder, die nun nicht mehr leben. Oder die Kinder wurden von Freunden ihrer an Aids gestorbenen Eltern adoptiert. Es freut mich besonders, berichten zu können, daß viele dieser Menschen gelernt haben – als menschlichen Akt in einer ansonsten entmutigenden Situation –, an diesen leidgeprüften Kindern Therapeutic Touch zu machen. Ich bin stolz darauf, sie zu den Krieger-Fans zählen zu dürfen.

Die Anzahl der Symptome, die TT-Therapeuten bislang erfolgreich behandelt haben, ist verschwindend gering. Dennoch werden die Ergebnisse ihrer Arbeit weiter unten zusammengefaßt. Man sollte bedenken, daß Aids-Kranke ein extrem überfordertes Immunsystem haben. Sie sind völlig erschöpft und deswegen nicht in der Lage, eine größere Menge Prana, Lebensenergie, aufzunehmen. Deshalb ist es wichtig, an ihnen häufige und kurze TT-Sitzungen vorzunehmen.

Wenn Sie als Heiler mit Aids-Patienten arbeiten, sollten Sie unbedingt über ein starkes eigenes psychologisches Unterstützungssystem verfügen, denn Sie haben es mit einer Krankheit zu tun, die die Tragödie unserer Zeit ist. Wünschenswert ist ebenfalls eine tief verwurzelte persönliche Auffassung von Leben und Tod.

Erhöhte Temperatur

Kältekompressen mit verdünntem Alkohol oder etwas Kölnischwasser wirken beruhigend und helfen, die erhöhte Temperatur zu senken. Bedienen Sie sich auch einfacher Maßnahmen. Sorgen Sie dafür, daß der Patient genügend Flüssigkeit zu sich nimmt, und machen Sie folgendes:

- Glätten Sie das Energiefeld des Patienten so gut es geht. Diese Technik bewirkt, daß sich Blockaden auflösen und die Energie frei fließen kann.

- Harmonisieren Sie das Energiefeld des Patienten mit Ihren Hand-Chakren und blauer Energie.

- Benutzen Sie, um die erhöhte Temperatur zu senken, Watte, die, wie in Übung 7 beschrieben, mit blauer Energie angereichert wurde. Legen Sie die Watte auf die Hauptschlagadern des Körpers, ähnlich, wie Sie mit Kältekompressen verfahren würden.

Übelkeit und Erbrechen

Der TT-Praktizierende kann Übelkeit und Erbrechen wie folgt behandeln:

- Legen Sie die Handfläche Ihrer einen Hand ganz sanft auf die Stirn des Patienten und die andere auf den Nacken, um das Würgegefühl aufzulösen.
- Während Sie sich um das Wohlergehen Ihres Patienten bemühen, sollten Sie das Solarplexus-Chakra stabilisieren und das Energiefeld mit blauer Energie harmonisieren.
- Wenn der Anfall nachläßt, glätten Sie behutsam das Energiefeld und fördern den Energiefluß zu den Fuß-Chakren und durch sie hindurch.
- Beruhigen und unterstützen Sie zwischenzeitlich auch das Herz-Chakra.
- Sorgen Sie dafür, daß der Patient eine bequeme Position einnimmt, sobald die Krämpfe nachlassen. Decken Sie ihn mit einer leichten Decke zu, und lassen Sie ihn ausruhen oder ein wenig dösen.

Alle erwähnten TT-Interaktionen werden selbstverständlich im Energiefeld des Patienten ausgeführt.

Durchfall

Der Wasser- und Elektrolythaushalt ist bei Durchfall häufig stark in Mitleidenschaft gezogen, und die Darmkrämpfe erschöpfen den Patienten schnell. In diesem Fall können Sie mehrere Dinge für den Patienten tun:

- Stabilisieren Sie die Gegend um das Solarplexus-Chakra, und harmonisieren Sie das Energiefeld des Patienten mit Hilfe blauer Energie.

- Harmonisieren Sie die Energie über der Leber und dem Milz-Chakra mit blauer Energie, um die Krämpfe zu lindern.

- Nutzen Sie die sich einstellende Entspannungsreaktion, um den Patienten zum Ausruhen und, wenn möglich, gar zum Schlafen zu bringen. Bleiben Sie wegen seines geschwächten Zustands in seiner Nähe, um ihm helfen zu können, falls etwas Unvorhergesehenes geschehen sollte.

Kopfschmerzen

Therapeutic Touch eignet sich am besten bei streßbedingtem Spannungskopfschmerz und bei Kopfschmerzen, die Umwelteinflüssen unterliegen, wie z. B. einem Tief, das Gewittern vorausgeht. Kopfschmerzen bei HIV-Positiven können von der Virusinfektion selbst ausgelöst oder nicht näher zu spezifizieren sein. Trotzdem empfiehlt es sich, die Symptome mit den folgenden Techniken anzugehen:

- Glätten Sie das Energiefeld über Kopf, Augen, Nacken und Schultern zunächst ganz leicht mit kurzen, schnellen und behutsamen Handbewegungen.

- Es wirkt sehr beruhigend, wenn Sie hinter dem Patienten stehen und ruhig und ganz leicht ein oder zwei Minuten lang Ihre Hand-Chakren auf seinen Augen ruhen lassen; das baut Energieblockaden ab.

- Wenn Sie die Muskeln im Nacken- und Schulterbereich mit blauer Energie harmonisieren und zusätzlich mit leichter Massage, Shiatsu oder Akupressur behandeln, werden Energiestauungen leichter abgebaut.

- Waren die Kopfschmerzen sehr stark oder hartnäckig, kann der daraus entstandene Streß beträchtlich sein und sogar Übelkeit hervorrufen; deswegen sollten Sie auch das Solarplexus-Chakra stabilisieren und Energien aus dem blauen Farbenspektrum anwenden.

- Wenn sich der Zustand gebessert hat, harmonisieren Sie das Energiefeld des Patienten mit blauer Energie, indem Sie langsame, rhythmische Bewegungen ausführen.

- Die Beseitigung der Schmerzen in Verbindung mit der Entspannungsreaktion verhilft dem Patienten möglicherweise dazu, sich auszuruhen oder schlafen zu können – die wirkungsvollste Erholung überhaupt.

Chemo- und Strahlentherapie

Chemotherapie und Bestrahlung sind heftige Behandlungsmethoden, die nur bei kritischem Gesundheitszustand eingesetzt werden. Sie haben in der Regel schwere Nebenwirkungen. Deswegen ziehe ich es vor, sie präventiv zu behandeln. Ich beginne mit den TT-Sitzungen etwa eine Woche bevor die Chemotherapie oder Bestrahlung angesetzt wird, und richte meine Bemühungen auf den Abbau von Spannungen, auf psychosomatische Stabilisierung und jegliche Art von Energiestauung. Wenn ich Menschen mit Karzinomen oder Sarkomen behandle, vermeide ich es, Energie an die betreffenden Herde zu schicken, oder mache, wenn die Situation es erfordert, folgende TT-Behandlung, wenn auch ganz behutsam, sanft und nur für kurze Zeiträume:

- Stabilisieren Sie das Solarplexus- und Herz-Chakra mit der Energie klaren Lichts, um der Angst und Besorgnis entgegenzuwirken.

- Halten Sie Ihre Hand-Chakren über das Brustbein des Patienten (das über dem Thymus liegt) und lenken Sie unterstützende Energie in sein Immunsystem.

- Arbeiten Sie auf der Achse zwischen Milz-Chakra und Leber. Setzen Sie einen goldgelben Energiefarbton über der Milz und einen smaragdgrünen über der Leber ein. Schicken Sie nicht nur Energie dahin, sondern versuchen Sie auch, den Energiefluß des Patienten in sich abzustimmen und auszugleichen.

- Lenken Sie außerdem goldgelbe Energie in den Nieren- und Nebennierenbereich, denn sie hilft, das Solarplexus-Chakra zu stärken und zu stabilisieren.

- Erarbeiten Sie gemeinsam mit dem Patienten Visualisierungs- und Meditationsübungen als Hausaufgabe, und legen Sie einen Plan fest, nach dem der Patient täglich eine ausreichende Menge an Flüssigkeit zu sich nimmt, bevor er sich der Chemotherapie oder Bestrahlung unterzieht.

- Unterweisen Sie, sofern Sie dies nicht schon getan haben, Angehörige und Freunde, die gerne helfen wollen, in den Grundtechniken von Therapeutic Touch, und richten Sie Übungssitzungen für sie ein.

- Setzen Sie die TT-Behandlungen während der Chemotherapie oder Bestrahlung fort. Ihr Ziel sollte sein, daß der Patient sein Gleichgewicht erlangt und behält, was Sie durch die symptomatische Anwendung von Therapeutic Touch unterstützen.

Sterbebegleitung

In meiner persönlichen Weltsicht ist der Tod ein natürliches und absehbares Ereignis im Kontinuum des Lebens, bei dem das Licht des Bewußtseins eine Verbindung schafft. Deswegen gehe ich davon aus, daß, auch wenn ein Patient stirbt, das, was passiert, solange er noch lebt, sowohl ihm als auch denen, die ihm nahestehen, eine Zeit der Heilung bescheren kann.

Aus diesem Grund versuche ich, wenn die Umstände es erlauben, Familienmitglieder und Freunde in die TT-Erfahrung einzubeziehen. Entweder mache ich Therapeutic Touch auch an ihnen, um ihnen die Belastung zu nehmen, oder ich bringe ihnen, wenn Sie danach fragen bzw. Interesse bekunden, TT-Techniken bei, damit sie selbst diese einzigartige Nähe zum Patienten erleben können.

Man geht davon aus, daß zwischen dem Anahata-Chakra (Herz-Chakra) und körperlicher Berührung eine enge Verbindung besteht. Aus diesem Grund haben Menschen, die in Altenheimen oder ähnlichen Einrichtungen mit Schwerkranken arbeiten folgende Technik entwickelt:

Wenn die Zeit des Übergangs näherrückt, setzen Sie sich ruhig auf den Bettrand, zentrieren sich und berühren gleichzeitig das Hand-Chakra des Patienten und die Gegend um das Herz-Chakra. Selbst wenn Sie von den Umständen zu überwältigt sind, um überhaupt irgend etwas tun zu können, sollten Sie ganz einfach die Zeit nutzen, um dem Patienten ein Gefühl tiefer Anteilnahme und Liebe zukommen zu lassen und ihm auf seiner Reise alles Gute zu wünschen.

Wenn Sie in diesem Stadium noch mehr auf die Bedürfnisse des Patienten eingehen können, rät Dora Kunz, dem Patienten mit Hilfe von Therapeutic Touch Frieden und die Erlaubnis zu schicken, loszulassen und zu gehen. Sie legt nahe, sanfte kleine Mengen an Energie sowie abwechselnd blaue und goldgelbe Farbtöne zu dem Sterbenden zu leiten, um ihm Frieden zu senden und zu zeigen, daß Sie wissen, daß er sich in eine Umgebung begibt, in der es keine körperlichen Leiden gibt.

Dora Kunz weist darauf hin, daß es Ihre Rolle als Heiler ist, in einer Trauersituation nicht emotional in Aufruhr zu geraten, sondern stabil zu sein und anderen die Energie zu geben, damit sie ihre Gefühle aushalten können. Auf diese Weise können Sie sowohl den Lebenden als auch dem, der in einen anderen Bewußtseinszustand wechselt, einen Dienst erweisen.

Unterleibsoperationen und Kaiserschnitt

Wenn es Ihnen möglich ist, sollten Sie bei Menschen, die sich einer Unterleibsoperation oder einem Kaiserschnitt unterziehen, ein paar Tage vor der Operation beginnen. Einen Teil der Zeit können Sie darauf verwenden, über das bevorstehende Ereignis zu sprechen und dem Patienten bei seinen Vorbereitungen auf den Krankenhausaufenthalt zu helfen. Legen Sie ihm auch nahe, vor der Operation viel Flüssigkeit zu sich zu nehmen und sich genügend auszuruhen. Andere Dinge werden wahrscheinlich vom Arzt verschrieben. Beim Einsetzen von Therapeutic Touch zu diesem Zeitpunkt sollten Sie hauptsächlich anstreben, dem Patienten zu einer Entspannungsreaktion zu verhelfen, um seine Angst zu mindern, ihm Ruhe zu verschaffen und dafür zu sorgen, daß er sich wohl fühlt.

Nach der Einweisung sollten Sie Therapeutic Touch nur mit dem Einverständnis des behandelnden Arztes, eventuell der Krankenhausverwaltung und selbstverständlich nur auf Wunsch des Patienten geben. Besprechen Sie Ihr Vorhaben auch mit der zuständigen Stationsschwester, und arbeiten Sie einen durchführbaren Zeitplan für Ihre Besuche aus.

Nach der Operation eignet sich Therapeutic Touch zur Regenerierung der Peristaltik. Deswegen kann Therapeutic Touch auch gut von Krankenschwestern, die sich darauf verstehen, ausgeführt werden, solange der Patient noch im Aufwachzimmer liegt. Therapeutic Touch eignet sich auch bei Übelkeit und Erbrechen sowie zur Minderung postoperativer Angst- und Schmerzzustände.

Aus verschiedenen Gründen, wie z. B. Kreislaufstörungen, kann es vorkommen, daß intravenös verabreichte Flüssigkeit beim Patienten in das umliegende Gewebe eindringt. Wie bei Ödemen kann Therapeutic Touch bewirken, daß die Flüssigkeit besser absorbiert wird und somit Schwellungen abgebaut werden und das Wohlbefinden gesteigert wird. Wenn der intravenöse Apparat allerdings installiert ist, und Sie Laie sind bzw. nicht in der Institution registriert, kann Ihnen die Krankenhausleitung ein Eingreifen verweigern. In diesem Fall sollten Sie anbieten, qualifiziertem Krankenhauspersonal die TT-Techniken beizubringen. Nebenbei bemerkt, fördert Therapeutic Touch auch die Verträglichkeit intramuskulärer und unter die Haut gesetzter Spritzen.

Andere TT-Fertigkeiten, die Sie gegen Schmerzen und sonstige Beschwerden einsetzen können, sind das Glätten sowie Harmonisieren der operierten Stelle (dem Solarplexus-Chakra) mit blauer Energie. Unterstützen Sie auch das Herz-Chakra, um die Belastung zu verringern, die Achse zwischen Leber und Milz-Chakra, um giftige Abfallprodukte zu vermeiden, und den Thymus, um das Immunsystem und die Regenerationsfähigkeit des Patienten zu fördern. In dieser Phase ist Ihr wichtigstes Anliegen, daß der Patient sich erholt und wohl fühlt. Therapeutic Touch bewirkt eine Entspannungsreaktion, nach der der Patient gerne einschläft oder döst, was beides der Heilung zuträglich ist.

Wenn die Beschwerden nachlassen, sollten Sie mit goldgelber Energie über dem Milz-Chakra und der Nierengegend, sprich über dem Solarplexus-Chakra arbeiten, um die Aufnahme von Prana zu fördern und die Absorptionsfähigkeit zu erhöhen. Fördern Sie auch den organischen Energiefluß zu den Fuß-Chakren und durch sie hindurch.

Sie können in Ihre TT-Praxis auch eine Anzahl anderer Heilmethoden einbeziehen:

- Bringen Sie dem Patienten zur Entspannung Atemübungen bei, die zudem seine Lungen reinigen und ihn mit Sauerstoff versorgen.

- Nach ein paar Tagen Bettruhe wird dem Patient eine leichte Rücken- und Fußmassage wohltun. Die Verwendung von Zedern- oder Wacholderöl wirkt erfrischend auf Menschen, die längere Zeit das Bett hüten mußten.

- Einfache Übungen für die Gelenke sorgen für einen ausgewogenen Kreislauf. Es gibt ein paar äußerst effektive, leichte Yoga-Übungen, die der Patient im Bett machen kann, ohne seine Bauchmuskeln zu strapazieren.[8]

- Nackenverspannungen lassen sich abbauen, indem man Akupressur in Therapeutic Touch integriert. Behandeln Sie die Akupressurpunkte auf der Kopfhaut und im Nacken (Bv 10, Gb 20, Tw 16) und auf den Schultern (Gb 21). Die Akupressur kann der Patient auch selbst ausführen.[9]

- Als Hausaufgabe sollten Sie Visualisierungen, die der Patient gewählt hat und die für den Heilprozeß förderlich sind, einbauen.

Unterstützen Sie den Patienten auch während der Genesungsphase mit geeigneten TT-Techniken und ermuntern Sie ihn, soviel zu machen, wie ihm guttut. Lesen Sie *Genesen und heil werden* von R. S. Ryan, der dafür eintritt, den Patienten Schritte in Richtung Selbständigkeit unternehmen zu lassen; es ist in ausgesprochen erfrischendem Stil geschrieben.[10]

Der Kaiserschnitt ist eine Unterleibsoperation. Und doch ist er mehr, denn er wird an einer schwangeren Frau ausgeführt, die monatelang hormonelle und körperliche Veränderungen an sich erlebt hat und neues Leben in sich trägt. Der Kaiserschnitt sollte eigentlich bei schwierigen und gefährlichen Geburten gemacht werden. Es hat sich jedoch eine gewisse Bequemlichkeit bei der Entscheidungsfindung breitgemacht, so daß in großen Städten der USA derzeit eine von vier Geburten durch Kaiserschnitt gemacht wird, egal wie kritisch die Situation bei der Entbindung ist.

Neben den bei Unterleibsoperationen empfohlenen Anwendungsmöglichkeiten sollten Sie vor der Operation ihrem Lebenspartner, Familienmitgliedern oder engen Freunden ein paar geeignete Grundtechniken von Therapeutic Touch beibringen.

- Behandeln Sie die Patientin nach der Operation mit Therapeutic Touch, um dem Anschwellen der Brüste entgegenzuwirken und die Milchproduktion zu fördern.

- Bei rissigen Brustwarzen sollten Sie die gleichen Techniken anwenden wie bei der Behandlung von Wunden und Schmerzen.

- Bringen Sie den Eltern bei, wie sie Therapeutic Touch an dem Neugeborenen bzw. ihren anderen Kindern einsetzen können.

Woher das Wissen nehmen?

Bislang wurden spezifische Anwendungsmöglichkeiten von Therapeutic Touch bei einer Vielzahl verschiedener Symptome besprochen. Bevor Sie allerdings mit den Übungen und dem Praktizieren Ihrer Fertigkeiten an Lebewesen beginnen, sind diese Diskussionen für Sie lediglich intellektuelle Gedankenspiele. Erst die menschliche Rückmeldung, die Sie bei der tatsächlichen Anwendung dieser Fertigkeiten bekommen, ermöglicht Ihnen, den TT-Prozeß richtig zu verstehen.

Die Grundannahme bei all diesen Techniken ist, daß Ihre Aufgabe als Heiler darin besteht, das Energiefeld des Patienten ins Gleichgewicht zu bringen. Da Ihr Hauptaugenmerk auf dem Ausgleichen von Energien liegt, stellt sich die Frage, ob Sie eigentlich mit beiden Händen das gleiche tun? Übung 12 wurde eigens dafür entwickelt, Ihnen bei der Beantwortung dieser Frage zu helfen.

Übung 12
Das Energiefeld des Patienten mit den Hand-Chakren ausgleichen

Sie können diese Übung entweder als geführte Visualisierung ausführen, wobei sie Ihnen hilft, Ihre letzte TT-Interaktion mit einem Patienten noch einmal zu durchleben; Sie können sich aber auch die notwendigen Schritte merken und die Entscheidungen, um die es geht, bei der nächsten TT-Interaktion mit einem Kranken treffen.

Diese Übung sollten Sie an einem ruhigen Ort ausführen, an dem Sie sicher sein können, daß Sie die nächsten 20 Minuten nicht gestört werden und sich in Ihrer Erinnerung ganz Ihren Erfahrungen widmen können.

Zubehör

Nehmen Sie Papier und Bleistift zur Hand, um einfach und problemlos Ihre Eindrücke aufschreiben zu können.

Vorgehensweise

1. Setzen Sie sich bequem hin, und zentrieren Sie sich in aller Ruhe.
2. Bleiben Sie zentriert, und gehen Sie in Ihrer Erinnerung zur letzten TT-Interaktion zurück, die Sie mit einem Patienten hatten.
3. Lassen Sie die Situation mit dem Patienten vor Ihrem geistigen Auge entstehen. Spüren Sie sein Energiefeld.
4. Visualisieren Sie deutlich Ihre zusammenwirkenden Energiefelder, während Sie mit den Hand-Chakren das Energiefeld des Patienten einschätzen und auf Hinweise achten.
5. Entscheiden Sie nun, wie Sie dem Patienten am besten helfen können. Beginnen Sie damit, sein Energiefeld wieder ins Gleichgewicht zu bringen.
6. Achten Sie während dieses Vorgangs besonders auf Ihre Hand-Chakren. Welche Informationen erhalten Sie von ihnen?
7. Wie setzen Sie Ihr dominantes und Ihr nichtdominantes Hand-Chakra ein? Haben sie die gleiche Funktion? Oder verschiedene?
8. Notieren Sie Ihre Eindrücke auf dem Notiz-

block, sobald Ihnen die Antworten klargeworden sind.
9. Wenn Sie die Übungen mit anderen zusammen machen, besprechen Sie anschließend Ihre Ergebnisse.

Kommentar zu Übung 12

Wie Sie jetzt möglicherweise festgestellt haben, kann es sein, daß jedes Ihrer Hand-Chakren eine andere Funktion erfüllt und beim Ausgleichen des Energiefeldes eine andere Rolle spielt. Letztens haben sich 70 TT-Therapeuten im Rahmen eines Kurses dazu geäußert, wie sie ihr nicht-dominantes Hand-Chakra eingesetzt haben, während ihr dominantes Hand-Chakra aktiv den Energiefluß gelenkt und harmonisiert hat. Sie sagten, daß ihr nicht-dominantes Hand-Chakra

- dem dominanten Hand-Chakra als Vergleichsgrundlage dient;
- den »Zuhörer« spielt. Es überprüft und begutachtet die Wirkung des dominanten Hand-Chakras, das den Energiefluß lenkt und harmonisiert;
- die Energie an sich zieht und den Energiefluß verteilt bzw. ins Gleichgewicht bringt;
- die Parameter für ein geheiltes Energiefeld aufstellt und den Fokus auf dem Feld hält;
- das Energiefeld ins Gleichgewicht bringt und unterstützt;
- dem Energiefeld des Patienten hilft, den heilenden Energiefluß zu erden oder zu verankern.

Weitere Beispiele für Therapeutic Touch in der Praxis

Die Fälle aus der TT-Praxis, die in diesem Buch dargestellt werden, repräsentieren nur eine geringe Auswahl der vielen Anwendungsmöglichkeiten, die Therapeutic Touch bietet. Menschen, die hauptberuflich in Heil- und Pflegeberufen tätig sind, setzen Therapeutic Touch in Hunderten von Situationen ein, die ein breites Spektrum abdecken; manche sind etwas ungewöhnlich, andere regelrecht witzig. Ein paar Beispiele, die von Interesse für Sie sein könnten, möchte ich hier anführen:

- In einer Stadt wendet ein Krieger-Fan Therapeutic Touch in der Umkleidekabine einer bekannten Football-Mannschaft an. Sie behandelt die Sportverletzungen der Spieler mit Therapeutic Touch. In einer benachbarten Stadt forscht ein anderer Therapeut über die Wirkung von Therapeutic Touch auf Kolibakterien in einer regionalen Kläranlage.

- In einem modernen High-Tech-Krankenhaus einer anderen Stadt ist Therapeutic Touch zu einem Routineverfahren an Frühgeburten auf der Intensivstation für Neugeborene geworden. Auf einer Farm, einige Meilen abseits der Stadtgrenzen, benutzt ein Farmer Therapeutic Touch in seinem Hühnerhaus, um die Legetätigkeit seiner Hühnerschar zu steigern.

- In einer anderen Gegend des Landes hat ein Krankenpfleger im Hinterzimmer einer Bar eine Feierabendpraxis ins Leben gerufen, in der er verletzte Alkoholiker behandelt, die ansonsten keine medizinische Einrichtung aufsuchen würden. Tagsüber unterweist ein im staatlichen Gefängnis tätiger Arzt Gefangene in den Grundtechniken von Therapeutic Touch.

Anregungen

Es folgen ein paar Vorschläge, die sich für Ihre TT-Praxis als nützlich erweisen könnten:

- Führen Sie Buch über die verschiedenen TT-Techniken, die Sie anwenden, die jeweiligen Umstände, unter denen sie zum Einsatz gelangen, und die Erfolge, die Sie damit erzielen. Vergleichen Sie zu einem späteren Zeitpunkt die Techniken, mit denen Sie Hinweise während der Einschätzungs- oder Wiedereinschätzungsphase ausmachen mit denen, die Sie anwenden, um die Energie wieder ins Gleichgewicht zu bringen. Achten Sie auf Gemeinsamkeiten und Unterschiede, die Sie im Energiefluß verschiedener Menschen und an verschiedenen Stellen vorfinden. Versuchen Sie, sich Klarheit darüber zu verschaffen, warum und wie Sie in verschiedenen Situationen bestimmte Techniken zum Ausgleichen einsetzen. Diese Analyse mag Ihnen langweilig vorkommen, aber wenn Sie einmal begriffen haben, über welches Repertoire an Techniken Sie verfügen, können Sie Therapeutic Touch bewußter und es so zu einem effektiven Instrument machen, das Menschen in Not helfen kann.

- Vergleichen Sie Ihre Aufzeichnungen mit denen von Freunden und Kollegen, die auch Therapeutic Touch praktizieren. Bauen Sie ein Kommunikationsnetzwerk mit diesen Leuten auf, so daß Sie sich gegenseitig beraten können – ob telefonisch, mit Hilfe eines elektronischen »schwarzen Brettes« oder ähnlichem – und von den jeweiligen Erfahrungen des anderen lernen können.

- Analysieren Sie Ihre Ergebnisse in bezug auf den Heilprozeß, und diskutieren Sie die daraus resultierenden Konsequenzen mit Menschen, die mit anderen Heilmethoden arbeiten und eine andere Sichtweise haben könnten.

- Denken Sie darüber nach, unter welchen Umständen es sich als sinnvoll erweisen könnte, die Techniken anderer Methoden mit TT-Praktiken zu kombinieren, um den Bedürfnissen der Patienten gerecht zu werden.

- Versuchen Sie stets, Hilfsbedürftigen gegenüber Ihre Sensibilität zu steigern. Urteilen Sie jedoch nach bestem Können, wenn Sie sich neuen Situationen öffnen. Wenn Sie Ihre Tagebuchaufzeichnungen etwa einmal im Monat möglichst unvoreingenommen durchsehen, wird Ihnen klarwerden, welchen Gedankenmustern Sie vertrauen können und unter welchen Umständen Sie gut arbeiten.

- Versuchen Sie anhand der Aufzeichnungen über Ihre Träume, spontanen Visualisierungen und Meditationen zu erfassen, warum Sie gerne als Heiler tätig sein möchten und welche Auswirkungen das auf Ihr Innenleben hat.

Warnungen und Vorsichtsmaßnahmen

Die von Hippokrates geäußerte Ermahnung »Schade niemandem« wird seit 2500 Jahren als Anweisung an alle, die helfen oder heilen möchten, weitergegeben. Schaden erfolgt meist aus Unkenntnis. Deswegen sollten Sie, wenn Sie nicht genau wissen, wie sie helfen können, auf andere verweisen, die Bescheid wissen; wenn Sie bei der Wiedereinschätzung des Energiefeldes keine weiteren Hinweise mehr ausmachen können, sollten sie nicht einfach mit der Behandlung fortfahren; lassen Sie sich vom Patienten bestätigen, daß er sich wohl fühlt und keine Gefahr mehr besteht, und beenden Sie die TT-Interaktion. Wie menschliche Energien funktionieren ist zur Zeit noch nicht vollends erforscht, aber wir wissen, daß wahllose und aufdringliche Interaktionen das menschliche Energiesystem überladen können; der Patient kann eine Überdosis an menschlicher Energie erhalten. Wenn Sie Therapeutic Touch praktizieren, sollten Sie sich folgende Faustregel tief ins Gedächtnis einprägen: Lieber zu wenig als des Guten zuviel. Sie können jederzeit später die Therapeutic Touch-Behandlung fortsetzen, wenn es angebracht ist.

- Bei einer Heilmethode wie Therapeutic Touch, bei der Sie selbst als Kanal wirken, durch den Energien zum Wohle eines anderen gezielt gelenkt und sensibel harmonisiert werden, ist es ausgesprochen wichtig, Vertrauen in das zu haben, was Sie tun. Vertrauen entsteht, wenn Sie sich dessen, was Sie tun, sicher sind. Tun Sie deshalb beim Ausbalancieren des Energieflusses nur, was Sie von der Einschätzung und der Wiedereinschätzung her wissen. Die Hinweise, die Sie aufnehmen, entspringen direkt dem Energiefeld des Patienten und bilden die Grundlage für Ihr verantwortungsbewußtes Eingreifen. Möglicherweise hilft es Ihnen auch, während der TT-Behandlung eine Videokamera laufen zu lassen, so daß Sie sich später unvoreingenommen beobachten und dadurch Selbstvertrauen gewinnen können. Wenn Sie sich die Interaktion noch einmal anschauen, schauen Sie bitte nicht nur auf das, was Sie machen. Hören Sie vorsichtig auf jegliche Form von Dialog zwischen sich und dem Patienten. Achten Sie auf die Körpersprache des Patienten und seine Haltung während der Sitzung. Stellen Sie sich folgende Fragen: Was könnte ich noch über den Menschen erfahren haben? Wie hätte ich ihm sonst noch helfen können?

- Sie sollten niemals schwitzen. Das Fließen von Energie ist etwas Natürliches und geschieht ohne Anstrengung. Erzwingen Sie nichts. Sie sollten nur in ganz seltenen Fällen eine Form von Kraftanstrengung unternehmen. Sie helfen dem Patienten, seinen Energiefluß zu stimulieren oder zu verändern und wieder einen Rhythmus in den Fluß zu bringen – das ist Ihr Hauptziel. Der menschliche Energiefluß wird vom Geist gesteuert und harmonisiert und schöpft seine Kraft aus ihm. Dabei werden Heilkräfte des Selbst mühelos und nicht mit körperlicher Unterstützung eingesetzt. Wenn Sie nicht genau wissen, was Sie tun sollen, halten Sie Ihre Hand-Chakren in das Energiefeld über die Nierengegend des Patienten, oder legen Sie sie direkt auf diese Stelle am Rücken des Patienten (ungefähr auf Höhe der untersten Rippen). Erlauben Sie dem energiegeladenen Fluß, natürlich zwischen Ihnen zu fließen. Wie bereits erwähnt, hat diese einfache Technik der Energieübertragung noch nie jemandem geschadet; die meisten Empfänger fühlen sich danach energiegeladen und wohl.

- Therapeutic Touch sollten Sie bei Schwangeren, Kindern, Menschen mit Kopfverletzungen oder -tumoren, Menschen, die Traumatisches erlebt haben und unter Schock stehen könnten, Menschen mit angegriffener Gesundheit und psychisch Kranken (die normalerweise Therapeutic Touch sehr gerne mögen, sich aber vor plötzlichen Bewegungen fürchten können) behutsam, sanft und nur für kurze Zeit anwenden.

- Trotzdem sollten Sie nie versäumen zu helfen, auch wenn die Chancen, daß die Hilfe anschlägt, schlecht stehen. Bei mindestens drei Menschen mit Katatonie, für die die jeweils behandelnden Psychiater wenig Hoffnung hegten, schlug Therapeutic Touch in unglaublicher Weise an.

Eine Frau, die seit 18 Jahren an Katatonie litt, konnte ihre spastischen Arme entspannen, die die ganzen Jahre über stark verkrampft waren – und lächeln. Wenngleich sie nicht sprechen konnte, war sie daraufhin leichter zu betreuen, setzte sich jeden Morgen ohne Aufforderung in einen Rollstuhl, wirkte munter und zeigte aufrichtiges Interesse an den täglichen Aktivitäten. Ein 19jähriger Junge wurde aus seinem Zustand erlöst und bat um ein Glas Wasser sowie um den Namen der Schwester, die Therapeutic Touch an ihm gemacht hatte. Vor kurzem konnte eine katatonische Frau zum ersten Mal seit 20 Jahren sprechen. Ihr erstes Wort war der Spitzname der Schwester, die die letzten Wochen Therapeutic Touch an ihr gemacht hatte.

- Ziehen Sie zur Beantwortung folgender Fragen objektive Kriterien heran: Hat Therapeutic Touch geholfen? Sofern die Krankheit geheilt wurde: Gab es Nebeneffekte? Hat sich die Krankheit verändert?

Kapitel 6

Übersicht

Beim Einsetzen von Therapeutic Touch lernen Sie, wie das Energiefeld funktioniert. Um dieses Wissen zu Ihrem eigenen zu machen, müssen Sie jedoch bereit sein, sich anderer als der fünf Hauptsinne zu bedienen. Wie bereits erwähnt, erfordert Therapeutic Touch eine andere Form von Intelligenz, als sie im täglichen Leben benötigt wird. Es bedarf anderer Kommunikationsarten sowohl mit sich selbst als auch mit anderen – Arten, bei denen noch wenig erforschte Aspekte der Psyche zum Einsatz gelangen. Das Tor zu diesem Heilsystem liegt in den Tiefen des Bewußtseins. Das unaufhaltsame Aufwallen mitfühlender Anteilnahme am Wohlergehen anderer ermöglicht es, in diese Sphären des inneren Selbst zu dringen. Es ist eine Anteilnahme von solcher Gefühlstiefe, daß sie über das normale Verständnis der Dinge hinausgeht.

Im besten Falle sind die Bewußtseinsfacetten, die beim Ausüben von Therapeutic Touch gefördert werden, bestätigtes, persönliches Wissen, geerdete Informationsübertragung von Geist zu Geist zwischen Heiler und Patient (d.h.: Telepathie) und der geschickte Einsatz von Intuition und kreativen Gedanken. Diese potentiellen Errungenschaften bilden eine berauschende Menge an Fähigkeiten. Was ist nun die Quelle für den Bewußtseinszustand, der für den Erwerb dieser Fähigkeiten nötig ist?

Die Antwort läßt sich ansiedeln zwischen der Motivation zu helfen oder zu heilen, genährt von der mitfühlenden

Anteilnahme an Bedürftigen, und dem steten Bedürfnis, ein wohltuendes menschliches Unterstützungssystem zu werden, das den Kurs zu diesem selbstlosen Ziel eingeschlagen hat. Dieser Pfad der Heilung bedeutet harte Arbeit, aber nicht im Sinne schweißtriefender Anstrengung. Er erfordert tiefgehendes Engagement, guten Willen und Selbstdisziplin, um die latent vorhandenen Fähigkeiten zum Leben zu erwecken und in den Dienst des Guten zu stellen. Ich möchte ausdrücklich betonen, daß es ein natürliches Zum-Leben-Erwecken ist, denn ich bin überzeugt davon, daß Heilung, so wie sie bei Therapeutic Touch vonstatten geht, ein natürliches Potential ist, das jeder von uns unter den entsprechenden Umständen einsetzen kann. Es kann sich sogar ein noch größeres Verständnis der tiefsten Tiefen des Bewußtseins, die in den Heilprozeß einwirken, einstellen, wenn Sie fortgeschrittenere TT-Techniken benutzen.

Die Struktur der TT-Behandlung

Zweifellos ist die großartigste Aussage in diesem Buch, daß wir als Menschen nicht an unserer Haut aufhören. In der Tat befindet sich in dem dynamischen Kreislauf des Energiefeldes, das den Körper, und somit die Haut, umgibt, eine Quelle mit wichtigsten Informationen über das wahre Selbst, die nur darauf wartet, erschlossen zu werden, Ein funktionierender oder gesunder Teil dieses Energiefeldes kann als Modell für die gesunden, energetischen Abläufe des Patienten dienen. Sie können dann Hinweise auf ein energetisches Ungleichgewicht des Patienten wahrnehmen, indem Sie sie im Kontrast zu dem normalen Hintergrund sehen. Mit Hilfe einer Analyse oder einer Einschätzung dieser Hinweise können Sie eine ganze Reihe auf die Hinweise zugeschnittene Techniken verwenden und so helfen, das Energiefeld des Kranken wieder ins Gleichgewicht zu bringen.

Zusammengefaßt könnte man sagen, daß Therapeutic Touch aus vier Phasen besteht. Die erste Phase, das Zentrieren des Bewußtseins, ist eine Konstante und der Urzustand, von dem Therapeutic Touch ausgeht. Die anderen Phasen sind in keinster Weise zeitgebunden und gehen ineinander über, je nachdem, was die Umstände verlangen. Die zweite Phase besteht im Einschätzen bzw. Absuchen des Energiefeldes des Patienten nach Hinweisen, die auf Ungleichgewicht schließen lassen. Die dritte Phase ist das Ausgleichen oder Restrukturieren der Energiemängel, Hyperaktivität, Blockaden oder Rhythmusstörungen. Die vierte Phase besteht darin, eine abgewogene Entscheidung zu treffen, die auf häufigen Wiedereinschätzungen des Energiefeldes beruht, und bestimmt, wann die Interaktion zu beenden bzw. neu auszurichten ist. Nur durch wiederholte Einschätzungen können Sie herausfinden, ob Therapeutic Touch angeschlagen hat, und welches die nächsten Schritte sind, die zum Wohl des Patienten unternommen werden sollten.

Die Phase des Zentrierens

Das Zentrieren bildet die Grundlage für ein Wahrnehmungskontinuum, das den ganzen TT-Prozeß über andauert, mit dem Ziel, einen unaufhörlichen Bewußtseinsfluß aus den tiefsten Sphären des Selbst herbeizuführen. Zentrieren heißt, sich im Selbst verankern. Es ist ein ganz persönlicher Weg, Kontakt zu den Tiefen des Selbst aufzunehmen, um dann die neu erworbene Sichtweise als Prüfstein oder Meßgerät zur internen Überprüfung der Interaktion zwischen Heiler und Patient anzuwenden.

Die Einschätzungsphase

In der Einschätzungsphase behalten Sie diesen zentrierten Bewußtseinszustand bei und setzen Ihre eigenen Chakren (Bewußtseinsstrudel), vorwiegend die Hand-Chakren im Energiefeld der Handflächen, ein, um die Muster im Energiefluß des Patienten zu erspüren. Diese Energiemuster haben verschiedene Eigenschaften:

Fluß
Der Energiefluß bewegt sich zwischen folgenden Polen:
- langsam bis schnell
- ungehindert bis blockiert
- stark bis schwach
- dünn bis voll
- ruhig bis stürmisch
- pulsierend bis hämmernd

Rhythmus
Der energetische Rhythmus bewegt sich zwischen folgenden Polen:
- rhythmisch bis arhythmisch
- regelmäßig bis willkürlich
- harmonisch bis dissonant

Resonanz
Die Energie kann bestimmte Körpersysteme, wie z. B. das vegetative Nervensystem, in Einklang mit seinem Fluß und Rhythmus bringen, z. B. im Falle der »rein gefühlsmäßigen Reaktion« auf die emotionale Energie von Angst.

Bei der Einschätzung des Ungleichgewichts lernen Sie zwischen den verschiedenen Energieflüssen, Rhythmen und Wirkungen auf das physische, das emotionale, das intellektuelle und das suprarationale System zu unterscheiden. Wie früher schon erwähnt, gibt es sechs Hauptindikatoren für energetisches Ungleichgewicht, die die meisten Menschen problemlos unterscheiden können:

- Temperaturunterschiede von heiß bis kalt;
- sich angezogen fühlen (auch magnetisch) von einer bestimmten Stelle;
- Energiedefizit oder Hyperaktivität;
- Verstopfung oder Blockade im Energiefluß;
- Kribbeln oder leichte Elektroschocks;
- Pulsieren oder nicht übereinstimmende Rhythmen.

Es ist interessant, daß diese Hinweise auf Ungleichgewicht direkt in der Interaktion der menschlichen Energiefelder zwischen Heiler und Patient entstehen. Das Energiefeld eines Patienten fühlt sich z. B. nicht »heiß« oder »prickelnd« an; diese Beschreibung entsteht vielmehr in Ihrem Bemühen als Heiler, Ihre Erfahrung während der Einschätzung mit Worten auszudrücken.

Es gibt auch TT-Therapeuten, die lernen, ihre Intuition zuverlässig zu nutzen, und andere, die mit der Zeit lernen, Informationen, die durch ihre Chakren gefiltert werden, zu entschlüsseln. Andere Therapeuten wiederum integrieren eine Vielzahl von Fähigkeiten oder Techniken in Ihre TT-Behandlung, oft mit sehr guten Ergebnissen. Mir wurde z. B. gezeigt, wie ich die zwölf Meridiane mit Hilfe sensitiver Berührung ermitteln kann. Wenn ich versuche, mich genau auf die Informationen, die ich bei der Einschätzung vom Energiefeld des Patienten aufnehme, einzustimmen oder sie auf ihre Stimmigkeit hin zu überprüfen, empfinde ich es als hilfreich, das Energiefeld über diesen Meridianen einzuschätzen. (Dabei berühre ich die Haut eigentlich nicht.) Meiner Erfahrung nach eignet sich vor allem der Dickdarmmeridian.

Was ich ungern tue oder nur mit größter Vorsicht, ist die vom Patienten selbst erstellte Diagnose zu übernehmen. Ich würde Ihnen dringend raten, dabei ebenfalls vorsichtig zu sein. Häufig werden die Patienten von Ihren Problemen mit Angst erfüllt, was ihre Beschreibungen und Schlußfolgerungen trüben oder verzerren kann, und blindes Vertrauen kann Sie auf die falsche Spur setzen. Die Probleme liegen keineswegs immer da, wo der Patient Schmerzen verspürt. Patienten mögen z. B. von einem Schmerz sprechen, der durch ihren linken Arm schießt, wenn es sich ursprünglich um Herzprobleme handelt; das tritt z. B. bei Angina pectoris auf; oder sie verspüren möglicherweise Schmerzen unterhalb der Schulterblätter, wenn ihr eigentliches Problem die Gallenblase ist.

Im Laufe der Jahre habe ich herausgefunden, daß ich ein Problem am zuverlässigsten ermittele, wenn ich auf meine Hand-Chakren »höre« und mich auf die Botschaften konzentriere, die ich deutlich empfange. Trotzdem ist mir gerade bei Schmerzen sehr wichtig, wie sich der Patient nach der Behandlung fühlt, um herauszufinden, ob ihm meine Maßnahmen zur Schmerzbefreiung geholfen haben. Wenn nicht, mache ich entweder etwas anderes, oder ich verweise den Patienten auf jemand anderen.

Symptome können viele denkbare Gründe haben. Deswegen lege ich Ihnen nahe, beim Erlernen von Therapeutic Touch eine möglichst aktuelle Ausgabe eines zuverlässigen medizinischen Nachschlagewerks zu studieren.

So können z. B. folgende Störungen mögliche Ursachen für das Symptom Brustschmerz sein:

- Herzinfarkt
- Blutgerinnsel in der Lunge
- Bronchitis
- Sodbrennen
- Hiatushernie

- Brustverletzung
- Muskelzerrung
- gebrochene Rippe
- Nervenentzündung, wie z. B. Gürtelrose
- Lungenentzündung oder, wenn die Brustschmerzen von erhöhter Temperatur begleitet sind, Pneumothorax (eine Ansammlung von Luft oder Gasen im Brustkorb)

Die Phase des Ausgleichens

Sobald die Einschätzung des Energiefeldes stattgefunden hat, richtet sich Ihre Aufmerksamkeit darauf, das Energiefeld des Patienten wieder ins Gleichgewicht zu bringen. Als allgemeine Regel sollten Sie das Prinzip des Ausgleichs im Auge behalten. Wenn sich der Energiefluß des Patienten blockiert anfühlt, versuchen Sie, ihn zu stimulieren und zu öffnen. Wenn der Fluß chaotisch verläuft, versuchen Sie, ihn zu beruhigen. Wenn Spannung da ist, bauen Sie sie ab.

Bewegung

In der Ausgleichsphase des TT-Prozesses können Sie Bewegung in verschiedener Weise anwenden. Aus Gründen, die in den vorausgegangenen Kapiteln besprochen wurden, sollte im allgemeinen die Bewegungsrichtung Ihrer Hand-Chakren vom Scheitel des Patienten zu den Füßen gehen. Sollte Ihre Einschätzung jedoch ein anderes Bedürfnis anzeigen, kann die Bewegungsrichtung an manchen Stellen geändert werden. Wenn Sie die Bewegung von oben nach unten ausführen, hat dies gemeinhin eine beruhigende Wirkung, während eine Bewegung von unten nach oben anregend wirkt. Bei jeder Bewegung sollten Ihre Handflächen in die Bewegungsrichtung weisen und Ihre Finger entspannt, aber nicht gespreizt sein. Die Qualität der Bewegungen sollte der beabsichtigten Wirkung entsprechen, also je nach

Situation lebhaft, gemäßigt oder behutsam sein. Wie schon besprochen, wird der Energiefluß von Ihrer Aufmerksamkeit oder Konzentration als Heiler gelenkt und harmonisiert bzw. stimmiger und gleichmäßiger gemacht. Deswegen wird der Prozeß besonders durch Visualisierungen unterstützt, die die Bemühungen fokussieren, koordinieren und mit einer gewissen Kontrolle versehen. Der Fokus kann auch durch die Atmung geschärft werden, wenn Sie den Energiefluß beim Ausatmen steuern.

Eine weitere Handbewegung, die Sie einbringen können, ist das Glattstreichen. Beim Glätten wird die Energie von innen nach außen, vom Zentrum des Energiefeldes zum Rand gelenkt. Das Glätten dient mehreren Zwecken, unter anderem dem Abbau von Blockaden, der Veränderung von Energiestrukturen oder der Abkühlung bei erhöhter Körpertemperatur und Entzündungen.

Auch Körperbewegungen des Patienten können den TT-Prozeß unterstützen, wenn Sie z. B. mit einem Patienten arbeiten, der Gelenkprobleme hat. Mir persönlich hilft es sehr, wenn der Patient die betroffenen Gliedmaßen langsam kreisen läßt, während ich das Energiefeld über dem Gelenk einschätze. Ich spüre während des Kreisens häufig eine deutliche Veränderung im Energiefluß über einer bestimmten Stelle des Gelenks. Dadurch kann ich mir das Problem des Patienten klarer vorstellen und erhalte Hinweise, wohin ich meine Bemühungen beim Einsetzen von Therapeutic Touch orientieren soll.

Eine andere Bewegungsform, die ihre Nützlichkeit bei Therapeutic Touch unter Beweis gestellt hat, wurde von Dora Kunz entwickelt. Sie bietet sich bei Fortbewegungsproblemen an, wie sie z. B. infolge eines Beinbruchs auftreten. Der Energiefluß wird entlang der langen Knochen im Bein hinter die Knie und dann durch die Fuß-Chakren geleitet (im Energiefeld über dem Rist der Füße, siehe Abbildung 3). Nachdem der Patient diese TT-Behandlung erhalten hat, wird er gebeten, ein paar Schritte zu gehen, wobei er gut gestützt werden sollte (entweder mit Geräten oder von einem Menschen). Diese Übung strukturiert auf natürliche Art und funktionsgerecht den Energiefluß und beschleunigt den Heilprozeß. Ein ähnlicher Kniff kann bei Muskel- und Knochenproblemen der oberen Gliedmaßen angewandt werden; d. h., man kann sie nach einer TT-Sitzung verschiedenen, angemessenen Bewegungen aussetzen, um den normalen Energiefluß zu fördern.

Ich finde, daß sich eine Hydrotherapie ausgesprochen gut mit diesen Techniken kombinieren läßt, wobei ich Therapeutic Touch mache, während die Patienten und manchmal auch ich selbst im bewegten Wasser sind. Am liebsten suche ich natürliche, lebende Gewässer auf, wie heiße Quellen, Bäche, Flüsse oder geschützte Buchten an der Meeresküste, wo die Natur des Wassers selbst den Hand-Chakren die verschiedenen Muster des natürlichen Energieflusses vorgibt.

Den Energiefluß harmonisieren

Energien harmonisieren ist etwas anderes als Energien lenken. Das Harmonisieren beinhaltet eine Neuverteilung der Energie des Patienten (eher als ein Hinzufügen oder Abziehen) oder ein Abstimmen der energetischen Qualität oder Intensität bei Hyper- oder Hypoaktivität. Die Visualisierung bestimmter Farben und die einfühlsame Spiegelung der unterschiedlichen Energiezustände dieser Farben in Ihnen bilden die Grundlage für diese Fertigkeit.

Beim Sichhineinversetzen oder Identifizieren mit einer bestimmten Farbe spiegeln Sie den Energiezustand dieser Farbe in Ihrem Körpertonus und benutzen dann diesen Energiezustand, um die Energie des Patienten zu harmonisieren oder zu verändern. Symbole, Musik und Gefühle können ebenfalls zur Harmonisierung der Energien des Patienten herangezogen werden. Weiter unten sind einige Begriffe von TT-Therapeuten aufgelistet, die diese benutzt haben, um Energiezustände zu beschreiben, die sie mit bestimmten Farben assoziieren.

Farbe	Energiezustand
blau	kühl, ruhig, zusammengesetzt, »wellenlos«, friedlich, ordentlich, kohärent, still, graziös
gelb	vitalisierend, höchst rege, kräftigend, «reine Energie«, stimulierend, aktiv, beschleunigend
grün	Gleichgewicht, dynamische Stabilität, organisiert, Ausgeglichenheit
rosa	Zuneigung, Zärtlichkeit, Liebe, Sympathie, Freundlichkeit, Umarmung
violett	segenspendend, exaltiert, Hingabe, aufwärtsstrebend, Verehrung
klares Licht	Klarheit, zugänglich, Durchscheinen, durchlässig, ungehindert, bedingungslos

Rhythmus

Wie schon erwähnt, ist Prana die vorwiegend benutzte Energie beim Praktizieren von Therapeutic Touch. In der indischen Sichtweise organisiert Prana den Lebensprozeß. Prana ist eigentlich ein Aspekt des Vayu, von dem sich die natürlichen Rhythmen (zyklische Phänomene) ableiten. Es ist deswegen keineswegs überraschend, daß Rhythmus einen

Hauptzugriff darstellt, um energetische Strukturen bei Therapeutic Touch zu verstehen und einzustufen. In diesem Zusammenhang ist es interessant, daß Probleme, die sich auf den Rhythmus beziehen, für Therapeutic Touch sehr zugänglich sind. Dazu gehören auch Probleme der größten rhythmisch arbeitenden Organe des Körpers, wie das Herz, die Atemorgane, der Verdauungstrakt und die Geschlechtsorgane.

Des weiteren gehören funktionale Probleme dazu, die in einen Zyklus eingebunden sind, wie die Menstruation und Schwangerschaften sowie wiederkehrende emotionale Probleme, wie manisch-depressive Zustände.

Mit etwas Übung können Sie ohne weiteres Rhythmen im Energiefeld wahrnehmen, vor allem wenn sie stark vom normalen Rhythmus abweichen. Wenn Sie TT-Einschätzungen an Menschen vornehmen, deren natürliche Rhythmen mechanisch überwacht werden, werden Sie einen überwältigenden Eindruck von den Rhythmusstörungen in ihren Energiefeldern erhalten. Das gilt für Menschen, die an ein Beatmungs- oder Dialysegerät angeschlossen werden, das roboterartig ihre Körperflüssigkeit und Elektrolyte in nicht menschlichen Rhythmen filtert.

Des weiteren fühlt sich der Energiefluß unstimmig und völlig ohne Timing an, wenn einem Patienten hohe Dosen Antibiotika oder Psychotonika verabreicht werden, oder wenn er sich einer Chemotherapie unterzieht. Für derartige Verfassungen braucht man viel Erfahrung, um sie verstehen und damit umgehen zu können. Jedoch tut man diesen Menschen schon mit einfachen grundlegenden TT-Techniken, die eine einfache Entspannungsreaktion hervorrufen, viel Gutes. Es ist bemerkenswert, wie diese Reaktion dem Körper eine kurzzeitige Erholung verschafft, in der er dann möglicherweise seine Kräfte mobilisieren und seine eigene Intelligenz einsetzen kann, um sich selbst wieder ins Gleichgewicht zu bringen.

Die Chakren

Unregelmäßigkeiten im Rhythmus können bei der TT-Einschätzung in den Chakren im Energiefeld wahrgenommen werden. Chakren sind, wie bereits erwähnt, nicht-körperliche Strudel im menschlichen Energiefeld, die universelle lebensunterstützende Energien in menschliche Energiesysteme umwandeln. Die Ansiedlung und Funktion der Haupt-Chakren stehen in engem Zusammenhang mit dem endokrinen System und dem vegetativen Nervensystem. Sie sorgen für die Aufnahme und die Ausscheidung lebensspendender Energien, die sich ständig im Fluß befinden.[1]

Der Stoffwechsel ist eine fundamentale Funktion bei allen Lebewesen und trägt wesentlich zur Regenerierung – oder Heilung – von Geweben bei. Die fein abgestimmte Beziehung zwischen Chakren und endokrinem System gewährt Ihnen, als Heiler, Zugang zu der Art von Energien, die man Emotionen nennt, und dadurch bedingt zu psychosomatischen Krankheiten. Wie wichtig die Chakren sind, wird deutlich, wenn man bedenkt, daß bis zu 70 Prozent aller menschlichen Krankheiten in unserer hektischen Zeit psychosomatischen Ursprungs sein sollen.

Wie die Chakren allerdings im Detail funktionieren, wird bei der TT-Einschätzung nicht ganz deutlich. Sie sind auf wahrnehmbare Hinweise angewiesen, die anzeigen, daß ein Chakra schlecht funktioniert, und es ist wichtig, diese Hinweise richtig zu deuten.

Ich habe herausgefunden, daß man die Wirkung der Chakren auf Bewußtsein, Verhalten, Haltung und Stimmung am besten versteht, wenn man sich über ihre Funktionsweise in einem selbst im klaren ist. Diese Strategie ist äußerst pragmatisch, und ich gehe sie an wie ein Spiel.

Zunächst gehe ich davon aus, daß das Wissen über Chakren aus den östlichen Philosophien auf 4000 Jahren Erfahrung beruht. Das ist für mich eine rationale Grundlage, auf der ich aufbauen kann.

Dann wähle ich mir eine Chakrafunktion aus, die geläufig, einfach und allgemein anerkannt ist, wie z. B. die Liebesfunktion des Herz-Chakras. Wenn ich ungestört bin und meine ganze Aufmerksamkeit auf die Erfahrung richten kann, zentriere ich mich. Dann versuche ich, die Liebesfunktion selbst zu erleben, und visualisiere jemanden, den ich liebe und gestehe mir zu, diesem Menschen gegenüber Liebe zu empfinden. Während dieser Zeit behalte ich einen Zustand streßfreier, aber wacher Aufmerksamkeit bei. Ich achte auf jeder Bewußtseinsebene darauf, was in mir geschieht, wenn ich das Liebeserlebnis vertiefe.

Wenn ich diese Übung ausführe, stelle ich in der Regel fest, daß meine Atmung ruhig und gleichmäßig ist, und meine Muskeln entspannt sind. Ich fühle mich allgemein wohl und behaglich. Meistens mag ich das, was ich fühle – ich ertappe mich manchmal sogar dabei zu lächeln – und vor diesem Hintergrund wird die Art, wie ich mit anderen Menschen umgehe, sanfter und großzügiger.

Wenn ich diese Facette der Liebe in meinem Bewußtsein weiter erforsche, fange ich an zu verstehen, was auf tieferen Ebenen meines Herz-Chakras geschieht. Ich frage mich: Wenn ich in Gedanken Liebe an meinen Liebsten schicke, wird dieser Mensch in gleicher Weise reagieren? Die Antwort, die ich erhalte, lautet sehr häufig *ja*. Wenn ich in Gedanken Liebe an einen anderen Menschen sende, wird dieser Mensch sich mir gegenüber öffnen? Meistens *ja*. Wenn ich in Gedanken Liebe an ein ängstliches Kind schicke, wird dieses Kind mich akzeptieren? Fast immer, und manchmal auf unerwartete und wertvolle Weise.

In ähnlicher Weise erforsche ich dann die anderen Chakren. Im Laufe der Zeit entwickele ich ein größeres Verständnis für die Angst, die das Solarplexus-Chakra erschüttert, den Kummer, der das Hals-Chakra erfaßt, und so weiter. Die psychosomatischen Formen dieser Streßzustände werden mir dann klarer, und ich fange an, therapeutische Strategien zu entwickeln, um Menschen, deren Gesundheit von diesen Problemen betroffen ist, zu helfen. Das vermehrte Wissen, das ich aus diesen Experimenten ziehe, vergrößert mein Repertoire an Fertigkeiten, so wie mich diese andauernde Suche auch empfänglicher für Hinweise im Energiefeld des Patienten werden läßt. Alles, was ich dadurch lerne, baue ich in meinen TT-Ansatz ein.

In der Ausgleichsphase von Therapeutic Touch halte ich meine Hand-Chakren über das entsprechende Chakra im Energiefeld des Patienten. Dann gelangen meine eigenen Chakren zum Einsatz, indem ich mich tief zentriere und in mir selbst die energetischen Qualitäten des betreffenden Chakras heraufbeschwöre. Ich verwende dieses Energiespektrum gerne in der Interaktion zwischen Heiler und Patient, so wie ich gerne Farben und Rhythmen visualisiere, um Energien zu lenken und zu harmonisieren. Wenig später halte ich Ausschau nach einer charakteristischen Reaktion im Energiefeld des Patienten, einer sympathischen Resonanz des Chakras des Patienten auf meine eigenen Hand-Chakren oder eine Spiegelung derselben. So wie bei den anderen TT-Techniken sind Zurückhaltung und eine gute Wissensgrundlage ein absolutes Muß für die Beurteilung. Deswegen führe ich diese Interaktion nur kurz durch, ungefähr zwei bis drei Minuten. Danach schätze ich das Energiefeld des Patienten von neuem ein, um meine nächsten Schritte zu bestimmen. Die Hauptbereiche, an denen ich auf Reaktionen achte, sind das endokrine System des Patienten, sein vegetatives Nervensystem und seine Gefühle.

Kombination mit anderen Heilmethoden

Therapeutic Touch kann man gut mit anderen Heilmethoden kombinieren, die dem Wohlbefinden des Patienten zuträglich sein können. Einige der nachfolgenden Kombinationen haben bemerkenswerte Ergebnisse erzielt:

- Therapeutic Touch läßt sich bei Spannungskopfschmerz, anderen streßbedingten Problemen, Schmerzen im unteren Rückenbereich, Durchblutungsstörungen und Verstopfung hervorragend mit Krankengymnastik oder Massage kombinieren.

  Krankengymnastik eignet sich besonders zur Mobilisierung von Gelenken und Störungen im Muskel-Knochen-Bereich.

- Die Kombination von Therapeutic Touch mit Shiatsu und Akupressur empfiehlt sich besonders bei Stirnhöhlenkatarrh, Verdaungsstörungen, Bindegewebsentzündung, Muskelkrämpfen, Schlaflosigkeit und Menstruationsbeschwerden bzw. Problemen in den Wechseljahren.

- Die Kombination von Therapeutic Touch und Yoga hat sich bei Bronchitis, Asthma, Krampfadern, hohem und niedrigem Blutdruck, extremer Müdigkeit und Angstreaktionen bewährt.

- Therapeutic Touch läßt sich bei Hysterie, Depression, Panik, Wehen und bei der Entbindung gut mit »Hausaufgaben« (Visualisierungsübungen) kombinieren.

Wenn Sie das, was Sie gelernt haben, in die Praxis umsetzen, wird sich der Stoff langsam festigen und zu Ihrem eigenen werden. Es folgt noch eine geführte Visualisierung. Sie wurde entwickelt, um das, was Sie gelernt haben, zu verfestigen. Bitten Sie entweder jemanden, Ihnen den Text vorzulesen, damit Sie die Anweisungen befolgen können, oder sprechen Sie den Text selbst auf Band und spielen Sie ihn dann für sich ab. Der Text sollte langsam gelesen werden, damit Sie die Visualisierung auch wirklich erleben können.

Übung 13
Die Beschaffenheit von Therapeutic Touch

Zubehör

Papier und Bleistift sollten Sie zur Hand haben, so daß Sie sich jederzeit schnell Notizen machen können. Machen Sie kurze Notizen und ergänzen Sie die Details später, so daß Sie Ihren Bilderfluß nicht unterbrechen müssen.

Vorgehensweise

1. Gehen Sie im Geiste zu einem Fall zurück, in dem Sie kürzlich Therapeutic Touch angewandt haben. Nähern Sie sich in Ihrer Vorstellung dem Patienten. Was fällt Ihnen an ihm auf?
2. Sie stehen neben dem Patienten und nehmen sich einen Augenblick Zeit, um sich zu zentrieren.
3. Nehmen Sie nun eine Einschätzung des Patienten vor. In welcher Form präsentiert sich Ihnen sein Energiefeld? Wo in Ihrem Innern nehmen Sie die Energien wahr?
4. Wie werden Sie den Patienten behandeln?

Wie kam es zu dieser Entscheidung? Was werden Sie zuerst tun? Wie würden Sie das, was Sie tun, um die Energien wieder ins Gleichgewicht zu bringen, erklären?

5. Woher wissen Sie, daß das, was Sie tun, auch funktioniert? Wie hat der Patient Ihrer Meinung nach reagiert?
6. Was, glauben Sie, wird infolge der Behandlung geschehen?
7. Welche Behandlung ziehen Sie bei der nächsten TT-Stitzung in Erwägung? Warum?
8. Atmen Sie tief ein, öffnen Sie langsam die Augen, und vervollständigen Sie Ihre Aufzeichnungen.

Kommentar zu Übung 13

Sie können diese Übung jederzeit ausführen, um Ihre Fortschritte objektiv zu beurteilen.

Wunder und Therapeutic Touch

Vor einigen Monaten hat mich ein Freund – der berühmte Philosoph Renee Weber, Doktor der Philosophie[2], darauf hingewiesen, daß mit der Lehre von Therapeutic Touch Heilung zum ersten Mal in der Geschichte des Abendlandes als Routinefach in Lehrpläne der Universitäten und Schulen aufgenommen wurde. Ich bin sehr dankbar für die große intellektuelle Herausforderung, die für einen Großteil der Entwicklung von Therapeutic Touch als aktueller Version alter Heilpraktiken notwendig war. Trotzdem verlangen die Techniken von Therapeutic Touch kein erschöpfendes intellektuelles Studium; sie sind leicht zu erlernen. Wesentlich für den Prozeß ist, was Sie als Heiler mit sich selbst machen. Heilen ist eine Humanisierung von Energie, und Therapeutic Touch ein natürliches menschliches Potential, kein Wundermittel. Das Wunder besteht einzig darin, daß Therapeutic Touch von jedem ausgeübt werden kann – auch von Ihnen.

Anhang 1

Länder, in denen Therapeutic Touch gelehrt wird

(1972–1992)

Ägypten
Äthiopien
Afghanistan
Argentinien
Australien
Belgien
Bolivien
Dänemark
Deutschland
Dominikanische Republik
England
Finnland
Frankreich
Georgien
Griechenland
Guam
Holland
Hongkong
Indien
Iran
Irland
Israel
Italien
Jamaika
Japan
Jordanien
Kambodscha
Kanada
Kenia
Kolumbien
Libanon
Liberien
Luxemburg
Malaysia
Mauritius
Mexiko
Mongolei
Nepal
Neuguinea
Neuseeland
Nigeria
Österreich
Pakistan
Philippinen
Polen
Republik Südafrika
Rußland
Sambia
Schottland
Schweden
Schweiz
Simbabwe
Singapur
Spanien
Sri Lanka
Südkorea
Taiwan
Tansania
Thailand
Tschechoslowakei
Ungarn
Ukraine
Uruguay
USA
Volksrepublik China
Wales
Zaire

Anhang 2

Selbsteinstufungstest auf der TT-Skala

Der Selbsteinstufungstest auf der TT-Skala (SETTS) wurde 1983 als Meßinstrument von Dolores Krieger und Patricia Winstead-Fry, Ph.D., R.N., an der Universität New York entworfen, um damit erfahrene TT-Therapeuten von unerfahrenen zu unterscheiden. Auch wenn gültige Forschungsergebnisse nur in einem bestimmten Zusammenhang relevant sind, wird SETTS unten als »Meßgerät« für Ihre innere und subjektive Erfahrung mit TT-Techniken wiedergegeben. Wenn Sie Ihre eigenen Fortschritte immer wieder testen, wird SETTS Ihnen helfen, sich den Vorgang des Zentrierens zu verdeutlichen, der so wichtig für den TT-Prozeß und seine verantwortungsvolle Anwendung ist.

Anweisung

Die folgenden Punkte spiegeln Erfahrungen, die TT-Therapeuten bei der Anwendung von Therapeutic Touch am Patienten gemacht haben. Notieren Sie für jeden Punkt die Häufigkeit, mit der Sie die Erfahrung beim TT-Prozeß machen. Verwenden Sie die folgende Skala:

0 – überhaupt nicht
1 – ab und zu
2 – häufig
3 – fast immer
4 – immer

Therapeutentest zur Auswertung von Erfahrungen mit Therapeutic Touch

Vorkommens-häufigkeit	Ihre Erfahrung mit Therapeutic Touch
☐	1. Meine Herzfrequenz und die Atmung fühlen sich langsamer an.
☐	2. Meine Atmung wird langsamer und tiefer.
☐	3. Ich spüre Wärme und Kälte in meinen Händen.
☐	4. Ich spüre ein Kribbeln in meinen Händen.
☐	5. Ich spüre Druck in meinen Händen.
☐	6. Ich spüre Elektroschocks in meinen Händen.
☐	7. Ich spüre das Pulsieren von Energie in meinen Händen.
☐	8. Ich habe das Gefühl, daß meine Hände spontan von einer bestimmten Stelle im Energiefeld des Patienten angezogen werden.
☐	9. Ich spüre Wärme, die von meinen Händen ausgeht.

- [ ] 10. Ich kann unbequeme Stellungen länger als sonst aushalten.
- [ ] 11. Ich kann aufrechter als sonst stehen oder knien.
- [ ] 12. Meine Körperbewegungen werden fein, weich und fließend.
- [ ] 13. Ich bekomme ein besseres Gespür dafür, wie ich mich bewege und ob ich eine unbeholfene angespannte Haltung annehme.
- [ ] 14. Meine Bewegungen fühlen sich langsam, beständig, glatt und wach an.
- [ ] 15. Ich spüre Energie durch mich hindurchfließen und aus meinen Händen austreten.
- [ ] 16. Die Energie in meinem Körper fließt freier.
- [ ] 17. Ich fühle mich körperlich, geistig und emotional ruhig und ausgeglichen.
- [ ] 18. Mein Körper befindet sich in Harmonie und scheint ein Instrument zu sein, durch das Energie fließt.
- [ ] 19. Mein Körper fühlt sich still, ruhig und entspannt an.
- [ ] 20. Ich spüre die Energie rhythmisch und gleichmäßig in meinem Körper fließen.

☐ 21. Ich fühle mich körperlich ausgeglichen, strukturiert und ganz.

☐ 22. Ich habe das Gefühl, daß alle meine Körperteile in gegenseitiger Übereinstimmung funktionieren.

☐ 23. Ich fühle mich körperlich und psychisch eingestimmt.

☐ 24. Meine Sinne sind alle erhöht und geschärft.

☐ 25. Ich fühle mich der Person, die ich heile, sehr nahe.

☐ 26. Ich empfinde eine personenunabhängige Liebe für den Patienten, unabhängig davon, ob ich den Menschen vorher mochte oder nicht.

☐ 27. Ich liebe und akzeptiere mich und den Patienten.

☐ 28. Ich bin mir meiner eigenen Gefühle bewußter.

☐ 29. Meine eigenen Gefühle scheinen während des Heilvorgangs beiseite geschoben zu sein.

☐ 30. Ich empfinde Ruhe, Frieden und innere Stärke.

☐ 31. Ich fühle mich losgelöst und entschlossen.

☐ 32. Ich fühle eine erhöhte Sensitivität.

☐ 33. Ich habe ein tieferes Einfühlungsvermögen.

☐ 34. Ich habe mehr Mitgefühl.

☐ 35. Gefühle von Liebe und Frieden fühlen sich an wie Energiewellen, die von mir zu dem Patienten gehen.

☐ 36. Ich bin mir der Gefühle des Patienten als unterschiedliche energetische Qualitäten bewußt.

☐ 37. Ich bin voller Freude.

☐ 38. Ich glaube, daß ich auf einer anderen Ebene als der bewußten begreifen kann.

☐ 39. Ich empfinde den TT-Prozeß als eine völlig ganzheitliche, fließende Interaktion.

☐ 40. Ich habe das Gefühl, mein Bewußtsein sei erweitert.

☐ 41. Ich sehe spontan Bilder vor meinem geistigen Auge, die mich darüber informieren, was in dem Patienten vorgeht.

☐ 42. Ich nehme immer mehr von dem Patienten und immer weniger von der Umgebung wahr.

☐ 43. Wenn ich meinen Fokus auf meine Hände und Gefühle richte, scheint die äußere Umgebung immer mehr zurückzugehen.

☐ 44. Wenn ich meinen Fokus auf den TT-Prozeß richte, scheint sich mein Geist zweizuteilen, in einen Teil, der überwiegend am Heilprozeß beteiligt ist, und einen anderen Teil, der in Tuchfühlung mit den Ereignissen der Umgebung bleibt.

☐ 45. Meine geistige Wahrnehmung wird deutlicher.

☐ 46. Meine Gedankengänge entspringen eher einer intuitiven Einsicht als dem Verstand.

☐ 47. Ich habe keinerlei Gedanken.

☐ 48. Meine Gedankengänge werden langsamer.

☐ 49. Ich habe Gedanken, doch achte ich nicht auf sie, es sei denn, sie hätten mit dem Patienten und dem TT-Prozeß zu tun.

☐ 50. Meine Gedanken hören auf, und Intuition, Bilder und Eindrücke übernehmen das Steuer.

☐ 51. Ich erkenne Unausgeglichenheiten im Energiefeld des Patienten.

☐ 52. Ich bin mir darüber im klaren, daß ich zum Zentrieren meine Aufmerksamkeit bewußt nach innen richte, wenn ich den Prozeß aufnehme.

☐ 53. Meine Konzentrationsfähigkeit wird größer.

☐ 54. Ich bin mir meiner Innerlichkeit bewußt.

☐ 55. Ich nehme die Zeit nicht wahr.

☐ 56. Ich habe das Gefühl, daß die Zeit stillsteht.

☐ 57. Ich habe das Gefühl, daß die Zeit langsamer vergeht.

☐ 58. Ich habe das Gefühl, daß die Zeit schneller vergeht.

☐ 59. Ich habe das Gefühl, daß alle persönlichen Muster des Patienten sich auflösen, und daß alles, was ich sehe, seine innere Schönheit ist.

☐ 60. Ich fühle mich eins mit dem Patienten.

☐ 61. Mein Körper fühlt sich an wie eine sich ausdehnende energetische Masse.

☐ 62. Ich habe das Gefühl, daß mein Körper sich auflöst und ich keine Grenzen mehr habe.

☐ 63. Ich erlebe meinen Körper eher als steten Energiefluß, denn als Zusammensetzung verschiedener Teile.

☐ 64. Meine kognitiven Fähigkeiten scheinen in den Hintergrund zu treten und hinter einem intuitiveren Wissen zurückzustehen.

☐ 65. Teile meines Körpers, die nicht aktiv am TT-Prozeß beteiligt sind, fühlen sich schwer an oder scheinen nicht vorhanden zu sein.

☐ 66. Ich fühle mich eins mit der äußeren Umgebung.

☐ 67. Ich spüre meine eigene Ganzheit jenseits meiner Persönlichkeit.

☐ 68. Ich nehme einen Teil meiner selbst wahr, der mich verbal oder intuitiv mit dem Wissen versorgt, wohin ich ins Energiefeld des Patienten meine Energien am besten lenken soll.

Abbildungen

Literatur

Kapitel 3

1. Govinda, L. A.: *Grundlagen tibetischer Mystik. Die geheime Lehre des großen Mantra.* München 1982[5].
2. Avalon, A.: *Die Schlangenkraft. Die Entfaltung schöpferischer Kräfte im Menschen.* München 1978[3].
3. Leadbeater, C. W.: *Die Chakras. Eine Monographie über die Kraftzentren im menschlichen Ätherkörper.* Freiburg 1994[11].
4. Kunz, Dora: *Die Aura – Farben und Symbole des menschlichen Energiefeldes.* Grafing 1992.
5. Krieger, Dolores: *Living the Therapeutic Touch: Healing as a Lifestyle.* New York 1987.
6. Krieger, Dolores: *Therapeutic Touch: How to Use Your Hands to Help or to Heal.* New York 1979.
7. Krieger, Dolores: *Living the Therapeutic Touch* 107–110, 157–187.

Kapitel 4

1. Krieger, Dolores: »Therapeutic Touch During Childbirth Preparation by the Lamaze Method and Its Relation to Marital Satisfaction and State Anxiety of the Married Couple« (Nursing Research Emphasis Grant for Doctoral Programs, U. S. Public Health Service, NU-00833-02, Proceedings Research Day of Sigma Theta Tau, Upsilon Chapter, New York University, November 7, 1984).
2. Krieger, Dolores: »Humanistic Models in a High-Tech World« (The Harry S. Truman Distinguished Lecturer award address, Avila College, Kansas City, MO, April 14, 1986).
3. Pagels, H. R.: *The Cosmic Code: Quantum Physics as the Language of Nature.* New York 1982.

4. Woodruffe, J.: *The Serpent Fire.* Madras 1964, 105.
5. Eliade, M.: *Yoga. Unsterblichkeit und Freiheit.* Frankfurt 1988.
6. Evans-Wentz, W.Y.: *Milarepa – Tibets großer Yogi.* München 1978[4].
7. Karagulla, S., and Kunz, Dora: *The Chakras and the Human Energy Field.* Wheaton, IL 1989.
8. Govinda, L.A.: *Schöpferische Meditation und Multidimensionales Bewußtsein.* Braunschweig 1988[3].
9. Karagulla, S., and Kunz, Dora: *The Chakras and the Human Energy Field.*
10. Kunz, Dora: *Die Aura – Farben und Symbole des menschlichen Energiefeldes.*
11. Yu, L.K.: *The Secret of Chinese Meditation.* London 1964.
12. Krishna, G.: *Kundalini. Erweckung der geistigen Kraft im Menschen.* München 1983.
13. Kunz, D.: *Die Aura – Farben und Symbole des menschlichen Energiefeldes.*
14. Krieger, D.: »The Relationship of Touch, with Intent to Help or Heal, to Subjects' In-vivo Hemoglobin Values: A Study in Personalized Interaction« (Proceedings, American Nurses Association 9th Nursing Research Conference, San Antonio, TX, March 21-23, 1973), 39–78.
15. Krieger, D.: *»Therapeutic Touch: The Imprimatur of Nursing«, American Journal of Nursing* 75 (1975): 784–787.
16. Krieger, D.: »The Relationship of Touch.«.

Kapitel 5

1. Dellas, M., and Gauer, E.L.: »Identification of Creativity: The Individual«, *Psychol. Bull.* 73 (1970): 55–73.
2. Krieger, D.: »Therapeutic Touch During Childbirth Preparation«.
3. Chanes, J.F., and Barber, T.X.: »Acupuncture Analysis: A 6-Factor Theory«, *Psychoenergetic Sys.* 1 (1974): 11–20.
4. Hale, E.H.: »A study of the relationship between Therapeutic Touch and the anxiety of hospitalized patients« (unveröffentlichte Dissertation, Texas Women's University, 1986).
5. Heidt, P.: »An investigation of the effects of Therapeutic Touch on anxiety in hospitalized patients« (unveröffentlichte Dissertation, New York University, 1979).

6. Parkes, B.S.: »Therapeutic Touch as an intervention to reduce anxiety in elderly hospitalized patients« (unveröffentlichte Dissertation, University of Texas, 1986).
7. Quinn, J.: »An investigation of the effects of Therapeutic Touch done without physical contact on state anxiety of hospitalized patients« (unveröffentlichte Dissertation, New York University, 1982).
8. Abravanel, E.D. and King, E.A.: *Dr. Abravanel's Body Type Program for Health and Fitness.* New York 1988.
9. Gach, M.R.: *Heilende Punkte. Akupressur zur Selbstbehandlung von Krankheiten.* München 1992.
10. Ryan, R.S.: *Genesen und heil werden.* Stuttgart 1993.

Kapitel 6

1. Kunz, Dora: *Die Aura – Farben und Symbole des menschlichen Energiefeldes.*
2. Weber, R.: *Dialogues with Scientists and Saints.* London 1986.

Kontaktadressen

Wenn Sie Therapeutic Touch im Rahmen eines Seminars lernen möchten, wenden Sie sich bitte an folgende Adressen:

Maud Nordwald Pollock
P.O.Box 739
Southampton, N.Y. 11969
USA

Kontaktadresse in Europa:
Karin Wiedenmann-Rath
Trottgasse 12
CH-5264 Gipf-Oberfrick

Verlag Hermann Bauer · Freiburg im Breisgau

Maud Nordwald Pollock

Vom Herzen durch die Hände

Bedingungslose Liebe und Therapeutic Touch
Eine neue Methode des Heilens

2. Auflage, 283 Seiten mit 8 Farbtafeln und 37 Zeichnungen; kartoniert; ISBN 3-7626-0473-8

In diesem Buch stellt Maud Nordwald Pollock, Expertin für *Therapeutic Touch*, ihre neue Synthese des Heilens vor: bedingungslose Liebe, die vom Herzen durch die Hände fließt und Heilung durch liebevolle Berührung ermöglicht. *Bedingungslose Liebe:* das brüderliche Annehmen eines anderen Wesens, ohne »wenn und aber«, ohne Vorurteile und Erwartungen. Sie erfahren dabei, wie die Hände einzusetzen sind, um die Aura, die verschiedenen Farbschwingungen und Chakras zu erfühlen. Sie lernen, den feinstofflichen Körper zu reinigen und Energie für Therapeutic Touch aus den Händen fließen zu lassen. Neben grundlegendem Wissen zur spirituellen Anatomie des Menschen, zur Aura, den Lichtkörpern, Chakras und ihrer jeweiligen Funktion bekommen Sie Rat und Anleitung für das »Erfahren am eigenen Leib«.

Vom Herzen durch die Hände stimmt Sie durch verschiedene Übungen und Meditationen auf Ihre sensitiven, heilerischen Fähigkeiten ein und zeigt den Weg, bedingungslose Liebe in den Alltag strömen zu lassen.

Verlag Hermann Bauer · Freiburg im Breisgau